新时代中国俄语教育现状与发展趋势

主编 赵秋野 吴哲

外语教学与研究出版社

北京

图书在版编目（CIP）数据

新时代中国俄语教育现状与发展趋势 / 赵秋野，吴哲主编. -- 北京：外语教学与研究出版社，2022.10
ISBN 978-7-5213-4058-7

Ⅰ. ①新… Ⅱ. ①赵… ②吴… Ⅲ. ①俄语－教育研究－中国－文集 Ⅳ. ①H359-53

中国版本图书馆 CIP 数据核字（2022）第 203035 号

出 版 人　王　芳
责任编辑　周小成
责任校对　叶晓奕
封面设计　姚雅雯
出版发行　外语教学与研究出版社
社　　址　北京市西三环北路 19 号（100089）
网　　址　http://www.fltrp.com
印　　刷　北京天泽润科贸有限公司
开　　本　650×980　1/16
印　　张　18
版　　次　2022 年 11 月第 1 版　2022 年 11 月第 1 次印刷
书　　号　ISBN 978-7-5213-4058-7
定　　价　90.00 元

购书咨询：（010）88819926　电子邮箱：club@fltrp.com
外研书店：https://waiyants.tmall.com
凡印刷、装订质量问题，请联系我社印制部
联系电话：（010）61207896　电子邮箱：zhijian@fltrp.com
凡侵权、盗版书籍线索，请联系我社法律事务部
举报电话：（010）88817519　电子邮箱：banquan@fltrp.com
物料号：340580001

记载人类文明
沟通世界文化
外研社
www.fltrp.com

　　本书获黑龙江省普通高校人文社科重点研究基地"哈尔滨师范大学俄语教育研究中心"及国家一流专业建设点"俄语专业"资助，为国家首批新文科研究与改革实践项目"新文科视域下斯拉夫学微专业人才培养创新与实践"（编号：2021100031）、教育部首批虚拟教研室建设试点哈尔滨师范大学"俄语（师范）专业虚拟教研室"阶段性成果。

前　言

　　《新时代中国俄语教育现状与发展趋势》文集的出版源于2015年在哈尔滨师范大学召开的首届"中国俄语教育发展战略研究高层论坛"。本次论坛由中国俄罗斯东欧中亚学会俄语教学研究会主办，哈尔滨师范大学承办，北京俄罗斯文化中心及外语教学与研究出版社协办。本次论坛为国内首届中俄学者就我国俄语教育发展进行战略研讨的高层次会议，是高校、科研院所专家学者和中学校长、中学俄语教师与各级政府及教育行政部门、外事部门管理者的对话与交流。

　　会议召开之际，时值中俄全面战略协作伙伴关系进入新的历史阶段、上合组织成员国在各领域合作有效开展、"一带一路"倡议统筹推进，又适逢中俄青年友好交流年、中国-俄罗斯博览会在哈尔滨成功举办之时。从国家发展战略高度来看，俄语越来越成为我国"关键外语"，东北三省、内蒙古、新疆等地区应确定为"俄语重点发展区"，与此相适应，完善俄语教育规划、布局和语言政策，创新俄语人才培养模式成为中国俄语教育发展战略研究的核心问题。从中俄战略协作伙伴关系的长远发展和现实出发，根据经济全球化、"一带一路"建设和中国国家安全、经济、政治、文化、教育、外交等对外交流对俄语人才的需求，把俄语教育上升到战略层面的整体思考和规划具有重要意义。为此，中国俄罗斯东欧中亚学会俄语教学研究会指导哈尔滨师范大学斯拉夫语学院承办了此次论坛，教育部、黑龙江省政府、黑龙江省教育厅、哈尔滨市政府、哈尔滨市教育局对本次论坛的召开予以高度重视。本次论坛的主旨在于进一步贯彻教育部外语教学改革及创新人才培养模式的精神，发挥俄语语言服务及俄语教育发展战略研究的"智库"作用，探讨俄语语言政策、全国高校及中学俄语教育规划与布局，进一步确定俄语重点发展区，扶持并繁荣中学俄语教育。来自国内50所高校和科研院所的专家学者和俄语专业负责人及大学俄语骨干教师、8所开设俄语课程的中学校长和中学俄语教师等120位代表参加会议研讨。此外，俄罗斯驻沈阳总领事馆、俄罗斯世界基金会、北京俄罗斯文化中心、俄罗斯普希金俄语学院、俄罗斯东北联邦大学的代表也出席了本次论坛。来自外语教学与研究出版社、上海外语教育出版社、黑龙江人民出版社、黑龙江大学出版社的代表也出席了本次论坛。会后，教育部国际合作与交流司将论坛纪要呈报给中俄人文合作署。该论坛的召开引起社会广泛关注，国务院新闻网、中国教育新闻网、中国共产党新闻网、教育部教育涉外监管信息网、中国台湾网、新华网黑龙江频道、新浪黑龙江教育频道、江西教育网、黑龙江省人民政府网、黑龙江日报等媒体分别以《中国俄语教育发展战略研究高层论坛举行》《专家聚哈研讨中国俄语教育发展》《俄语教育专家建议东北三省等应成为"俄语重点发展区"》为标题报道了本次论坛。此外，俄罗斯人民友谊大学校园网"中俄新闻"专栏报道《中国专家讨论中国俄语教育发展战略》，《俄罗斯龙报》专题报道《专家：俄语应作为中国"关键外语"，东北三省是重点发展区》。

此次论坛召开依托黑龙江省人文社科重点研究基地"哈尔滨师范大学俄语教育研究中心"长期的俄语教育教学研究积累。该中心始终秉持俄语学术研究、教学研究以问题为导向，以服务社会为宗旨，发挥师范大学服务基础教育、引领俄语教学改革的作用。论坛召开之后，哈尔滨市政府、哈尔滨市教育局召开了两次协调会，对接教育管理部门、高校、中学，推进以省会哈尔滨市为中心增设高中、初中俄语教学，令人欣慰的是，近五年哈尔滨市近10余所中学增设了俄语教学。

会议论文在2016年已结成集并拟出版。"十三五"期间教育部启动了《普通高中俄语课程标准》（以下简称《课标》）修订工作以及《普通高等学校本科专业类教学质量国家标准》（以下简称《国标》）制定工作，并于2020年出版发行了新修订的《普通高中俄语课程标准》，2020年春颁布、出版了《普通高等学校本科俄语专业教学指南》（以下简称《指南》）。《课标》的修订、《国标》《指南》的颁布推动了中学俄语教育和高校俄语教育的改革与发展；党的十九大提出了高教强国的新任务，为外语人才培养提出新任务和新要求，高校俄语教育和人才培养迎来新机遇，面临新挑战。为此，会议论文集又适时地收入了反映这些变化的文章《外语类专业课程思政的探索与实践》《高校外语学科研究生课程建设研究》《新〈课标〉下高中俄语教材解析与教学设计》《中俄基础教育交流的实践与探索》，可谓是汇集了"新理念""新思维""新模式"。至此，终于完成了该论文集的结集。《新时代中国俄语教育现状与发展趋势》出版后将成为中国俄语教育发展特定历史阶段及关键节点的见证。

此次出版，我们将论文集名称确定为《新时代中国俄语教育现状与发展趋势》主要有以下两点考虑：第一，党的十九大报告做出"中国特色社会主义进入了新时代"这一重大政治论断，以坚持和发展中国特色社会主义为主题，从历史、国家、人民、民族、世界等多维宏大视野深刻阐明了中国特色社会主义新时代的实质内容和重大意义；中国特色社会主义新时代的时代是实现中华民族伟大复兴中国梦的时代，是我国日益走近世界舞台中央的时代、贡献中国智慧和中国方案的时代；第二，2019年6月5日，中俄两国元首共同签署了《中华人民共和国和俄罗斯联邦关于发展新时代全面战略协作伙伴关系的联合声明》，将两国关系提升到一个全新的水平，宣示了对世界的未来承担更大、更重要的历史责任，中俄双方将加强政治、经济、安全等多领域合作。以上两个层面的"新时代"对中国俄语教育提出了新的要求。基于此，我们最终确定了论文集名称《新时代中国俄语教育现状与发展趋势》。希望该论文集对新时代的俄语教育发展提供一些有益的思考、建议和对策。

最后，感谢教育部高等学校外国语言文学类专业教学指导委员会俄语专业教学指导分委员会、中国俄罗斯东欧中亚学会俄语教学研究会的指导和支持，感谢外语教学与研究出版社对论坛举办和论文集出版的支持！感谢国内外高校的学者和中学俄语教师的赐稿，让我们一同为中国俄语教育发展努力奋斗，携手前行！

编者

2022年5月1日

目 录

上编　战略篇

在"中国俄语教育发展战略研究高层论坛"上的致词 ……………刘利民　2

对全国高校俄语专业发展的战略思考 ……………………孙玉华　刘　宏　5

高校俄语学科建设对中俄人文合作与交流的作用 ………………宁　琦　10

多元化综合性的区域国别人才培养模式探究 ……………………刘　娟　18

加快发展语言服务业助推黑龙江省国际化进程 …………………王铭玉　25

复语型（俄语+非通用语）人才培养模式探究 …………………黄　玫　37

立足"服务国家"的卓越俄语专业人才培养模式探索 …………王　永　45

在"新文科"视域下对俄语学科建设的几点思考 ………………赵爱国　53

从斯拉夫主义语言哲学观看中国俄语教学与研究现状 ……姜　宏　王云婷　62

"一带一路"视域下高校俄语教学改革和人才培养路径探究 ……王莉娟　71

开展与俄高校合作，共同培养国际化人才 ………………李　敏　李雪源　78

我国中学俄语教育现状及发展战略研究 …………………赵秋野　樊莲生　82

中编　教学篇

外语类专业课程思政的探索与实践 ……………………………许　宏　112

武汉大学俄语专业的本科教学与课程改革 ……………………胡谷明　121

《东方新版大学俄语》与基础阶段俄语语法教学 ……………王利众　126

高校外语学科研究生课程思政建设研究 ………………………吴　哲　132

大学俄语教育的现状与对策 ……………………………邵楠希　王　珏　140

高校电子商务俄语的开设：现状与前瞻 ………………………张金忠　151

零基础俄语专业学生俄语学情调查···黄天德　157

Практика обучения китайских студентов говорению на русском

　　языке: проблемы и пути их решения　·······························

　　　　　　　·················　Мэн Линся, Ван Синхуа, Н.А. Ларионенко　167

新《课标》下高中俄语教材解析与教学设计···寇金路　李亚宁　李雅君　185

黑河市第一中学俄语特色教育的发展对策·····························李秋健　192

中俄基础教育交流的实践与探索·····························张祥洲　王　宇　199

中学外语教学评价的探索与实践···王　冬　207

下编　域外篇

О методике аудирования на занятиях по РКИ в рамках концепции

　　продуктивно-ориентированной парадигмы иноязычного образования

　　　　　　　····································　Е.В. Широкова　214

Портал «Образование на русском»: новое решение вопросов

　　дистанционного обучения ······························　М.Н. Русецкая　223

Изучение лирики М.Ю. Лермонтова иностранными студентами-

　　филологами　·······································　Е.Е. Жарикова　235

Стихотворения на занятиях русского языка как иностранного　·············

　　　　　　　····································　Е.А. Иконникова　247

Русский Харбин – Культуроведческий подход на занятиях РКИ В

　　китайской аудитории ······························　С.Н. Александрова　257

Региональный компонент страноведения в преподавании РКИ

　　китайским студентам в условиях языковой среды ·········Е.С. Кудлик　262

Литература русского зарубежья как составная часть обучения РКИ в

　　китайской аудитории ······················　К.П. Толстякова　274

上编

战略篇

在"中国俄语教育发展战略研究高层论坛"上的致词

中华人民共和国教育部　刘利民

尊敬的各位来宾、各位专家、各位同仁、老师们、同学们，大家好！

在中俄全面战略协作伙伴关系深入发展、中国政府大力倡导和推动落实"一带一路"建设之际，我们来到北国冰城哈尔滨，欢聚在哈尔滨师范大学，围绕中国俄语教育发展战略进行研讨，具有特殊的意义。在此，谨向论坛的召开表示热烈的祝贺，向远道而来的俄罗斯朋友表示诚挚的欢迎！

我国俄语专业教学已有三百年的历史。作为一种外语教育，俄语有着特殊的地位，对我国的外语教学产生了巨大而深远的影响。中俄最早的文化交流是从语言传播开始的。借助语言这一沟通桥梁，中俄文化交流迅速扩展至各个领域。文化因交流而丰富，因交融而多彩。中俄两国文化在长期交流过程中，相互尊重，相互借鉴，成为推动中俄关系发展的重要精神力量。2014年9月，在中俄人文合作委员会第十五次会议上，中俄两国领导人达成共识，为鼓励更多的中国中学生选学俄语，双方将合作设立优秀中国中学生赴俄学习项目，试点从2015年开始每年从中国10所开设俄语的高中选拔100名应届高中毕业生，通过俄政府奖学金渠道赴俄学习。①

近年来，中国的俄语教育和研究工作取得了长足进步，人才培养能力不断增强，国际交流合作逐步深化，为增进中俄两国人民以及与其他使用俄语的民族之间的了解和友谊做出了积极贡献。目前，全国有140多所高校开设俄语专业，在校学生数近2.5万人；128所高校开设大学俄语课程，在学学生1.4万余人；88所中小学开设俄语课程，在学学生1.7万余人。俄语学习人数在较长时间的持续减少后终于有了增长回升的趋势，如山东、黑龙江等地许多中学增设或恢复了俄语；赴俄留学的学生不断增加，每年都有数百名国家公派人员赴俄学习。全国具有俄语硕士学位授予权的院校或科研院所已达50多所，有10多所高等院校或科研院所拥有了俄语语言文

---

① 书中数据基本上以2015年为时间点。

学专业博士学位授予权，俄语教育已经形成了多层次的人才培养体系。我国有数十位俄语学者获得了普希金奖章、俄罗斯国家友谊勋章等荣誉。

以上成绩的取得，得益于中俄友好关系不断发展的大背景，也来自两国政府的支持与关注，来自广大俄语教育工作者的辛勤耕耘和不懈努力。近年来，政府部门和专业机构对俄语教育的规划和布局、俄语语言政策的制定、俄语人才的培养和储备等问题进行了深入的讨论。俄语界专家学者、教师对新形势下高等院校俄语专业与学科建设和人才培养问题进行了充分探讨。教育部有关司局先后开展了中学俄语、高校大学俄语和专业俄语教育教学现状调查工作，启动了高中俄语课程标准修订工作。俄语人才培养工作以及俄语教育发展战略问题，受到了各方面的关注和支持。

同时，我们也清醒地看到我国俄语教育还存在着一些不足，与深入推进中俄全面战略协作伙伴关系的新形势、新要求还不完全适应。

一是俄语教育覆盖面小，连续性不够。目前，俄语教育受大环境影响，与英语教学相比被认为是"小语种教学"。近年来，中学俄语教学萎缩，学习者数量缩减。同时，中学俄语与大学俄语教育缺乏一定的连续性，很多高校是零起点俄语教学，影响了高校大学俄语和专业俄语的人才培养。

二是俄语教育过于关注工具性，人文性不够。随着国际交往的扩大和改革开放步伐的加快，社会对外语人才的需求呈上升趋势，对语言学科素养、语言能力和工作能力的要求越来越高。在我国，俄语教学过多关注俄语的工具性，把精力大都放在俄语语言知识基础和言语技能培养上，忽视了俄语人文素养的教育、国别及区域问题研究等方面的培养，俄语毕业生难以满足人才市场的需求。

三是俄语教学模式比较单一，教学效果不理想。中学俄语教学和高校俄语教学中较多地受到考试的影响，存在教师为了在有限的课时里完成教学计划讲得多、满堂灌，学生说得少的教学局面；学生为了应对考试或者专业考级，将更多的时间用于备考，忽视了语言的实际运用能力和综合能力的提升，存在高分低能的现象，教学效果不好。当然，中学俄语教师队伍建设也面临新的挑战，俄语教师业务水平也有待进一步提高。

当前，中俄全面战略协作伙伴关系进入新的历史阶段，上合组织成员国在各领域的合作有效展开，"一带一路"建设方兴未艾，对俄语人才的培养和储备提出新的更高的要求。同时，我国正在深化教育领域综合改革，深入推进基础教育课程改革、考试招生制度改革和教育对外开放交流。俄语教育和研究正在迎来新的发展机遇。在此，我就加强俄语教育战略研究、推进中国俄语教育的改革和发展，提几点建议，供大家参考。

第一，立足长远，明确定位，更好地服务于中俄关系发展。要注重对学生民族责任感和使命感的培养，注重俄罗斯文化、国情学习，重视对俄罗斯学的深入研究，为中俄两国优秀文化的相互学习、相互借鉴服务。加强对"关键外语""俄语重点发展区"等问题的理论和实践研究，为政府决策提供专业支持。

第二，深化培养模式改革，提高人才培养质量，更好地提供人才支持。要根据国家发展的现实和长远需求，努力推动形成多方参与、齐心协力、相互配合的俄语育人格局，着力建构高校、中小学各学段上下贯通、有机衔接、相互协调、科学合理的人才培养体制。教育部将进一步加快推进《普通高中俄语课程标准》《高等院校俄语专业本科教学质量国家标准》《高等院校大学俄语课程标准》的修订工作，优化各学段俄语人才的培养规格、目标，增强教学内容的思想性、科学性和时代性，提高俄语教育的育人功能。高校要根据俄语学科特点和国家发展对"智库型人才"的需要，强化俄语复合型人才的培养，培养更多的"俄国通"和"斯拉夫学""俄罗斯、东欧、中亚问题研究"人才。

第三，完善交流机制，加强国际合作，更好地促进对外交流。要搭建平台，健全机制，推动中国高校、高中与俄罗斯等国家高校、高中的合作交流，借鉴吸收国外先进的教育理念和方法。要支持有条件的高校与俄罗斯高校合作，加强特色专业、学科和俄语师资队伍建设，深化中俄人才培养、教学、科研国际合作。

我们欣喜地看到，国内教育界、出版界、新闻媒体的朋友和来自俄罗斯的各界代表，都对俄语教育满怀热忱与信心。我深信，大家具有对俄语教育事业的执著奉献，我们必将实现人才培养战略与社会需求的有机统一，促成中国俄语教育事业新的腾飞！

最后，感谢俄罗斯驻华大使馆、俄罗斯世界基金会、俄罗斯普希金俄语学院、黑龙江省政府及教育厅、哈尔滨师范大学对论坛的大力支持！预祝论坛圆满成功！谢谢大家！

对全国高校俄语专业发展的战略思考

大连外国语大学　孙玉华　刘　宏

一、全国高校俄语专业发展总体情况

改革开放36年，我国高校俄语专业教育重新恢复和发展，建立了本科、硕士、博士完整的俄语人才培养体系，取得了令人瞩目的成绩。进入21世纪的第15个年头，中国在世界经济舞台和政治舞台上的角色越来越重要，中国的大国地位越来越凸显，中国与世界各国处理好经济、政治等各领域的关系需要大量高层次的人才。俄罗斯社会经过解体后20余年的发展也发生了巨大变化。中俄战略协作伙伴关系处于历史最好水平。全球的视野、中国的大国使命及新时期中俄战略协作伙伴关系发展等几个重要因素都要求全国高校能够跟上时代发展的节奏和变化，在人才培养的数量和质量上与国家战略需求相适应。中俄关系稳定发展将是全球战略平衡的"稳定器"。中俄关系的发展和中国的国家安全需要大批优秀俄语人才。除了传统的国际关系，经济、贸易、旅游、文化、教育等诸多领域的公共外交平台都需要大量高水平俄语人才。我们认为，现在社会对俄语人才需求呈现明显的多元化、复合型和一专多能的特征，良好的俄语表达与沟通能力、扎实的专业知识水平、善于团队合作的精神及丰富的实践经验是用人单位普遍重视的素质和考核要点。

今年我国（除港澳台）开设俄语专业的院校已经达到142所，分布在4个直辖市和22个省和自治区［具体分布：北京12所，天津5所，上海3所，重庆3所；黑龙江22所，吉林14所，辽宁12所（东北三省院校总数48所），山东12所，新疆6所，河北4所，江苏5所，四川5所，内蒙古4所，广东4所，安徽4所，甘肃4所，河南4所，浙江3所，陕西3所，海南3所，湖北2所，湖南2所，福建2所，山西2所，贵州1所，江西1所］，云南、西藏、青海、宁夏、广西目前没有俄语专业教学点覆盖。俄语专业点数的增长与日语、韩语、西语等专业相比比较理性。目前在校生数量在2.5万人左右，俄语专业教师总数约为1200人。师资的职称结构基本合理，副高级以上职称占45%，学历结构以博士和硕士研究生为主。俄语教师中具有博士学位的比例约为40%，在外国语言专业中排位比较靠前。教师队伍呈现年轻化特点，40岁以下青年教师占教师总数的50%左右（俄语数据好一些，外语类专业青年教师占总数的63%）。从目前毕业生就业率来看俄语在外语各语种中排在中上位次，就业质量也逐渐呈现一个良好的趋势。

二、俄语人才培养存在的问题

我们所掌握的全国高校俄语人才培养存在以下几个方面的不足：一是高校俄语人才培养质量参差不齐。具有多年办学经验和丰富教师资源的老牌院校目前俄语人才招生数量少，教学质量好，就业和就业质量好。与之相反的是招生时间不长、师资相对年轻、招生数量较多的地方院校及民办学院等教学质量不好。近几年俄语专业四级考试及格率为60%-70%，而八级考试及格率在50%-60%之间，其中大面积不及格的在地方院校及民办学院。四、八级专业考试的目的是对教学大纲执行情况的检验。连续多年的考试成绩证明将近四分之一到三分之一的院校俄语教学质量并没有达到教学大纲的最低要求。二是多数院校课程设置、教学内容趋同化，各校俄语专业特色不够明显，招生数量较多的院校俄语专业人才培养共用一个培养方案，俄语毕业生的知识结构无法满足社会对多元俄语人才的需求。三是各校与俄罗斯高校的合作虽然活跃，处于历史最好水平，但出国留学学生的课程内容与国内的学习没有实现科学、系统的对接。我们发现，高年级学生回国后听力和口语表达有进步和提高，但在其他相关学科的知识扩展及思维能力、思辨能力的培养方面提高不大。四是相当多的院校俄语教师知识结构多集中在语言和文学等领域，不能适应国家对多元俄语人才培养的需要，特别是高年级某些领域高水平特色课程师资缺乏，严重阻碍了各校开展俄语课程建设和人才培养模式的改革。同时年轻教师教学能力较弱，教学经验不足，课时量较大，教学水平和科研能力均亟待提升。五是部分高校俄语系主任教育教学观念落后，管理经验缺乏，改革意识不强，没有能力对自己学校俄语专业特色建设和俄语专业教学改革做出符合学校发展实际的顶层设计。

结合全国高校俄语专业的实际状况及中俄战略协作伙伴关系的进一步发展来看，我们认为在未来相当长一段时间内国家对高水平俄语专门人才的需求将呈现上升态势。我们认为，应该从国家战略层面及全国高校俄语专业建设层面思考俄语教育发展问题。

三、对国家语言政策制定的建议

从国家语言发展战略看，我们提出以下五点建议：

一是建立相关部委及行业、高校参加的俄语人才培养咨询委员会，对中俄两国国家层面未来合作的项目及所需人才信息进行预测、汇总和分析，对目前俄语人才培养情况提出改进意见，高校及时掌握相关动态并对人才培养重点方向进行及时调整。

二是国家及省级教育主管部门在对俄贸易及交流活跃的省份（如黑龙江、吉林、辽宁、新疆等）进一步发挥政策导向作用，大力发展中学俄语教育，吸引高素质的学生学习俄语，为大学阶段的俄语专业及其他专业赴俄学习深造项目（如上合的项目）提供良好的生源。

三是在语言文学以外的科技、军事、贸易、法律、国际关系等领域探索新的人才培养机制，鼓励类似于中俄学院模式及上合组织大学模式，形成我国各领域对俄专家和人才的培养体系，并借助于俄方的帮助逐渐形成我国高校自己的师资队伍，为未来长远的国家安全及中俄合作与交流做好人才储备工作。

四是加强俄语MTI专业翻译硕士的培养工作，从国家层面上（如留学基金委）与俄罗斯合作培养翻译硕士研究生，并为翻译硕士导师提供赴俄进行系统培训的机会，使我国高校拥有一批高水平翻译硕士导师队伍，为培养高水平的俄语交传及同传人才创造条件。

五是从国家层面重视各高校俄语系系主任的培训与培养工作。建立系主任定期交流与培训机制，确定交流与培训主题，邀请国家部委、科研院所高水平专家针对中俄合作中的重要问题进行交流与培训，扩展俄语教育管理人才的视野，培养学习与改革的意识，从而加快俄语人才培养的高水平进程。

四、对各高校俄语专业建设的建议

从各高校俄语专业建设层面看，我们认为今年《俄语专业本科教学质量国家标准》的颁布与实施，是各校对自身的俄语人才培养进行系统深入思考及改革的最佳时机。我们认为，各校应该树立质量和内涵意识、特色发展意识、教学改革意识和教学研究意识，主动适应国家战略需求，为自己的学校在俄语人才培养的链条中找到自己的位置和特色，在俄语人才培养的过程中努力实现以下五个方面的转变：

第一，俄语人才培养目标的转变，各高校应实现从单一俄语人才培养目标向多元培养目标转变。希望不同类型学校（如北京大学、北京外国语大学、南京大学，黑龙江大学、大连外国语大学，哈尔滨工业大学、中国石油大学）研究各校学科和区域的优势，积极探索俄语专业特色发展。招生量大的学校，鼓励设立分层次、多元化人才培养目标，探索针对不同水平和发展方向的语言文学、经济贸易、法律财务等特色课程。

第二，师资队伍知识结构的转变，应由以语言文学为主知识结构适当向多元知识结构转变。从目前情况看，实现某一学校内部教师知识结构的转变不现实，建议在同一个城市各高校之间建立俄语协同创新培养机制，各校师资联合共用，也可在同一个城市内各校俄语专业之间建立跨校选修或辅修课程机制，同时通过聘请俄罗斯专家弥补我们师资的不足，还可以有目的地培养我们的后备师资。通过各种积极措施，将现有的以语言文学为主的师资结构适当向更加宽泛的结构扩展。

第三，高年级俄语教学内容的转变，以语言、文学、文化为主，适当向当代俄罗斯政治、经济、贸易、社会等内容转变，开设内容丰富的选修课程及特色课程。目前，受制于总体课时，各校将许多必修的知识课或技能课放置在选修课程体系中，普遍对专业选修课程不重视，开设的选修课程通常为词法、句法等语言知识性课程，针对区域国别研究、文化对比、跨文化交流的选修课寥寥无几。丰富的选修或者辅修课程，将拓展学生的知识面，增强学生在未来职场的适应性，并能够培养学生一定的思辨能力。

第四，教学方法和教学手段的转变，向培养学生知识、能力和素质协调发展的教学方法和教学手段转变，引导学生主动开展文化对比和文化对话（跨文化交流能力、思辨与创新能力、自主学习能力的培养）。我们的调研表明，俄语专业教师的教学方法相对陈旧落后，俄语课堂教学效果需要进一步改善。目前在外指委俄语分委会的组织下，每年开展1-2次教师教学方法培训，举行课程观摩，受益人数有限。今后一段时间内针对青年教师的俄语教学方法进行系统培训还是我们主要任务之一。

第五，实践教学环节的转变，向多元丰富的专业实践教学环节转变，将课外实践、专业见习与实习、国际交流活动均纳入实践教学环节，制定实践教学标准，培养实践教学师资。传统上对外语的实践教学环节规定比较模糊，相关环节内容未纳入人才培养方案。《国标》对实践教学环节提出了新的内容和形式的要求。各校应结合专业特色建构自身的实践教学体系。

全国高校俄语专业应该跟上国家经济转型所带来的对人才需求的变化，结合"一带一路"建设，积极创新人才培养模式，增加适应新时期就业岗位需要的教学内容，把人文素养与职业技能培养有机结合，不断提高俄语人才培养质量。

高校俄语学科建设对中俄
人文合作与交流的作用

北京大学 宁 琦

引言

2000年中俄人文合作机制建立之初，只涉及教育、文化、卫生、体育四个领域合作的中俄教文卫体合作委员会，如今发展为涵盖教育、文化、卫生、体育、旅游、媒体、电影、档案、青年九个领域的人文合作委员会，中俄人文合作与交流开展得如火如荼，在增进两国人民相互了解、传播双方优秀的价值和文化、共同打造国际文化交流品牌、巩固中俄关系发展的社会与民意基础方面都发挥了非常积极的作用，使人文交流成为与政治互信、经贸合作同等重要的中俄关系发展的三大支柱之一。而在中俄人文交往的人才培养和成果产出方面，中国高校的俄语专业发挥了不可替代的作用。在当前中俄人文合作与交流进入更深层次的背景之下，高校俄语专业除发挥既有的人才培养、科学研究的优势之外，也必须思考如何顺应时代发展和国家需要，确立或调整学科发展重点，探索符合国家发展和长远利益需要的人才培养模式和科学研究课题，为中国俄语教育与研究赢得新的发展机会。在两国间的人文合作与交流中，语言为基，文化先行，因此高校的俄语语言文化的教育与研究的发展变得尤为迫切。

一、高校俄语学科教育与研究的传统特点

随着新中国的成立，中国高校俄语语言文学专业经过六十多年的建设与发展，已经形成了与其他外语学科不同的专业传统。这种传统又因为所处高校的类别与特征不同，呈现出不同的特色表现和专业定位。最为直观的差异，表现在专业外语院校和综合性大学的外语院系之间的人才培养模式和科学研究定位上。

（一）外语学科的历史定位及人才培养的基本模式

单纯从传统学科性质而言，外语学科被定位为工具学科，既非人文又非社科。在很长一段时间里，无论是在专业外语院校，还是在综合性大学

的外语院系，大多也是如此看待外语学科的，因而在培养工具型优秀外语人才方面进行了非常多的探索和实践，经验丰富，成效显著。

在对专业外语院校和综合性大学的外语专业毕业生的评价中，语言技能、语言专业知识和综合素质、知识面、研究能力之间，有着不可并存的悖论。传统上的专业外语院校，因为学科相对单一，对教师团队的教学要求非常高，学生专业训练时间较为充裕，使之能够熟练掌握语言技能和语言专业知识，但同时在人文社科等知识领域拓展和思考研究能力培养方面会相对有所欠缺。而身处综合性大学的外语院系，会受到大学整体氛围的影响，以及大学自有的多学科资源的支撑，教师团队又素有研究传统和要求，学生有机会接触到多学科的思想和学者，相对综合素质强、知识面宽、研究能力强，却也因而挤占了语言技能训练和专业知识学习的时间和精力，所反映出来的语言面貌和口语实践能力就会显得薄弱。

由此可见，从中国长期的外语学科教育和研究实践来看，专业外语院校和综合性大学外语院系在人才培养和教师团队建设方面已经走出了不同的发展道路，无形之间已形成不同的人才培养目标、方式和经验，形成不同的教师队伍条件、结构和评价标准。

（二）俄语学科地位的变迁与内涵的转变

综合整个俄语学科的发展特点，专业外语院校注重语言实践能力，注重教学，研究薄弱，综合性大学的俄语专业更为注重人文素养的培养，教学偏重理论，研究能力强，尤其是在俄苏文学译介方面硕果累累，一度引导了整个中国的阅读习惯和精神生活。

新中国成立后的俄语学科，由于特殊的历史原因，呈现出与其他外语学科发展完全不同的路径，尤其是与英语学科相比较，可以说是跌宕起伏。在20世纪80年代初之前，以北京大学为例，共有三个外语系：西语系（包括德、法、西、英）、东语系（包括日、阿、朝、蒙等数十余种东方语言）和俄语系，只有俄语一种语言独立成系，这是1950—1960年代"一语独大"所留下的。全国多所外语学院和综合性大学外语系，越是有历史，就越可能是由俄语系发展起来的。比如当年延安抗大三分校的俄文大队，是北京外国语大学和黑龙江大学的直接前身。然而，随着中国的改革开放、世界格局所发生的新变化，英语专业逐渐摆脱了西方语言文学专业框架的束缚，成为独立的系、独立的学院，甚至在很多大学成为仅有的外语专业。举国学习英语，从幼儿园开始、甚至从胎教时就开始。而俄语系即便是保留下系的建制，但规模严重缩减，已与1950—1960年代完全不可同日而语。有的与其他外语专业合并成系，彻底停开的亦有之。北京外国语大学俄语系尽管变成俄语学院，但规模无法与之前俄语系相比；黑龙江大学也许是个例外，除俄语学院外，衍生出许多与俄语有关的院系和机构，但这也是近十年随着中俄人文交往与合作的加深，以及黑龙江省所处地理位置、经济发展需要才有的景象，之前很长一段时间也是处于萎缩的状态；解放军外国语学院①的俄语系已不再称系，这与军队院校的改革和人才培养定位有关，但英语的力量相对于俄语的衰落，呈现的是加强的态势。

即便如此，今日英语学科亦没有超越当年俄语学科的风光和辉煌。经济全球化把英语推到了最重要的沟通交流工具的位置，但也唤醒了越来越多国家的独立自主的意识，希望以平等的身份参与国际事务和对世界发声，对外使用本国、本民族语言是最为明显的权利表达的标志，而邦交国双方如果用彼此的官方语言（特别是非英语国家）开展交流与合作，则被视为对彼此地位和主权的尊重和认可的最重要、最直接的表现之一。这使对英语之外的其他国家语言、文学、文化及其国情的研究的需要变得十分迫切，即便有过辉煌历史的俄语语言、文学、文化的教育与研究成果也无法满足现阶段国家发展和战略布局的迫切需要。因此，在其他外语通用语及非通用语迎来发展春天的时候，一度衰落的俄语专业，尽管不可能也不需要回到从前，但在新时期仍可春回大地，甚至大有作为。

如果说当年的俄语"一语独大"有着历史的必然和偶然，那么今天或之前曾经一度的衰落也非历史的必然。"穷则思变，通变则久"，俄语语言、文学、文化的教育和研究在今天可以有更为理性的思考和定位，做精、做深、做通、做强，不求规模，但求质量，抛却虚名，抓住机遇，走内涵式发展道路。

二、高校俄语学科教育与研究的重新定位与作用

在今天，已经可以重新对外语学科进行定位，可以更为多元地评价外

---

① 现中国人民解放军战略支援部队信息工程大学洛阳校区。

语学科的学科价值，可以用不同的方式和模式培养不同类型的外语人才。外语不再只是单纯的交流工具，它还是重要的研究工具。当前中国政府倡导的"一带一路"经济带建设，是对中国和世界都具有深远影响的重大构想，外语学科可以在之中发挥非常重要的作用。通过深化人文交流，实现民心相通、文化包容，将有利于推动沿线国家和地区的资源共享和智力支持，推动我国和沿线国家宗教和思想文化的交流，推动不同文明间的多维沟通与交融，增强沿线国家的命运共同体意识。

（一）俄语学科的发展方向和价值作用

对俄语学科内涵的理解、对专业俄语人才的理解有着不同的出发点，也就有着不同的落脚点。首先被认识到的、最重要的需求是对语言人才的需求，然后是对研究俄罗斯文化的成果和人才的需求。之前，我们有一个先入为主的误区，认为懂语言必然通晓其文化，从而忽略了对拥有专业专长同时通晓语言文化的人才的设计和培养。出发点是培养翻译人员还是研究人员、专业技能还是人文素养、语言是为他人交流提供帮助的工具还是自己交流的工具，决定了我们人才培养的定位和层次。但无论从哪个层次出发，培养仅仅具有作为跨文化交流的语言工具的人才是远远不够的，而对其他不同人才的培养模式也应该是因需而异的。

在这样的时代背景之下，面对中俄人文合作与交流密切发展的形势，"（俄语）小语种（处境）"和"（俄罗斯）大国情"的不相称的矛盾日益凸显出来。从俄语语言文学文化教育，也即人才培养角度来看，要求我们调整人才培养模式和定位。以往只注重语言能力或过度强调综合素质和研究能力都是不可取的。

"治俄文，穷俄事"既是俄语界前辈学者的经验概括，也是我们今后需要发扬光大的目标所在。从整个俄语学科的教学和研究来看，自然应该是立足俄罗斯语文学，面向俄罗斯国情学研究。这样，俄罗斯学的宽窄两层含义都可以包括进来。近年来，发生一种倾向，表现为"治俄语，穷俄语"，很多研究仍集中在语言和文学研究方面，领域拓展未见规模，且现实性不强。事实上，当代俄罗斯的语言学和文学研究者仍然关注解决语文学研究中的具体现象和问题，语言与文学、语言与历史、语言与哲学、语言与社会等密切相关，研究主题不在于大小，而在于它的现实性和迫切

性，以及解决方案的准确性和可行性，这一点值得我们进行深刻反思。（李明滨2015：152）

这让我们认识到，在进行俄语语言和文学研究的同时，还可以利用精通俄语的优势，把俄罗斯各个领域有价值的思想、学术研究成果准确地掌握、译介给中国，并对之进行深入准确的研究。

文学研究除了立足传统，也必须关注当下的中俄人文交流与合作的需要。当前"中俄经典与现当代文学作品互译出版项目"实施3年来，总计翻译出版图书44部，其中中方翻译出版俄罗斯作品26部，俄方翻译出版中国作品18部。其中最主要的翻译力量来自高校专业教师，利用专长、以书为媒，双方出版机构间、作者与译者间互动直接而活跃，推动了中俄人文合作与交流。该项目是目前进展最顺利、成果最多、影响最大的中外互译出版项目，对于中俄双方开展与其他国家互译出版项目具有很好的借鉴意义。

对俄罗斯历史文化进行深入的研究，主要是为了理解今天的俄罗斯，解决当下中俄关系发展所遇到的迫切的现实问题。我们今天迈出的每一步，都落在前人的脚印上，俄罗斯思想、中国思想，俄罗斯逻辑、中国逻辑，俄罗斯方案、中国方案，既有彼此的吸收借鉴，亦有彼此的应对斡旋，国家利益是中俄人文合作与交流的底线。但当前的俄罗斯文化、历史研究，我们还缺乏足够的自信，多处于浅层次的了解和介绍上，流于形式和表面。在中俄人文合作与交流的初级阶段还可以应对，在进入深层次合作与交流的今天，已经越发捉襟见肘。除了它的文学、文化、艺术、风俗等我们传统上一直予以关注的部分（这方面我们也有很多的空白点和薄弱的部分，也有人云亦云的倾向，不足以提供全面准确的支撑），我们还需要关注俄罗斯当代的社会、经济、政治、生活、大众文化、先进技术，国民心态和极端势力等，以及其背后深刻的历史背景和根源，特别是要十分珍惜我们获取一手研究资料的能力。这在当今的区域与国别研究中是非常重要的。历史上曾经辉煌过的国家和民族，在人文社科领域都曾通过区域与国别研究丰富自身对世界的理解。所以，中国的区域与国别研究、中国的俄罗斯研究要站在我们自有的独立的角度去看世界、看俄罗斯。

我们也必须进行一些反思。时至今日，中国和俄罗斯的国情都发生很大变化，无论作为专业的俄语还是作为外语的俄语，其1950—1960年代的辉煌不再，逐渐沦为"小语种"而居英语之后。这其中固然有中国实行改革开放政策后急需了解、汲取西方经验的客观必然性，但同时也与中国俄语学界未能及时调整自己的方略有关。最近几年，此种情况有所回暖。目前，据不完全统计，我国开设俄语专业的高校有140多所；开设大学俄语的高校120多所，开设俄语课程的中学有80多所，但高校俄语和中学俄语教学质量参差不齐。如果高校俄语专业能够顺应时势进行学科调整，应该会迎来中国俄语专业再度发展的大好机会。

（二）中俄人文合作与交流之下的俄语学科的新机遇与新挑战

随着中国国际影响力的不断提升，中国的国际人文交流发挥着越来越重要的作用。"国之交，在于民相亲。"实践证明，人文交流就是"民相亲"非常好的桥梁。它使不同文明之间的理解、尊重和互鉴成为可能。不同民族之间的误解以及由此所带来的隔阂甚至敌意可以在最大程度上予以减少和消除。

加强中俄人文交流与合作，将有利于推动中俄资源共享和智力支持。此外，"一带一路"覆盖的地区和国家，不少可以用俄语进行交流和沟通，或俄语在其中具有一定的影响。推动中国和俄语国家思想与文化的交流，促进不同文化间的多维沟通与交融，将有助于提升与俄语国家的命运共同体意识。助推"一带一路"倡议的顺利实施，成为高校俄语专业的重要发展机遇。同时，传统的高等院校人才培养模式和专业定位在新形势下越发显现出自有的局限性，转变思想、拓宽视野、做大格局已是大势所趋。

无论是综合性大学，还是专业外语院校的俄语学科，都在力图借助大势，突破传统，寻求新的发展机遇。

1. 综合性大学努力摆脱单一的文学、文化研究传统，向区域国别研究拓展

北京大学、南京大学、复旦大学、浙江大学、黑龙江大学等都在不同程度上加强了对现当代区域与国别研究的力量，在机构设立、人才引进方面均有举措。

以北京大学为例，从我们自有的研究力量层面来看，北京大学的外国语言文学学科以外国文学和翻译研究、外国语言和语言学研究、外国文化

和国情研究为主，形成了自己的传统和特色。而传统上占优势的文学与翻译研究、外国语言与语言学研究所奠定的深厚的人文基础，为深度的文化与国情研究提供了保障。随着"一带一路"倡议的提出，目前在国内高校与政府研究机构涌现出一大批相关研究中心，重点集中在对"一带一路"整体或部分区域的政治、经济、文化研究，但缺乏对沿线/周边国家进行科学的区域划分并进行语言、文学、民族、宗教、社会等深层次的协同研究。而北京大学外国语学院包括俄语语言文学学科在内的各相关学科对外国文化与国情的研究是有传统的，所进行的一系列关于外国国情的研究，涉及外国社会、历史、国际关系、国家安全等领域，并且已经形成稳定且有影响力的团队，取得了一系列研究成果。我们发现，外国文化研究与外语的研究通道优势十分有助于在区域和国别问题研究中用全新的视角更好解读外国文化及国际关系。

其他综合性大学，如素有传统的黑龙江大学，从大俄语的角度出发，有俄语学院、俄罗斯语言文学与文化研究中心（基地）、俄罗斯研究院、中俄学院等多家机构都在从事着与俄语相关的人才培养和教学研究工作，为多层次、全方位研究俄罗斯展开了富有成效的探索。

2. 专业外语院校在"多语种+"模式方面做出积极探索

以北京外国语大学、上海外国语大学为例，他们在此方面进行了充分的设计和论证，相关"多语种+"模式均已启动，如"俄语+乌克兰语""俄语+哈萨克语"等，新生已于2016年9月入学。

同时，相关外语类大学，在区域与国别研究方面也有相当大的投入，出现"俄语+人文/社科专业"的人才培养模式，设立科研机构，进行智库建设，在此方面与综合性大学的区分度越来越低，呈现出同质化的倾向。

结语

当前，中国与俄罗斯的关系是全面战略协作伙伴关系。面对这样的中俄大国关系，中俄两国都需要一支相当可观的人才队伍从事支撑两国关系发展、各领域深入协作的工作。高校俄语专业要将俄语语言文化方面的训练和研究贯穿俄语学科教育方针、培养目标、课程设置、教学大纲、教学方法五大环节之始终，既要坚持我们传统的人文优势，拓宽培养方向，不拘泥于语言和文学研究；同时又能契合当下对俄罗斯方方面面研究的需要，努力创建符合需要的人才培养方向和培养模式，打造我们自己的俄罗斯研究人才培养方案，以满足国家对俄罗斯研究人才的需求。

我们在思考自身责任的时候，必须明确俄语学科自身的定位、特色和优势，同时又不能仅仅囿于自身的优势，要有更为广阔的视野。不仅为今日国家之需要培养人才，更要为国家的未来培养人才，不能急功近利，在人才培养上要有更高远的目标、更长远的顶层设计，任重道远、持之以恒。

参考文献

李明滨. 俄罗斯学教育在中国的历史溯源和发展概略［A］//张国有，宁琦. 俄罗斯的政治视角与文化视野［C］. 北京：北京大学出版社，2015.

多元化综合性的区域国别人才培养模式探究

——以北京师范大学俄罗斯研究中心人才培养为个案

北京师范大学　刘　娟

引言

随着区域国别研究在服务国家内政外交方面作用的不断提升，区域国别研究人才短缺的问题逐渐凸显。区域国别研究是一项综合性研究，它要求研究者具有丰富的综合知识和良好的外语运用能力。在区域国别尚未普遍成为一门独立学科的情况下，探讨区域国别人才的培养内容和培养模式具有现实意义和迫切性。

一、影响我国区域国别人才队伍建设的因素

（一）人员构成及人员专业单一

现阶段我国区域国别研究人员主要由下面两种人员构成：毕业于政治、经济、国际关系、历史、法律等专业的人员，出身于外语专业的人员。第一类人才的培养主要集中在综合类大学，这些人员的外语是公共外语。他们的社科专业水平普遍高于外语水平。另一类人员主要来自外语类院校或者综合性大学的外语专业，缺乏充足的社科专业背景知识。这两种人员在一定程度上都存在专业局限性，而且在实际研究中都会遇到现实困难。

（二）长远规划与统筹管理缺失

区域国别研究是长期的积累性研究，是关系国家大政方针的研究。区域国别研究的队伍应该相对稳定、构成科学、布局合理。在研究机构的设置上应考虑各自优势，避免资源浪费和重复性建设。但是，长期以来我国区域国别研究在区域分布、学科构成和能力水平等方面存在不平衡的现象，缺乏国家层面的长远规划和统筹管理。这不可避免地造成区域国别人才培养的不连贯、不科学、缺乏针对性。

（三）高校对区域国别人才培养重要性的认识不足

虽然国内研究人员一直在开展区域国别研究，但是区域国别作为一个概念在国内被提出是最近几年的事情。非专业人员对这一概念没有充足的

认识，区域国别研究的内容和重要性自然不被大众所熟知。高校在人才培养方面遵循的是传统的人才培养模式，注重专业的划分和专业技能的培养。很多学生在校期间对自己的未来并没有明确规划，学校也没有刻意引导学生的未来发展道路。学生最后是成长为研究型人才还是应用型人才被看作是一个顺其自然的过程。因此，学校没有把区域国别人才的培养作为自己的关注点。

二、区域国别人才培养的现行模式建构

（一）现阶段切实可行的区域国别人才培养模式

每个学校和每个研究机构的性质、学科设置、学生培养模式、学生组成不尽相同，建构整体划一的培养模式有背现实。尽管许多高校不断探索人才培养的方式，并对现有培养方案进行改革，但是大部分高校现行的招生和培养模式还是分文理、分专业。学生在修满必修学分的基础上才能够选修其他课程。在这种情况下，区域国别人才的培养只能通过跨专业跨学科的平台进行。在综合类大学，区域国别研究基地可以最大限度地发挥自己的纽带和整合作用，充分调动基地成员的积极性，利用大家的学科优势，通过独立培养与联合培养相结合、国内培养与国外培养相辅助、课上培养与课下培养相补充的多元化综合性的模式培养学生。

（二）北京师范大学俄罗斯研究中心在人才培养方面的做法

北京师范大学俄罗斯研究中心（以下简称中心）在人才培养方面进行了大胆尝试，力求通过多种方式培养跨专业、跨学科、具有综合素养和国际视野的区域国别研究人才。中心充分发挥每个成员的学科优势，由大家独立培养来自9个院部的学生。通过向学生传授专业知识来培养学生的独立研究能力。同时，中心充分发挥整合和统筹作用，有计划、有针对性地搭建第二课堂，设立研究项目，开发国内外人才培养资源，通过多种渠道开展联合培养工作。

1. 培养学生的涉俄研究兴趣和区域国别研究意识

由于中学俄语教学的极大萎缩，以俄语为外语报考大学的学生人数锐减。这就造成了具有专业背景以俄语为外语的学生的短缺。加之英语作为外语的影响力的加强，学生中愿意从事涉俄研究的人数屈指可数。正在完

成与俄罗斯问题相关研究的在读研究生同样缺乏专业目标和国别研究意识。培养学生的研究兴趣和研究意识是区域国别人才培养的首要任务。可以通过举办讲座、研讨班、工作坊等第二课堂活动激发学生区域国别研究的兴趣和积极性，培养学生服务国家内政外交的意识。在2013年，中心邀请国外专家来校讲座9场（每场不少于18学时）。这里既有系列讲座"俄罗斯院士讲座：'伦理学与当代俄罗斯哲学''现代西方文化的危机与俄罗斯思想家对危机的反应'""俄罗斯语言学系列讲座：'俄语教学法讲座——俄语作为外语的讲授与习得''演讲的技巧——如何用俄语演讲''走进俄罗斯人的世界语言图景'"，也有专题讲座"金砖国家的国际科技合作模式""俄罗斯帝国中央与边疆：中央集权与地方治理""国际政治经济局势与当今中俄美大国关系""从俄国到苏联：帝国视野下的俄罗斯与非俄罗斯世界"。中心组织成员面向学生开办讲座4场："中俄美三角关系：战略分析与策略应对""从中苏关系到中俄关系：镜中印象的历史往复""怎样欣赏俄罗斯油画""俄罗斯教改20年——政策、进程与发展前景"。中心邀请校外著名学者专家来校讲座两场："走进俄罗斯音乐的世界""走进俄罗斯戏剧"。与白俄罗斯科学院联合举办了"新丝绸之路经济带的问题与前景"高端研讨课1期。在2014年，中心邀请外国专家来校讲学9场（每场不少于18学时）："中国龙与俄国熊：1900—1917年的中俄关系""聚焦里海问题""革命年代：共产主义在欧美亚洲的较量""美国人眼中的俄罗斯——俄罗斯电影""当代俄罗斯改革的哲学反思""语言文化学——俄罗斯语言文学现象分析""21世纪的人文科学：新视野和新方法""作为神话与现实的圣彼得堡""20世纪俄罗斯女性文学"，邀请国内专家讲座1场："乌克兰的前世、今生及前景预测"。所有这些讲座都极大地丰富了学生的学习内容，并使他们对涉俄问题有了更加深入的了解。

2. 提高学生的科研能力和综合素质

队伍建设的核心问题是人才问题，是研究人员的能力问题。学生科研能力的生成取决于自身条件与后期培养。培养学生的研究能力是人才培养的重要内容。可以通过设立研究生课题、召开以学生为主体的学术会议、指导学生策划大型活动提高学生的研究能力和综合素质。

2014年中心专门针对研究生设立了"中俄青年国家形象与国家认同问

题研究"项目。项目参加者来自北京师范大学政府管理学院、外文学院、历史学院、哲学与社会学学院、教育学部、文学院。课题的设立不但把不同学科的学生联系在一起，而且有效地提高了学生的科研意识和科研能力。

中心已连续多年召开以青年学者为主题的国际研讨会："俄罗斯人文研究——从远古到今天"研究生学术前沿论坛（2012年）、"俄罗斯与世界——历史与现代"俄罗斯学研究生国际研讨会（2012年）、俄罗斯学研究生国际研讨会"传承和发展——中俄青年对话"（2013年）、"和而不同：中俄青年国家形象与国家认同问题"国际会议暨第四届北京师范大学俄罗斯学研究生国际学术论坛（2013年）。每次研讨会都有来自外文学院、文学院、政府管理学院、历史学院、哲学与社会学学院、文学院、法学院、教育学部等院部及俄罗斯、白俄罗斯、乌克兰、哈萨克斯坦、日本、蒙古国等国的国内外青年学者参加。历次研讨会在同学们中间都反响良好，大家一致认为研讨会提升了自己的研究能力，加强了自己与其他专业同学之间的交流。

2013年和2014年中心策划举行了多场大型系列活动："大美无言——通向俄罗斯文化殿堂"俄罗斯文化系列活动、"全球化版图上的中俄文明对话"系列活动、"天地玄黄宇宙洪荒、青春万岁友谊久长"中俄青年友好年系列活动、"中俄教育类高校联盟"学生交流系列活动。这些系列活动在普及俄罗斯文化和培养学生的整体能力和素质方面起到了积极的作用。

3. 为学生发展创造良好条件

区域国别人才培养是一个系统工程，需要充足的投入。中心在人才培养方面统筹考虑，统一安排，多方筹措经费、争取名额，为学生创造出国进修学习的机会，资助学生参加国际会议，鼓励学生参与国际交流与合作。为了使各个学科在人才培养上能够均衡发展，在条件和资源允许的情况下，应兼顾每个学科的学生。除了申请国家留学基金委的项目，中心通过中俄教育类高校联盟、中心的俄方友好单位、中方企业等多种渠道派出学生。受资助的学生来源于不同专业，进修学习的学校涉及多个国外高校和研究机构。2013年5名俄文系学生获得俄罗斯单方奖学金，到俄罗斯攻读学位；1名国际关系与政治专业的博士生获国家留学基金委资助赴莫斯科国际关系学院接受联合培养1年；1名国际关系与政治专业的博士生到彼得堡大学国际关系学院进修半年；1名历史学专业学生获国家留学基金委资助赴日本北海道大学斯拉夫研究中心接受联合培养一年半；1名历史学专业学生获得研究生院资助到俄罗斯科学院俄国史研究所进修三个月；1名比较教育专业的学生到莫斯科师范大学攻读教育学博士。2014年已有4名俄文系学生获得俄方奖学金在俄罗斯短期学习，1名哲学专业学生将去莫斯科国立师范大学攻读博士学位，两名分别来自外文学院和教育学部的学生到白俄罗斯孔子学院做志愿者，9名来自外文学院、文学院、政府管理学院、历史学院、哲学与社会学学院、教育学部的学生将赴俄罗斯参加为期1周的研究生论坛。

4. 培养团队意识，建构未来人才队伍

来自9个院部的中心成员的大部分研究生将来会从事涉俄工作，为了使学生的研究工作能够具有连贯性和跨专业性，中心充分发挥桥梁和纽带作用，把中心成员的学生紧密联系在一起。中心安排一名年轻教师负责与学生的沟通和联系，通过召集开会、组织座谈、建立聊天群等形式把每个导师的学生联系在一起，促进学生之间的沟通，培养学生的团队意识和归属感。除此之外，中心通过各种方式介绍学生认识国内相关领域的专家学者，给学生搭建就业平台，为其将来走上工作岗位建立相应的联系，以保障学生毕业后能有兴趣有机会从事区域国别研究。

三、区域国别人才培养的可行性模式设想

中心的实体化建设和独立的区域国别专业的设置是解决区域国别人才培养问题的最佳方案，但是现阶段大部分区域国别研究基地都是松散的机构，绝大部分高校都没有招收研究生的区域国别研究基地。这也就向我们提出了挑战。身处不同学校的不同区域国别研究基地，面临各不相同的困难。在未来的发展中，我们在开展中心实体化建设的同时，应推动学校在人才培养方面的改革。只有根据培养单位的各自特点，发挥不同单位的学科和人才优势，通过多元化的途径培养兼具专业背景知识和外语能力的人才，才能最终解决区域国别人才培养中的问题。我们可以尝试区域国别专

业培养与语言能力培养并重、阶段性培养与长期培养兼顾的模式。

（一）区域国别专业培养与语言能力培养相结合的培养模式

我们可以通过双轨制培养区域国别研究人才，即区域国别专业人才+专业外语学习和外语人才+区域国别专业学习的培养模式。针对非外语专业的学生，在本科学习阶段，根据学生的专业、学生的职业规划、学生对区域国别研究的兴趣，为有意投身区域国别研究的学生开设外语专业课程，为他们量身定制区域国别专业课程与外语课程相结合的课程体系。在外语人才的培养过程中，在大学二年级结束后，给外语专业的学生提供规划自己职业生涯的机会，引导学生根据自己的语言学习条件及学习兴趣选择自己大学后两年的学习专业。确有语言天赋、且对外语学习有兴趣的学生可以继续留在外语专业学习。对区域国别专业感兴趣的外语专业学生可以选择同时在区域国别专业学习，他们的外语专业学分可以适当地得到减免。

（二）本研结合的培养模式

在大部分高校，本科生培养与研究生培养是各自独立、彼此分离的两个阶段；本科生教学与研究生教学分属教务处和研究生院两个部门。这就在人才培养和教学管理两个层面上造成了本科教学与研究生教学在学生跨专业学习过程中的不连贯性。建立本研一体化的人才培养模式，消除不同专业和不同阶段的人才培养障碍是培养区域国别人才的良好途径。我们可以对本科生开放研究生阶段的课程，并对其选修的研究生课程的学分进行认定，冲抵其本科阶段的学分或未来研究生阶段该课程的学分。这种课程设置可以帮助学生选择未来的发展方向，发现自己的学业兴趣，为做好区域国别研究奠定基础，还能够使学生较早与导师接触。

四、区域国别人才培养中需要关注的问题

区域国别人才的培养和队伍建设关乎国家的大政方针，应该从国家战略考虑。因此，区域国别人才培养需要从长计议，避免盲目与混乱。在培养的过程中遵循循序渐进的原则，一方面培养新生力量，一方面优化现有队伍。在人才培养的布局和设计上，应该具有全局性和前瞻性，发挥国家职能部门的主导作用。此外，鉴于区域国别研究的重要性，在人才培养和

队伍建设中还应关注人才的质量，保证研究队伍的精良。从人才的挑选到培养，从人才的发现到选用都应关注人才的专业水平、自身素养和道德品质。为了充分调动高校在区域国别人才培养方面的积极性，还应加强研究机构、国家机关与高校的沟通与合作，使高校有针对性地确定人才培养目标和培养计划，做到有的放矢。

结语

区域国别人才培养是区域国别研究基地工作的重要组成部分，是区域国别研究基地长久持续发展的保障。因此，提高区域国别研究基地自身在人才培养方面的自觉意识非常重要。区域国别人才是复合型人才，多元化综合性培养模式是区域国别人才培养的必要途径。

加快发展语言服务业
助推黑龙江省国际化进程

天津外国语大学　王铭玉

一、语言服务业的概念及国内外发展概况

（一）概念与作用

1. 概念：语言服务业（Language services industry 或 Language industry）是现代服务业的重要组成部分，指随着全球化和信息技术的飞速发展催生的包括翻译与本地化服务、语言技术工具开发、语言教学与培训、语言相关咨询业务为内容的新兴行业，其范围已远远超出传统意义的翻译行业。

2. 作用：语言服务业涉及经济、文化、科技等多个领域，是国际贸易的重要环节，与文化产业、信息产业、服务外包业有交叉融合的一面，在贸易全球化过程中必不可少。除其自身价值外，语言服务还能够为我国的文化贸易带来附加价值，能够推动影视、动漫、教育培训、文化外包、旅游、科技等多领域的发展，是中国文化走出去的战略性、基础性行业。加快发展语言服务业，对提升中国的文化软实力至关重要。

（二）全球语言服务业发展概况

《2009年欧盟语言行业市场规模报告》显示，未来几年，语言市场每年复合增长率预计为10%，2015年语言市场的产值将达165亿欧元。全球语言服务市场呈现三分天下的局面。其中，欧洲占全球市场份额的43%，市值107亿美元；美国占40%，市值达101亿美元；亚洲虽起步较晚但发展迅速，占12%，市值达30亿美元。（http://blog.sina.com.cn/s/blog_64297a860100h9yc.html. 2022-01-19）

欧盟翻译总司是世界上最大的多语种机构，拥有24种官方语言，设有专门的"口译司"，固定口译人员600人，持有欧盟口译执照的"自由译员"多达3000人。

（三）中国语言服务业发展概况

语言服务业在我国属于新兴行业，始于北京奥运会筹备期间，2010年中国第一届国际语言服务行业大会才首次提出"语言服务"的概念。

1. 我国语言服务业的发展历程

我国语言服务行业大致经历了三个发展时期：婴儿期（1980—1991），这期间全国的语言服务提供商由最初的16家猛增到767家，年增长43.6%，这一时期主要是翻译服务，且规模较小；快速发展阶段（1992—2002），语言服务提供商由1992年的1432家发展到2002年的8179家，年增长26.8%，国内几大语言服务商均是在这一时期成立，如博彦科技（1995）、博芬软件（1996）、传神公司（1998）、艾朗科技（2002），服务的范围扩展到软件本地化；稳定发展阶段（2003—2011），到2011年末全国语言服务商的数量达到37 197家，这一时期的年增长率为18.4%，提供的服务范围涉及翻译、本地化、国际化、语言服务技术和工具的开发、专业咨询等，行业组织在这一时期开始出现并发挥了领导作用。（https://wenku.baidu.com/view/6fd4f618bb4cf7ec4bfed0c1.html. 2022-01-19）

2. 我国语言服务业的发展规模

《中国语言服务业发展报告2012》显示，截至2011年底，我国语言服务业专职从业人员达119万人，其中翻译人员占53.8%，约64万人，2011年创造产值1576亿元，比上年度增长26%。预计我国语言服务业在"十二五"期间仍将保持15%的增长速度，到"十二五"末，产值将达2600亿，从业人员200万，企业数量达6万余家。（https://wenku.baidu.com/view/6fd4f618bb4cf7ec4bfed0c1.html. 2022-01-19）

从地域分布来看，北京、上海、广东、江苏的语言服务企业数量位居全国前4名，占企业总数的69.8%，北京的语言服务企业高达12 000余家。黑龙江省的语言服务企业数量仅维持在500家左右，在所列举的我国（除港澳台）31个省份中排列第14位，属于中游水平，但与排在15—20名的省份差距不大。与黑龙江省相比，同在东北地区的辽宁省则以超过1000家的语言服务企业数量高居第5位，遥遥领先于黑龙江和吉林（位列第20）两省。（https://wenku.baidu.com/view/6fd4f618bb4cf7ec4bfed0c1.html. 2011-01-19）

3. 我国语言服务业的代表性机构

当前，我国的语言服务企业逐年增加，我们仅仅考察以北京外国语大学、上海外国语大学、广东外语外贸大学和中国翻译研究院为核心发展起来的具有代表性语言服务机构。

"北京多语言服务中心"是2009年由"北京奥运会多语言服务中心"转制而来。该中心由北京市外办、北京市教委、北京外国语大学合作成立，是北京外国语大学承办的事业单位，北京市语言服务政府采购指定单位。该中心也是北京市国际化语言服务标准化建设基地，开通了多语言电话应急服务系统，参与首都窗口行业外语培训、北京市民讲外语、多语言标识纠错等诸多实践活动，协助快速处理突发事件等。该中心目前已成为北京市政府和北京外国语大学的城市形象展示、接待参访、对外宣传的窗口。

"上海文化贸易语言服务基地"是在上海市商务委员会的统一领导和虹口区人民政府的大力推动下，由上海外国语大学、中国对外翻译出版有限公司和虹口区大型国有企业共同出资组建的国内首个全方位专业语言服务平台。该基地下设语言服务中心、职业培训中心、研究中心、信息与数据交互中心和法律中心。该基地推进国内语言服务市场的优化及全方位语言服务体系的建构，为国家文化出口提供政策咨询，为促进高新技术引进与合作及国际贸易发展贡献力量。

"广州国际语言服务中心"与北京多语言服务中心相似，同属社会公益项目，是亚运遗产转化成果，也是语言服务政府采购指定单位，目前由广东外语外贸大学运作，为广州市及港澳提供语言服务，市场化运作较北京更加充分。该中心被纳入了广州市建设国际语言环境、提升城市功能的重要发展战略。

2014年7月29日，隶属中国外文局的中国翻译研究院在京成立，被业界认为是加强中译外人才培养、推动中国语言服务业健康发展的重要举措，顺应了以语言服务业为抓手增强国家文化软实力的现实需求。该研究院将打造翻译领域重大课题研究平台、对外话语体系创新平台、翻译研究国际交流合作平台和高水平翻译人才汇聚平台，为对外讲好中国故事、传播好中国声音和促进中国文化更好走出去发挥应有作用。

以上语言服务机构具有许多相同特点：如政府行为、社会公益项目、纳入政府或国企总体发展战略、依托所在地外国语大学的语言资源优势，形成新的社会品牌。相比我国经济发达地区，黑龙江省的语言服务业发展还处于相对落后的水平。

二、发展语言服务业的意义、问题和挑战

（一）发展语言服务业的重大意义

1. 语言服务业已成为贸易全球化的基础性支撑行业。当今的语言服务已经远远超出单纯的口译、笔译范畴，逐步拓展为一个包括翻译服务、本地化服务、语言技术与工具研发、语言资产管理、全球化与本地化咨询服务，以及相关教育培训服务在内的新型服务业，初步形成了自己的产业链并在贸易全球化中日益体现出重要的基础性支撑作用。

2. 发展语言服务业是大国崛起的必由之路。在全球化背景下，中国作为世界上最大的发展中国家，发展语言服务业是大国崛起的必由之路，有利于加快转变经济发展方式，实现有就业、更环保、可持续的经济增长；有利于增强国家文化传播能力和信息利用能力，大幅提升国家软实力；有利于提高贸易和投资便利化水平，提升开放型经济水平。

3. 发展语言服务业是增强海外投资和全球化能力不可或缺的环节。全球跨境投资的迅猛增长，对语言服务业产生强劲需求。我国是吸引外商投资的大国，已成为全球最重要的对外投资大国之一。语言服务可以帮助中国对外投资企业在语言上与其东道国和贸易投资伙伴更好地交流，在文化上相互理解，相互尊重，从而使中国走出去的企业与东道国真正实现互利共赢。

（二）发展语言服务业面临的问题与挑战

1. 自身发展尚不成熟，至今未被纳入国家有关职能部门的统计范围。各级翻译协会的行业管理远不到位，语言服务业行业地位不明确，缺乏政策扶持；准入门槛低，缺乏立法保障；总体规模偏小，产业集中度和国际参与度低；企业创新能力不够，同质化竞争问题突出；高级翻译人才缺口巨大，师资严重匮乏等。

2. 大数据时代客户需要更高质量、更快速度和更低成本的服务。在大数据技术背景下，客户对语言服务提出了"更好、更快"的即时性需求。同时，全球语言行业的压力增大，越来越多的客户希望花更少的钱做更多的事；新产品开发和发布频率增加，产品周期缩短；传统本地化流程面临巨大挑战；产品推广涉足更多语言；语言服务对企业战略发展的作用越来越大；用户通过各种社交模式（如微博、微信）生成的内容不断增加。

3. 海量信息及技术更新速度加快，语言服务业须紧跟发展需要。在全球化环境中，语言服务业要面对三大挑战：要处理的内容容量、语种数量和处理的速度都在迅猛提高。未来几年内，跨国企业以几十种以上的语言来运作经营将成为常态。在过去的二十多年间，随着中国在贸易全球化中地位的提升，中文越来越成为语言转换中的源语言，但显然我们还没有在技术和工具上做好相应准备，所以大力发展语言服务业势在必行。

4. 仅仅翻译远远不够，自媒体时代用户体验和经验分享对企业成败至关重要。语言服务企业原来与客户做本地化项目，客户的编辑是语言质量的评判者。现在情况发生了翻天覆地的变化。语言质量的评判权转移到了异地用户，用户通过不同的渠道，如社交网络、论坛以及各种即时通信软件来发布他对某一产品或服务的评价。这些信息很短时间内在用户人群中传播，影响语言服务企业的声誉和口碑。所以，对于语言服务企业来说，完成翻译只是第一步，重视顾客关系管理和市场公关是吸引和维持客户的重要手段。

三、黑龙江省语言服务业发展前景及特色

黑龙江省作为中国的边境省份，在俄语教育和东北亚问题研究，中俄双边贸易、人才交流和科技合作等领域都保持着国内领先地位。随着改革开放的进一步深化，提供优质的语言服务，建设无障碍的沟通桥梁，已经日益成为衡量一个区域国际化发展水平的重要指标。对黑龙江省而言，加快发展语言服务业，发挥俄语的全国领军者的优势，以加强对俄合作为龙头带动全方位扩大开放，具有重要的战略意义。

（一）黑龙江省加强对俄合作的意义

1. 中国是俄罗斯最大的贸易合作伙伴。2013年尽管世界经济存在着不利因素，但两国贸易额依然达到了892.12亿美元。俄罗斯和中国之间的全面战略协作伙伴关系达到了前所未有的高度，双方增加相互投资的数量，深化能源合作——落实关于俄罗斯向中国增加石油供应的战略协议，中国也已开始参与俄罗斯开采北极大陆架天然气的项目。两国在核能、交通、科技、航天等领域的务实合作也取得积极进展。

2. 对俄合作是黑龙江省扩大开放的重要手段。在中俄4374千米的边境线中，黑龙江省就拥有2981.26千米。通过绥芬河、东宁、密山、抚远、同江、黑河、漠河等口岸城市组成了一个巨大的对俄扇形区位。黑龙江省开展对俄经贸合作有着天时、地利、人和多种有利条件，是我国对俄和东北亚区域开放的"桥头堡""枢纽站"，2012年对俄贸易达到213.1亿美元，占全国对俄贸易总额的1/4以上，占本省对外贸易额的50%左右，拥有25个一级口岸，开放区位优势明显。

3. 对俄语高端人才的需求呈现快速增长趋势。随着中俄全面战略协作伙伴关系的确立，中俄两国在政治、经贸等各个领域的交流与合作不断走向深入。但复合型外语人才短缺、经贸方式不规范、缺少民间文化交流和了解等问题直接影响了双边合作的深入开展，特别是掌握俄罗斯语言、熟悉俄罗斯事务、从事俄罗斯研究的高端人才明显呈现供不应求的局面，无法满足社会需要，加之精英人才大量外流，一流的俄语翻译尤其千金难求。

（二）黑龙江省发展语言服务业的特色

通过近年来的摸索和努力，黑龙江省在语言服务业方面积累了一些成功经验，形成了以下发展特色：

1. 发挥俄语教育资源优势，为语言服务业提供复合型外语人才储备

黑龙江省在培养俄语人才方面一直走在全国的前列，是俄语人才培养的大省。本着对外交流，服务于对俄贸易战略升级的目的，黑龙江省教育部门多方面采取措施，加大、加快复合型俄语人才的培养。2011年6月黑龙江大学中俄学院揭牌成立，打破了多年来两国交流中的人才瓶颈，是我国一所通过"专业+俄语"模式专门培养对俄高级专业人才的试点学院。中俄学院改变传统教学思路，全方位引进俄罗斯优质教育资源，着力培养精通俄语、熟知俄罗斯国情、具有广阔国际化视野又掌握自然和人文科学专业知识的专门人才。

为更好适应国家对俄战略需求和中国特色新型智库建设，黑龙江大学作为牵头单位，联合中国社科院俄罗斯东欧中亚研究所、哈尔滨工业大学、清华大学、中国传媒大学、中国旅游研究院等单位，培育组建了中俄全面战略协作协同创新中心。此外，黑龙江大学还建有国内高校唯一的俄罗斯研究院，专门从事俄罗斯国情和相关问题研究，形成了对俄研究优势、学科发

展和平台建设联动的科研体系，开创了我国对俄战略研究新局面。

2. 通过举办大型国际活动，为语言服务业提供了锻炼机会和展示平台

黑龙江省曾经多次举办大型国际活动。例如："亚洲第三届冬运会"、"世界大学生冬季运动会"（以下简称"大冬会"）、"东北亚地方政府联合会"和已经成功举办了24届的"哈尔滨国家经济贸易洽谈会"（以下简称"哈洽会"）。这些大型国际活动的国际化水平高，参会范围广，参加人数众多，活动内容丰富，组织结构复杂。这些特点对活动的语言服务提出更高的要求和更大的挑战。语种繁多，翻译量大，提供优质语言服务随之成为确保活动顺利进行的保障和必要的因素。从语种上说，无论是"大冬会"还是"哈洽会"，都需要配备全语种；从翻译种类上说，既有包括会议指南、竞赛介绍、场馆介绍、展厅指南和展品介绍在内的笔译，也有在开闭幕式、高级领导会见、新闻发布会、贸易合作论坛、酒会和宴会等场合上的口译和同声传译。成功举办大型国际活动，为黑龙江省的语言服务业提供了难得的锻炼机会和展示平台，推动了语言服务业的进一步完善和发展。

3. 逐步形成了"政府—学校—社会"三级互动式的语言服务人才培养模式

在政府领导团队的协调指导下，依靠专业外事人员、翻译协会、翻译公司、领域专家、高校翻译人才等语言服务资源，黑龙江省的语言服务业在不断实践中摸索出了一条"政府—学校—社会"三级互动式的语言服务人才培养模式。一是为了弥补政府部门翻译人才数量不足的现状，政府牵头为高校学生营造实战环境，省外办与各地市外办常年提供实习工作岗位，为在校大学生提供重要的锻炼场所，培养大学生成为具有懂外语、懂外事、懂经贸等多领域技能的翻译人才和语言服务常规军，保证了翻译资源的充足和稳定。二是遵循普遍培养、重点选拔的原则，分层次提升社会各领域外语水平。例如：对大学教师和有经验的外语人才进行礼宾和国际礼仪的辅导；对社会志愿者和普通市民，采取语言培训与礼仪辅导相结合的方式，为大型活动顺利开展提供良好的语言服务大环境。三是通过省翻译协会组织的各类外语演讲、外语培训活动来吸引社会上的有识之士前来参与，争取在活动中发掘更多的外语人才，为语言服务业提供后备军。

4. 强强联合打造语言翻译服务基地

语言翻译服务尤其是同声传译，对服务水平和质量要求较高，需要具备强大实力的国际组织和社会翻译公司提供支撑援助，取长补短，形成优势互补，保证语言服务的水平和质量。为此，黑龙江省做出了积极的尝试。例如：在"大冬会"期间，一些重要的赛前准备会议和新闻发布会都需要英法同传，主办方借助国际组织的大力支持，圆满完成会议组织任务，确保大会沟通无障碍；在接待国宾的场合，邀请外交部翻译室专家进行语言服务，确保万无一失；在"大冬会"开幕式上，特意邀请来自央视外语国际频道的主持人担任开幕式的英语翻译等；为合作公司提供活动背景、资料和词库，使双方的翻译经验最大限度地契合；与语言服务企业紧密合作，成立省级语言服务、翻译基地等。

四、进一步加快发展黑龙江省语言服务业——来自天津市的一点启示

要进一步加快黑龙江省语言服务业的发展，就必须更新发展理念，拓展发展思路，创新发展模式。近年来，天津市在创新语言服务业发展模式方面做出了一些积极的尝试，积累了一点经验。现将这些经验与大家分享，希望能为黑龙江省语言服务业的发展提供一点启发。

语言服务业在美丽中国的建设中日益成为一个有巨大发展前景的产业。北京、上海、广州等特大城市紧跟国际语言服务业发展的步伐，依托当地外国语大学的优势乘势而上；武汉、重庆、成都等中西部特大城市也跃跃欲试，力图在产业升级中抢得先机。天津作为北方经济中心，最近又获批建设自贸区，面临巨大发展机遇，加速发展语言服务业，恰逢其时。

天津外国语大学（以下简称天外）在语言学科积淀深厚，具备了天津市语言服务领军者的资格。为加快发展天津语言服务业，天津外国语大学经过深入调研和论证，提出建立"天津多语言服务联盟"和"天外—传神多语港"的有关设想，并在实践中积极稳步推进。

（一）成立天津多语言服务联盟，整合全市语言服务资源

天津多语言服务联盟（以下简称服务联盟）按照"开拓创新，先行先试"原则，探索"政产学研一体化发展"途径，实施"政府指导，天外主

体，多方合作"模式，以天津外国语大学为运作主体，联合市外办等政府部门、翻译协会等行业组织、翻译公司等企业共同组建。

服务联盟实行会员制并成立理事会。下设若干服务中心，如语言服务中心、行业培训中心、语言服务研究中心、信息与数据中心。在由政府提供资助的同时打造自己的产品与品牌，赢得项目和经费支持，逐步形成以政府资助和自我发展为主的经费来源机制。天津多语言服务联盟将实现以下服务功能：

1. 成为语言服务政府采购指定单位

与市委、市政府及各部门建立长期稳定的语言服务合作关系，承担其商务谈判、对外宣传、国际交流中的语言服务活动，协助其在津以外的外事、外贸等活动（异地代理），降低外事、外贸语言服务成本。

2. 加速培养语言服务高端人才

支持我校高级翻译学院在承担硕士研究生同声传译专业、多语种MTI（翻译专业硕士）培养任务的同时，积极参与天津市"高级翻译百人计划"，发挥其在高端翻译人才培养方面的主导作用，不断为天津经济发展提供所需的多语种高级翻译人才。

3. 充分发挥天津市翻译协会的引领作用

天津市翻译协会拟先行先试开展语言服务市场评测、制定质量控制体系和翻译执业标准，作为我市语言服务人员的准入门槛；在政府鼓励及市场化运作下，对语言服务人员展开包括翻译管理、翻译营销、职业操守、行业准则和业务水平等方面的培训，规范并提升天津市语言服务业质量。

4. 服务天津的国际语言环境建设

尝试开设面向全社会的（专属特服号码）多语言电话应急服务系统，为本市及周边地区的114、120、110、119以及铁路、民航、银行、医院、商业和旅游等社会公共服务体系提供国际语言转换链接平台。参与全市窗口行业外语培训、市民讲外语、多语言标识纠错等诸多实践活动，协助快速处理涉外突发事件。

（二）建立天外—传神多语港，助推天津国际化发展

天津外国语大学与传神（中国）网络科技有限公司本着"紧密合作，优势互补，互利共赢，科学发展"原则，在学科建设、科学研究、人才培

养、产业开发、网络信息技术处理等校企产学研方面开展全面合作，共建天外——传神多语港。

1. 天外与传神公司的合作背景

传神（中国）网络科技有限公司（下文简称为"传神"）是国内最大、亚洲排名第7位、世界排名第33位的基于互联网的语言外包服务供应商，是中国语言服务行业的领军企业，在机器翻译技术方面具备国际先进水平，在国内同行中处于领先地位；主要为国内和国际的企业提供语言翻译服务、软件以及本地化业务。其自主创新的"云翻译服务平台"被工业和信息化部软件与集成电路促进中心（CSIP）授予基于安全可控软硬件产品云计算解决方案；其首创的"语联网"新型服务模式，通过对资源、技术和服务能力的有机整合来满足市场需求，为众多行业和领域提供专业的翻译服务。同时，传神采用"一网多港"落地的服务模式，以武汉为中心，在多个城市建立"多语信息港"，调动全球语言资源为当地客户和地方经济服务。

传神的合作伙伴以企业和高校两类单位为主。高校中合作层次最高的当属广东外语外贸大学（以下简称广外）。广外与传神建立了战略合作伙伴级关系，双方共建广外外语研究与语言服务协同创新中心，还将联合建立"粤海多语港"，通过语联网调用全球语言资源，打造华南地区方便、快捷、高效的语言服务支撑平台，服务国家与区域经济社会发展。

在区位特点和发展定位方面，天津与广州有着较多的相似性。因此，天外与传神的合作体现了战略性和前瞻性。天外具有本地资源、科研及学术优势，传神具有运营能力、服务能力、客户资源、技术力量及资金实力方面的优势，双方强强联合，实现了优势互补，实力叠加。

2. 天外——传神多语港的战略定位和目标

天外——传神多语港旨在整合京津冀和全球语言资源，成为京津冀地区方便、快捷、高效的语言服务支撑平台、高端翻译人才创新培养基地、重大科研项目培育基地，为天津的国际化发展提供语言信息服务的软环境，从而将天津打造成以大数据为中心的全球语言集散中心。

3. 天外——传神多语港的主要服务类型和领域

天外——传神多语港主要提供四类服务：翻译服务、内容服务、外宣服务、咨询服务。服务领域包括政府外事活动、会展与现场服务、文化旅游发展、媒体服务、企业语言服务、国际贸易服务、跨境电商服务、本地特色化包装、多语国际化外宣、译员培训与认证服务、网站本地化服务、基础设施多语化服务、大众语言服务等。

4. 天外—传神多语港的核心服务功能

（1）天外—传神"智库"系统

在天外—传神多语港建立"全球多语数据信息中心"，向政府及相关部门提供相关政策咨询研究。依托天外—传神多语港信息平台，通过语联网调用全球语言资源，实现翻译人才搜集的最大化，建立面向天津乃至环渤海区域发展需要的"译员数据库"；依托天外的中央文献翻译研究基地，结合传神的多语信息处理技术和模式，建立"全球多语外宣语料数据库""全球多语舆情监测系统"。

（2）外事工作综合语言服务平台

通过天外—传神多语港的嵌入式服务，为天津外事工作建立一站式电子政务应用系统，提供线上与线下的综合性政府多语信息服务。一方面，维护及更新政府多语信息，另一方面，统一政府对外宣传多语信息，从而实现政府外事形象的标准化、规范化。

（3）跨境电商营销支撑平台及人才培训中心

与天津市商务委员会对接，为天津市及京津冀地区的外贸企业提供跨境电商营销服务及产品。该平台是现代语言服务公共平台，产品所属现代服务业数字生活领域，包含四大功能：全球建站、全球网店、全球畅邮、全球掌柜。该人才培训中心整合双方资源，以集中授课、线上互动、移动软件相结合的立体培训方式，通过对跨境电商全行业的系统梳理，采用与实际操作紧密结合的语言培训体系，对跨境电商人才进行专业培训，打造中国第一跨境电商培训品牌。

5. 多语言移动APP服务

为天津市服务业的移动APP软件提供多语言服务，为天津市的服务业发展提供国家化软件环境，推动天津的金融、旅游、餐饮、医疗、教育、投资等服务业进一步发展。

6. 会展"一站式"语言服务

通过天外—传神多语港整合京津冀语言资源，与天津各大型会展机构对接，建立包括翻译支持、设备支持、技术支持、形象支持等全方位"一站式"服务体系。除了提供传统意义上的同传、交传、陪同口译、设备支持等服务，还可为会展机构建立多语宣传资料库，对国内外媒体的报道进行搜集、转载、编译、发布；提供相关技术支持，规范多语官方网站，提供网站的后台维护和持续在线支持。

7. 共同建立天外—传神多语港展示中心

结合双方优势，在天外校区内，共同建立天外—传神多语港展示中心。该展示中心以视频讲解、动画演示、图文展板等多媒体形式展现天外—传神多语港合作项目成果、专项服务解决方案以及软件系统操作体验的效果。同时，提供示范操作的平台，可实现现场交互式的平台服务职能演示。

结语

作为现代服务业的重要组成部分，语言服务业在全球经济不景气的背景下仍保持较快发展的势头，凸显其蓬勃的生命力。中国语言服务业由原来的翻译产业升级转换而来，仍处于起步阶段；虽然存在诸多不完善之处，但它已展现出巨大的发展潜力。随着互联网、多媒体、大数据及云计算等技术在语言服务业的广泛应用，语言服务模式越来越多样化，这既是机遇，也是挑战。黑龙江省必将抢抓时代机遇，积极推进语言服务业发展，为加速黑龙江省现代服务业发展和国际化进程贡献力量。

复语型（俄语+非通用语）人才培养模式探究

北京外国语大学 黄 玫

引言

当今时代，国际社会风云变幻，世界各国间的联系日益紧密，国际政治经济格局正在发生深刻变革。一些新兴国家迅速发展，而通晓这些国家语言和国情的人才则凤毛麟角。非通用语人才培养问题以前所未有的迫切呈现出来。世界主要国家都高度重视非通用语人才培养。2006年，时任美国总统布什在美国国务院、教育部以及国防部联合召开的美国大学校长国际教育峰会上正式提出"国家安全语言计划"，目的在于培养掌握国家所需的"关键语言"的高级人才。这些"关键语言"包括阿拉伯语、汉语、俄语、印地语和波斯语。2008年，美国《高等教育法》修正案规定"外语是'国家所需的学科领域'"，并颁布了外语教育标准。修正案同时规定通过加强经济投入、加强外语师资的培养、设立各级各类外语培训机构、开展外语教学项目来提升阿拉伯语、汉语、俄语等七种"关键外语"的教育水平。欧盟部长理事会也曾通过正式决议，为避免欧洲形成单一语言态势，决定从教育领域推动语言多样性。（李娅玲2011：60）进入21世纪，日本开始制定外语语种多样性的措施。在外语多元化方面，2003年日本已有653所公立、私立高中开设了除英语外的外语课，包括24个语种。（陈永明2006：117）俄罗斯也非常重视推行外语政策，从国家层面上制定相关措施保证非通用语战略人才的培养。由此可以看到，外语多元化是保障国家安全、经济发展等核心利益的重要因素之一，多语种外语教学的意义不言而喻。

中国在全球化进程中起到越来越重要的作用。因而，无论是在国家还是社会层面，对外语人才的需求量日益增加。进入21世纪以来，我国非常重视非通用语人才的培养，教育部在包括北京外国语大学在内的9所高校设立了国家外语非通用语种本科人才培养基地。（刘曙雄2016：12）特别是"一带一路"倡议提出后，随着我国与"一带一路"沿线国家交流与合作的不断加深，更是显现出非通用语人才的巨大缺口。然而，非通用语种，顾名思义，较之英、法、德、俄、日、西、阿等七门使用范围较为广泛的通用外语①而言，使用区域非常有限。从人才培养的角度而言，培养单一掌握一门非通用语的人才，不仅培养成本巨大，未来也面临着一定的就业等风险：一旦国际形势、社会需求和市场发生变化，非通用语人才便会面临"无用武之地"的困境。因此，非通用语复合英语的培养模式一直以来都是非通用语教学不言而喻的重要培养模式之一。

一、俄语+X语种人才培养的必要性和可行性

不断发展变化的国内国际形势对外语人才培养提出了新的、更高的要求。"一带一路"倡议及国家开放战略的提出，要求高校在人才培养、学科建设和科学研究等方面都做出相应的调整和改革。高校，特别是外语类高校，有义务承担为国家培养国际交往急需的非通用语人才的任务。

中亚五国、乌克兰和白俄罗斯是"一带一路"沿线的重要国家。由于这些国家历史上曾经是苏联的加盟共和国，这些国家长期以来都曾俄语一统天下。因此，以往我们没有重视这些语种人才的培养。苏联解体后，这些国家均将本民族语言确立为官方语言，对待俄语的态度也视与俄罗斯的关系不同而非常不同。例如：乌克兰"去俄语化"的倾向非常明显，独立后共通过了超过60项在社会生活各个领域限制使用俄语的法律。而俄语在白俄罗斯享有官方语言的地位，俄语在国家生活的各个层面发挥重要影响，几乎在所有的交流领域都居主导地位。俄语在一些国家的地位有了不同程度的下降。然而，无论是何种情况，目前乃至今后相当长一段时间内，这些国家的高层对外交往，特别是民间交流中仍主要使用俄语。但从长远来看，一个独立的国家和民族在国际交往中一定会使用本民族语言。这一趋势已为这些国家独立至今20余年的实践所证实。因此，作为与这些国家有着传统友好和合作关系的中国，在现阶段培养既通晓俄语，又通晓这些非通用语的人才既符合国家的需要，亦为国内、国际大势所趋。

---

① 本文依据2000年教育部《关于申报外语非通用语种本科人才培养基地的通知》将"非通用语"界定为除英语、法语、德语、俄语、日语、西班牙语、阿拉伯语7种语言以外的外语。

开设任何一门新语言，都需要考虑从招生、培养到就业等多方面的因素。我们认为，目前乌克兰语、白俄罗斯语、哈萨克语、乌兹别克语、吉尔吉斯语、塔吉克语和土库曼语尚不具备单独开设专业的条件。首先这些语言使用面比较窄，需求量小，单设专业十分不利于未来毕业生的就业。同理，在招生时，我们也很难招到理想的生源。我们认为，如果培养复语型人才，那么理想的人才培养模式就是俄语+另外七种语言之一的复语模式。对于上述语种而言，以俄语作为复合的通用语比复合英语更为符合实际和需要。首先，如前所述，目前俄语在这些国家尚可通用。其次，这些语言与俄语或多或少都有关联。乌克兰语和白俄罗斯语与俄语同宗同源，中亚五国语言虽然分属突厥语系（哈萨克语、乌兹别克语、吉尔吉斯语、土库曼语）和波斯语系（塔吉克语），但书写方式与俄语一样，采用基里尔字母，有利于俄语学生认读。

1. 按照俄语+X语复语模式，随时可以招生

如前所述，由于历史原因，来自这些国家的教师均可以使用俄语讲授本国语言，用俄语编写的这些语种的教材和工具书都是完备的。学生学习两年俄语之后，也基本上具备了使用俄语学习另一种语言的能力。因此，采用这种方式开设乌克兰、白俄罗斯和中亚五国的语言，实际上是可以随时招生的。

以乌克兰语为例。对于乌克兰人来说，可以认为俄语和乌克兰语同为母语。2004年，北京外国语大学俄语学院曾经做过俄语复合乌克兰语（俄乌复语）的成功尝试。当时在没有投入开发乌克兰语经费的情况下，利用聘自乌克兰的俄语外教，在教俄语专业课程的同时，用俄语教授乌克兰语课程。俄乌复语班的学生在一二年级学习俄语，三年级时适量减少俄语课时，加入乌克兰语课程。最初我们担心相比单语种的学生，两种语言课时量都相对不足会导致学生两种语言都不精通，但事实证明，这届俄乌复语学生在毕业时俄乌双语均达到了较高的水平，俄语水平高于平行班俄语生平均水平，乌语也打下了良好的基础，可以进行日常交流和工作。这说明以俄语为基础学习乌克兰语是可行的，外教俄语授课对学生的俄语学习也有很大的帮助。开设中亚国家的语种，也可以移植这种模式。如果有条件，建议复语的学生全部招收俄语高起点生，以减轻两种语言学习的压力。

2. 俄语+X语复语师资培养问题

邀请双语外教上课在时间紧、任务重、经费不足情况下可以解决暂时的困难。但从长远看，开设一门专业，需要有本校独立的师资。这可以在开展教学的同时，进行师资培养的工作；也可以选派优秀的俄语硕士毕业生到国外相关院校攻读博士学位，同时学习对象国语言。因为目前在这些国家的一流大学里，仍然开设高水平的俄语课程，为培养对象攻读博士学位提供了便利条件。今后还可以考虑从第一届复语班的学生中选择优秀者派到对象国攻读硕士和博士研究生，学成后担任该语种的专业教师。

以俄语+X语复语模式培养出来的师资，既可以承担俄语课，也可以承担非通用语课程的教学任务。对于学校来说，这无疑可以节约编制，最大限度地利用人力资源。而对于教师本人而言，除了可以满工作量完成教学任务，积极进行教学科研，编写对象国语言教科书和词典外，还可以利用所学语言的优势和俄语学界对东斯拉夫国家和中亚国家区域研究的成果，在科研上有长足的发展，逐渐成长为这些地区区域研究的专家，服务国家战略需要。以区域研究与教学共进的人才培养模式，可以让教师尽快地适应教学需要并进入研究状态。

这些非通用语未来师资也是为国家储备的该语种高级翻译人才，在相关部门需要时，可以为国家提供翻译服务。同时，他们既可以从事俄语教学，也可以从事非通用语种教学，科研方向和科研领域也大大拓宽。

3. 俄语+X语复语人才的就业问题

非通用语学生就业问题一直是一个难点。国家一方面需要这方面的人才，另一方面需求量又较小，每年需求的方向也不稳定。这是现实问题。复语型人才的优势就在于，在非通用语需求不足的情况下，可以通用语专业就业。很多用人单位在以通用语专业录用的同时，实际上也考虑非通用语背景，作为非通用语人才储备，以备未来之需。以俄语+X语复语模式培养出来的学生，在就业时具有明显的竞争力。以北京外国语大学曾经的俄乌复语班为例，该班24名同学在毕业时均找到了理想的工作。他们当年是以俄语就业，但绝大多数用人单位十分看重他们的乌克兰语背景，在录取时充分考虑了这一因素。而且相当多的同学工作中或多或少涉及乌克兰语。例如：进入外交部的学生后来无一例外被派往乌克兰常驻，乌克兰语也为他们的工作提供了便利。但是如果当时他们单纯只学乌克兰语，在就业时就会遇到非常大的困难，很难找到对口的工作。这几种语言的情况都是如此。据悉，目前，中央民族大学采取这种方式培养俄语+中亚语人才，毕业生供不应求。

二、俄语+X语复语人才培养模式

在非通用语教学的历史发展过程中，曾经探索过多种人才培养模式。例如：3+1（四年本科学习中在大二或大三去国外学习一年），2+2（国内两年，国外两年），2+3（国内两年，国外三年），7+1（本科四年八个学期中有一个学期在国外）等。究其根本，都是采取国内打好语言基本功，国外在语言环境中继续深造的模式。这种国内与国际相结合的培养模式对于"俄语+X语复语"人才的培养具有重要的借鉴作用。

基于乌克兰语、白俄罗斯语以及中亚五国的语言与俄语的渊源，同时考虑这些语种分属不同语族，与俄语的关系不同，各语种国对待俄语态度的不同，未来的国家需求和市场需求量不同等因素，可以采取拼班、插班等不同的班级建制，国内培养与国际培养相结合等方式组织教学。

1. 俄语复合白俄罗斯语

白俄罗斯语与俄语非常相近。白俄罗斯语作为白俄罗斯国家的官方语言，其在本国的使用率远低于俄语。可以不单独成班招生，每年在招收俄语学生时根据需要招收数名俄语+白俄罗斯语学生，以后采取国际培养的方式。俄白复语的学生可以在一二年级与俄语学生学习同样课程，三年级派往白俄罗斯，同时学习两种语言。最为理想的是与白俄罗斯的大学进行合作，实施双学位培养模式，三四年级均可以在对象国学习，拿到对象国大学学位，并回国进行论文答辩，同时拿到本校的学位。

2. 俄语复合乌克兰语

乌克兰语与俄语同族，如果具备良好的俄语基础，可以较为轻松进入乌克兰语的学习。因此，俄乌复语的学生可以在一二年级与俄语学生共同学习俄语；三年级时派往对象国，通过俄语学习乌克兰语，以期这两种语言都能得到长足进步；四年级时回国继续学习俄语和乌克兰语，撰写毕业论文。

3. 俄语复合中亚五国的语言之一

哈萨克语、乌兹别克语、吉尔吉斯语和土库曼语属突厥语系，塔吉克语属于波斯语系，与俄语并不同族。但由于历史原因，这些国家的文字均与俄语一样，采用基里尔字母，对于俄语学生认读有较大优势。此外，同样由于历史原因，目前这些国家俄语为普遍使用的语言，大学里开设以俄语授课的课程，日常生活中俄语也可通行。因此，对于俄语复合这五种语言的学生，建议采取如下培养方式：学生在一二年级强化俄语学习，同时增设少量非通用语课程；二年级结业时，通过俄语专四考试，同时打下非通用语语音、语法的基础，熟悉对象国国情；三年级可以派到对象国合作学校学习，他们在当地以俄语为工具语言学习所复合的语种，我们与合作院校共同制定国外学习期间的课程设置，要求合作院校开设少量俄语课程，可以保证同时学习两种语言；四年级回国完成毕业论文，正常毕业。

4. 复语+复合是否可行？

非通用语的另一个比较常见的培养模式是"复合型"人才培养，即除了外语学习外，再学习另外一门非外语专业。这些非外语专业通常是国际关系、国际贸易、国际法等与外语或多或少有些关联的专业，也有一些院校采取外语+专业（包括理工科专业）的培养模式。这种复合模式的基本思路是将外语当成工具，重点放在非外语专业。外语相对比较好，又有一门专业的人才的确也是有一定社会需求的。但是复语+复合型人才培养却不太现实。在本科四年时间内完成两个专业的学习，本来不是一件容易的事。如果外语已经是复语，本科阶段再复合一门非外语专业的想法是不切合教学和学习实际的。这一问题提出的本身，是基于对复语人才培养目标的不明确。国家需要各行各业通晓专业的人才，同时也需要精通外语的外语人才。复语型人才的培养是符合国家战略需要的。在本科阶段，应当将重心放在两门语言水平的提高和翻译能力的培养上。当然，语言能力本身并不仅指语言的基本面貌，而且包含对语言和文化的理解力和传达力，包含对对象国国情文化的了解。语言、文学、文化、国情是外语专业的"必修课"。

因此，复语+复合型外语人才是非常理想的理念。这一理念可以在增加培养年限的情况下实施。例如：可以探索本硕连读、本硕博连读等，让有特定需求的学习者在精通双语的基础上进行非外语专业的学习。

结语

俄语+X语复语培养与复合英语的模式相比，有相同之处，也有自己的困难。主要问题是俄语在中小学的普及程度远远不及英语，大学的俄语学生基本上都是"零起点"。因此，对于复合俄语的非通用语学习者而言，两门语言都是零基础，都要下大力气来学习，由此带来的困难比想象中要更大。因此，在制定双语教学大纲时，双语教学课时量一定会大幅增加，有必要寻求政策上和财政上的支持。

其次，在复语人才培养过程中，在当前本土师资不足的情况下，国际培养起到非常重要的作用。学生通常需要以全员出国的方式完成一定阶段的学习。一方面需要寻求相对稳定的资助出国的项目，另一方面要与对象国相关学校谈好协议，为出国学习学生制订切实可行的培养方案，并采取相应的监督和考查措施，以保证国外学习的效度和培养方案的落实。

当然，国家对我们培养的复语人才的素质要求，并不会因为学习两种语言而降低。我们的目标是，培养既具有扎实的外语实践能力，又具备广博的知识结构和人文素养，具有全球眼光和中华民族情怀，有出色的适应、合作、沟通、创新能力的国际型、通识型、学习型外语人才，培养在与其他民族平等对话中充满自信的中国人。为此，未来还需要在课程与教学资源建设、教师团队建设、教学方式方法等方面进行深入的研究和探索。

乌克兰语、白俄罗斯语和中亚五国的语言作为新增语种，其人才培养模式还需要进一步思考和研究，也需要经过实践的检验。2016年9月，北京外国语大学俄语学院将迎来第一批俄语+乌克兰语和俄语+哈萨克语的复语学生。学院将在学校的大力支持下将复语人才培养的思路付诸实施，进一步探索俄语+X语复语型专业人才培养机制。

参考文献

[1] 陈永明. 新世纪日本中小学教育［M］. 天津：天津教育出版社，2006.

［2］ 李娅玲. 当代法国外语教育政策的发展特征与趋势探析［J］. 比较教育研究，2011（9）.

［3］ 刘曙雄. 与"一带一路"同行的"非通"人才培养［J］. 神州学人，2016（1）.

立足"服务国家"的卓越俄语专业
人才培养模式探索

浙江大学　王　永

引言

长期以来，我国外语专业的人才培养注重对学生实践能力的培养。然而，随着经济的迅猛发展及世界格局的不断变化，外语人才培养已从单纯的语言能力训练转入语言能力与其他学科领域知识的结合。多数院校的外语专业实行"外+X（管理、经济、新闻、法律等相关学科的专业）"或"外+外（外国史、外国哲学、外国法律等）的复合型人才培养模式，为国家输送社会急需的"宽、专、交"的外语人才做出了很大贡献。改革实践证明，外语人才的培养既要尊重学科本身的特点，亦应与时俱进，密切结合国家的战略目标及社会发展的需求。浙江大学俄语专业经过几轮教学改革，形成了立足"服务国家"的个性化人才培养模式。本文将从改革理念、改革措施及专业特色等方面阐述培养模式的形成及其构架。

一、改革理念

俄语专业在浙江大学（以下简称浙大）是一个小学科。因此，要想在这所庞大的综合性大学获得发展空间，必须依托全校的多学科优势及外语学院的平台。我们在改革中经常思考的一个问题是：到底国家需要什么样的俄语人才？俄语专业的毕业生具备什么样的条件才配得上浙大俄语人的称号？要回答这些问题，离不开对大学教育及大学外语教学之本的思考，离不开对国家发展战略及社会需求的关注。

1. 大学教育的根本——"人"的培养

在对待外语教学的态度上，有种观点认为，在整体外语水平普遍提高的情况下，外语专业应该取消。然而在实际运用中人们却发现，一流外语人才奇缺。这个矛盾一直是外语教师经常探讨的问题。其原因在于此前国内高校的专业外语课程设置中普遍存在偏实践、轻素质，偏经济、轻人文的倾向，致使外语专业几乎成为外语培训基地。人文素养低下、目光短浅、缺乏国际视野，尤其是中国文化知识的欠缺是一流外语人才缺失的原因之一。这其中，外语人才培养受到了社会变化的影响。回溯过去，20世纪80年代的人文激情、90年代的经济浪潮、21世纪头10年的躁动到近几年的文化回归，这种种社会倾向无一不在外语人才培养的长卷上留下浓重的笔墨。但是，无论社会如何变化，无论经济如何发展，我们都应该坚持大学的教育理想，那就是：大学教育不仅要顺应国家和社会的发展需求，而且更应关注"人"的培养。这是老一辈教育家的谆谆教诲。目前社会上发生的种种极端现象证明，教书育人绝非老生常谈。

在外语人才培养方面，外语界前辈早已为我们树立了外语学习的楷模。钱钟书、季羡林、王佐良、许国璋都是我国学界泰斗。他们均为外语专业出身，却在人文社科领域做出了卓越的贡献。这几位大师不仅非常重视吸纳外国语言中包含的文化内涵，还精研中国文化。大学最根本的教育目标依然是素质教育。浙大老校长竺可桢指出，吸收世界文化的精华是大学教育的目标，在教育过程中应重视培养大学生的人格理想。

2. 国家整体发展目标和社会需求

《国家"十二五"时期文化改革发展规划纲要》和《高等学校哲学社会科学繁荣计划（2011—2020年）》中，中华文化"走出去"被定为战略目标，强调要提高人文素养，发挥高校在世界文化交流融合中的优势。中央领导在相关讲话中也一再强调高校的"文化传承"功能。浙江省教育厅在《浙江省高等教育国际化发展规划（2010—2020年）》中也指出，要"增强国际交流合作能力"。

因此，吸收世界文化精华、传承中国文化成为大学教育的重要任务，外语专业的学生应该也有条件在这一使命中发挥重要作用。在国际化背景下，只有充分了解中外文化，才能知己知彼，在激烈的竞争和国际博弈中取得成功，并在中国的"文化传承"事业中担负起应有的责任。因此，外语专业学生的培养必须立足高远的目标，遵循语言能力和人文素养并重的原则，立足中国文化，面向世界，"服务国家"。

二、改革措施

1. 培养目标

面对"文化传承"的重要事业，面对国际格局的不断变化，面对"一带一路"的建设目标，外语专业的建设须从人才培养目标着手。毋庸置疑，当今全球化的进程正是发挥外语学科自身优势的契机。因此，全方位提高学生的人文素养与创新能力，以"文化传承"为终极目标的外语人才培养模式可以为我国实现"中国梦"输送卓越的外语人才。

我们认为，卓越的外语专业人才包含三个层次目标：第一层次为基本能力：培养学生娴熟的外语应用能力。第二层次为综合素质：培养学生的人文素养、国际视野和创新能力。第三层次为终极目标：以推广中华文化、促进国际交流与合作为外语人才培养的终极目标，使学生在国际交往及推广中国文化等事业中发挥重要作用，承担服务于国家的重任。

2. 课程体系

为了实现这一外语人才总体培养目标，我们对俄语专业课程体系进行调整，在校院的整体框架下做了个性设计。浙江大学本科生培养方案规定的总学分为160，其中通识课42学分，大类课程13学分，个性课程12学分，专业课程仅93学分（含实践环节的8学分及毕业论文8学分）。能用于设置专业课程的只有77学分。为了在有限的学分空间尽可能实现培养目标，我们依托了学院层面建构的素质系列平台课程作为大类课程，设置了"世界文明史""世界文学史""中外文化精粹""文化话语""外译中国经典原著精读"课程，构成综合素质教育的基础。这些课程将中国文化纳入授课内容，不仅可以使不同专业的外语学生对世界各国的文化有较全面系统的了解，改善目前外语专业本科生的知识结构，而且能使他们在中外对比中加深对中华文化的了解，对中外文化经典及最新研究成果有深入的认识，进而全面提高其人文素养。

在专业课程设置上，将技能型课程及模块课程分为几个板块，每个板块确定一门核心课程，以此为中心辐射到其他课程，带动专业课程体系的整体建设，同时以课程建设促进教学改革，提高教学质量。专业课程设置见下表：

课程类型	课程群	学分/学时	核心课程
技能型课程	低年级实践类课程群	41/960	基础俄语
	高年级实践类课程群	19/400	高级俄语
模块课程	文学模块课程群	4/96	俄罗斯文学史
	经贸俄语及翻译模块课程群	7/144	经贸俄语实务
	文化模块课程群	8.5/176	俄罗斯文化

（注：有些课程在选修课中，所以总体学分大于修读学分）

　　培养方案中，几大模块的设计既考虑到俄语学科的传统，又结合了社会尤其是浙江省对俄语人才的需求。

　　3. 国际合作与交流

　　因历史原因，浙大俄语专业的国际合作起步比较晚，但发展却很快。2004年，浙大同俄罗斯圣彼得堡理工大学签订了校际交流协议，开始派出第一批交流生。2007年，同莫斯科国立大学签订了交流协议。近年来，又有教育部留学基金委中俄政府奖学金等项目的支持。因此，浙大的每一位俄语专业学生都能在四年的学习期间出国留学一年。

　　一年的留学生活，学生不仅在专业上获益匪浅，更大的收获是人的成长。在回忆留学经历时，学生们感慨颇多。他们说："国外留学，更多的是让人懂得如何去独立生活，如何在一个完全陌生的环境里去摸索，然后去适应，最后做到如鱼得水。""留学生活让我大受裨益的，首先就是大大提升了个人的独立性，提高了独立生活、独立思考、独立处理问题的能力。这使我具备了较强的适应性，同时也增强了自信心。""学习生活其实并不是很紧张，但是课程却都很有意思，也有足够的难度，每节课都能收获新的知识，都能有所挑战。在课上不仅是跟中国人一起，还有各个国家的同学。这样，每次上课讨论时都能听到基于不同文化的观点，增加了自己思维的广度。"

　　三、专业特色

　　浙江省内高校俄语专业始建于1949年，同全国其他高校一样，其发展同国际格局的变化及国家的命运息息相关。既经历过中苏友好时期的俄语热潮，也遭受过中苏关系恶化的冰封，直至恢复高考之后，进入稳步发展。从繁荣到凋敝，又从凋敝到理性发展，俄语专业的发展之路不可谓不坎坷。在全国俄语专业总体稳步发展的背景下，构成浙大俄语专业发展瓶颈的是招生的限制。虽然中俄已是"全面战略协作伙伴关系"，并且"随着两国领导人峰会签署多项协议、红场阅兵，以及地中海联合军演，两国已走向'比同盟还要亲近的伙伴'"，但在民间，尤其在南方，俄语专业依然是冷门专业，能上浙大分数线的考生填报俄语专业志愿的寥寥无几。根据本校的具体情况，我们探索了一条小班化、个性化、重综合素质的办学模式。该模式的核心是将本科招生数少的劣势变成优势，优势体现为以下几个方面。

1. 贴心的小班化教学和个性化设计

浙大俄语专业每年仅招收10名左右的学生，实行小班化教学。在这样的一个小集体里，所有的学生都能得到老师及彼此间最大限度地关注。自学生入校后，教师会根据不同学生的特点为他们设计个性化地培养方案。对有志于走俄语道路的学生，教师会给予专业方面的精心指导，使他们能顺利走上专业发展的道路。对有各种特长的学生，教师们引导他们将专业学习和特长相结合。如2006级学生李一帅有文学艺术方面的特长。针对她的特点，指导教师在她入校后不久就为她精心设计了学习和研究计划，指导她在专业学习的同时开展俄罗斯艺术方面的研究。在学期间，她出色地完成了"国家大学生创新性实验计划"，在期刊上发表了7篇学术论文。这在本科生中实属凤毛麟角。此外，她还积极参加各种社会活动，曾任浙大青年马克思主义者培养学院课题研究组组长、《浙江大学报》学生特稿中心负责人，曾是浙大青年博士志愿讲师团成员。在毕业时，她被评为首届"浙江大学十佳大学生"之一。

2007级王婧菁同学有设计的天赋。她为纪念浙大建校111周年设计的光棍衫使她成为著名的"光棍女王"，而她"获利全捐"的义举更让俄语专业全体师生为之感到骄傲。2008年9月25日的《青年时报》以"大二女生自制'光棍衫'校内外遭疯狂抢购"为题对此做了报道。之后，此条新闻被新华网、网易新闻等多家网站转载。而"光棍衫"也被列入百度百科、互动百科及360百科词条。老师因势利导地鼓励她发挥自己的特长。在2011年的毕业晚会上，由她编导的短剧《实话实说》把浙大外语学院的学习生活演绎得出神入化，充满睿智和幽默，在同班同学惟妙惟肖的表演下，无数次引爆笑点，把现场的气氛推向高潮。毕业后，她又为俄语专业制作了招生宣传片、为俄语专业校友联谊会设计文化衫及背景墙，充分展示出她的设计才华和幽默天赋。

在浙大俄语专业，我们的口号是："所有学生都是好学生！！！"在老师的引导下，每位学生的闪光点都会被发现并不断扩大，每位学生的特长都会被挖掘并得到充分发挥。

2. 课外空间的组织与利用

浙大俄语专业非常注重学生创新能力的培养，充分开拓课外空间。通过有效利用学校及学院的各种活动，深化学生对中外文化的认识，并为他们提供广阔的创新舞台。

在科研创新能力上，我们组织学生申报各种科研训练项目，顺利完成了"俄罗斯当代艺术中的苏联卫国战争""基于媒体视角的上海合作组织框架下的中俄关系研究"等国家大学生创新性实验计划（国创）项目，"鲁迅作品在俄罗斯的传播""俄罗斯文学作品中的中国形象研究"等浙江省大学生科技创新活动计划（省创）项目，以及"俄罗斯市场：馅饼还是陷阱？——浙江省对俄贸易调研""当代俄语俗语研究"等浙江大学大学生科研训练计划（SRTP）项目。

在人文素养及才艺能力的培养上，组织了丰富多彩的课外活动。不仅积极参与学院一年一度的国际文化节框架下的文化风情展示及迎新春活动，还组织同来自俄罗斯等独联体国家的浙大留学生交流的文娱活动；举办书法比赛、诗歌朗诵比赛等各类比赛，让学生的才华得到全方位的展示。由俄语专业发起成立的外语学院"人我"诗艺社，既能让学生受到人文艺术的熏陶，逐步提高人文素养，又能激发学生的想象力和创造力。2014年11月，该社团编排的诗剧《爱的穿越》参加了在浙江省图书馆举行的国际诗歌朗诵会，受到观众的热议，产生了良好的社会效应。

3. 吸收社会力量参与办学

在西方发达国家中，社会力量参与决策和管理构成了高等教育运行机制中一个重要的组成部分。迄今为止，我国高校的社会力量参与度并不高，且基本集中于校友捐赠上。在这一方面，我们既积极联系校友设立基金，又推出了让校友经验进校园的举措。

诚然，学科的发展少不了资金的支持。2004年，本校俄语专业两位校友出资50万，加上学校的配套共100万，建立了浙大外语学院的首个基金："白桦林思源基金"。该基金下设出国留学资助、求是奖学金、学科活动资助等项目，资助本专业学生出国留学、奖励学业优秀及有各种特长并取得一定成绩的学生、支持同本专业有关的教学及科研活动。

除了基金支持，校友的经验也是宝贵资源。2013年，我们成立浙大俄语专业校友联谊会，为校友及在校生搭建起良好的沟通平台。并于2014年启动了"校友客座讲席制"方案。俄语专业的校友活跃在国内外的各个领域，其中在外贸、新闻、文化行业的成就尤其突出。这些行业的校友具有丰富的实战经验。"校友客座讲席制"聘请相关领域的校友参与课程教学，是打破传统课堂教师单一传授的尝试。结合俄语专业发展及社会需求，我们确定在"经贸俄语实务"与"俄罗斯大众传媒"两门课程中试行"讲席制"。精心设计了两门课程的教学大纲，将校友讲座纳入课程内容。实践证明，"讲席制"将动态的社会经验引入课堂，为课程注入新鲜血液，可以达到理论与实践相结合、静态的知识获取与动态的实际操作相辅相成的目的，既有助于激发学生的学习兴趣，又能使之获得相关领域的感性认识，达到真正的学以致用。

总之，小班化、个性化、重综合素质的培养模式可以使学生得到全面健康的发展。他们"通过另一门语言，学习了沟通，认识了另一种文化和思维。而这个过程中，更是一种性格、品质的养成"。毕业生普遍认为，"四年来，浙大俄语专业带给我的不仅仅是专业的学习，更多的则是丰满了整个人的厚度"；而"光棍女王"王婧菁更有深刻的体会，她说："我很享受在这样一个融洽的小环境里度过大学时光。每年老师都组织我们班集体出游，每到元旦都有大家精心策划的俄语人'大聚集'，还有很多各种奇妙的活动。这些都令我难忘。俄语专业让我收获了一大帮朋友，让我收获了最珍贵的人与人之间的温情，让我感受到了一种只有小集体才有的亲密无间。大学是一个学习的过程，也是一种体验，是一次经历，选择俄语专业能让这次经历充实、饱满、有质感，同时也能让人收获无限感动。"

结语

中俄两国全面战略伙伴关系不断深化，"丝绸之路经济带"的建设也将为我国发展与俄语国家的关系带来新的机遇。俄语人才必将大有可为。虽然我们这项教学改革实施的时间尚短，目前已呈现的可视成果不多，但人才培养非一朝一夕所能完成，教育成效的显现更是一个缓慢的过程。外语人才培养模式的探索无法归结为一本教材或一本专著，而是贯彻在教学理念中，体现为各种教学手段和措施，体现为对学生润物细无声的人文关怀。我们希望，以综合素质及创新能力培养为核心，以服务国家为终极目标的外语人才培养模式将在我国的外语专业教育中发挥其良好的作用，使我们培养的学生不仅成为高水平的专业人才，更是具有健全人格、高远志向及宽阔胸怀的高素质人才。

在"新文科"视域下对俄语学科建设的几点思考

苏州大学 赵爱国

引言

当今时代可用一个"新"字来注解或标识：新时代、新丝绸之路、新科技、新能源、新动能、新视觉、新媒体，以及新理科、新工科、新农科、新医科、新文科等等。可见，当今时代本质上是"新旧交替"或"以新替旧"的时代："创新"已不是一个单纯的口号，而成为一种浩荡的思想潮流和全民行动，即"国家意识"（национальное сознание）。意识形态、思想、精神领域是如此，社会、经济、文化领域也是如此，知识、科技、教育领域更是如此。

一、"新文科"与新文科建设

相对于各行各业出现的新时代潮流，以及知识、科技、教育领域的"新科学"提法，"新文科"出现得最晚。2018年9月17日，教育部下发《关于加快建设高水平本科教育全面提高人才培养能力的意见》（教高〔2018〕2号）文件，决定实施"六卓越一拔尖"计划2.0，规定将心理学、哲学、中国语言文学、历史学等人文学科纳入该拔尖计划。2019年4月29日，教育部等13个部门联合在天津召开"六卓越一拔尖"计划2.0正式启动大会，标志着"新文科"建设正式进入"全面实施阶段"；2019年9月29日，教育部又发布《关于深化本科教育教学改革、全面提高人才培养质量的意见》文件，提出要以新工科、新医科、新农科、新文科建设为引领，带动高校专业结构调整优化和内涵提升，做强主干专业，打造特色优势专业，升级改造传统专业，淘汰不适应社会需求变化的专业等新目标，并明确了下一步"新文科"建设的重点是"完善学分制""深化高校专业供给侧改革""推进辅修专业制度改革""开展双学士学位人才培养""推进跨校联合人才培养"和"全面推进质量文化建设"等6个方面的任务。

近一年来，国内教育主管部门和各高校都在聚焦和讨论有关"新文科"的问题，诸如新文科"新"在何处，新文科的学科本质是什么，新文科建设如何促进传统学科的发展以及高校人才培养质量的提高，新文科建设需要解决哪些具体问题。清华大学、山东大学、武汉大学、上海交通大学等一批国内知名高校先后召开"新文科"建设专题研讨会或座谈会，以统一认识，部署和谋划以"新文科"建设为目标和内容的新一轮教育教学改革。在此大背景下，教育部下属的文科各教学指导委员会也纷纷围绕"新文科"建设的命题和任务等展开研讨，报纸杂志也开始刊登众多专家学者关于如何建设"新文科"的真知灼见。如李石勇在《紧扣新时代主题，推进新文科建设》一文中提出，新文科建设的必要性集中体现在"新使命、新知识、新方法"以及"新导向、新融合、新培养"等方面（https://www.gcu.edu.cn/2019/0905/c190a54340/page.htm.2019-09-02-005）；王铭玉、张涛在《高校"新文科"建设：概念与行动》一文中，对"新文科"的性质及重点建设方向进行了深入论述和分析（http://news.cssn.cn/zx/bwyc/201903/t20190321_4850785_1.shtml.2019-03-21）。

二、在"新文科"视域下对俄语学科建设的几点思考

显然，"新文科"是相对于"新理科""新工科""新农科""新医科"而言的。它实际上是"新哲学社会人文科学"的简称。按照我国《普通高等学校本科专业目录（2012年）》规定，除理学、工学、农学和医学外，哲学、经济学、法学、教育学、文学、历史学、管理学、艺术学等学科门类都属于"新文科"建设范畴。从学科分类看，俄语语言文学属于"外国语言文学"一级学科下的"二级学科"；从专业分类看，它又是"文学"一级学科、"外国语言文学"二级学科下的"俄语"三级学科。就此，本文仅结合"第五届全国高校俄语专业学科建设高层论坛"的主题，从学科建设和专业建设的双重角度对俄语学科如何对标"新文科"问题阐发几点粗浅的思考。

（一）思考之一：作为"新文科"的俄语学科的外部建构和内部建构问题

显然，"俄语语言文学"或"俄语"作为一门独立学科，其建设任务

和建设目标的所谓"新"，首先应该体现在"新学科理念"上，也就是超越"1.0理念"的"2.0理念"（即"新俄语学科"或"新时代俄语学科"）。这就涉及如何在理念上来重新建构"俄语学科2.0"的问题。理论上讲，学科的建构又分为"外部建构"和"内部建构"两个方面。因此，建构"俄语学科2.0"即"新俄语学科"，就必须有两种不同的视角："由外到内"或"由宏观到微观"。

1. 从学科建设角度看，"外部建构"就是要重新确立俄语教育和俄语研究的目标定位，即设置好"培养什么人"和"如何做好本学科的科学研究"的问题。在笔者看来，就当前而言，俄语教育和俄语研究的"新"（无论是"求新""纳新""出新"还是"创新"）的根本目标，就是主动适应上文提到的"国家意识"。那么，何为"国家意识"呢？"民族复兴"（национальное возрождение）就是最大的国家意识！"中华民族的伟大复兴"是迄今为止人类历史上最宏伟、最艰巨也最有人类学价值的伟大事业，其意义和影响将远远超过欧洲的"文艺复兴"（Возрождение/Ренессанс）和"启蒙运动"（Просвещение）。我国现阶段民族复兴的国家意识，有一系列国家战略或倡议予以保障，如"改革开放""科教兴国""科技强国"战略、"一带一路""人类命运共同体""多极世界"倡议。因此，俄语学科（当然也包括其他外语学科）建设的外部建构，必须无条件地、主动地适应这一国家意识，以承担起中华民族伟大复兴之应有的一份重任。具体说就是：所谓"新俄语学科"，应该是能够主动对接国家意识的学科。它应该在"科教兴国""改革开放""一带一路"之中发挥出应有的作用。俄语教育要培养的人，应该是能够践行国家意识或具有国家意识的人，而绝不是崇洋的人、媚外的人或不爱国的人；学术研究应该能够主动适应国家战略的现实需求和未来需求，主动承担起为实现民族复兴所需的一切重大理论和现实问题的研究，如聚焦于国家政治建设、思想建设、文化建设、语言建设等重大课题，在改革开放和科教兴国中发挥更具显示度的重要作用。总之，新俄语学科的外部建构的关键是理念的真正更新，即重新思考和重新定位俄语学科的教育和研究目标。应该说，在这个问题上，我们每一位学科带头人都需要认真思考，因为我们现有的认识离新俄语学科的目标定位和内涵指标还有不小的差距。

2. 关于学科建设的"内部建构"问题，尽管涉及学科内涵建设的方方面面，但在笔者看来，主要应该着力做好一件事，那就是"大俄语学科建设"：变传统的单纯语文学性质的俄语学科为集文理工为一体的"大俄语学科"。这就是教育部文件所要求的"学科交叉"或"跨学科"的问题。学科交叉的本质是赋予学科以新动能、新视域和新生命，目的不是"量"的扩充，而是"质"的提升。从俄语教育模式看，这种交叉就是所谓的"俄语+"，即"文理交叉"（俄语+数、理、化等），"文工交叉"（俄语+医学、计算机学、人工智能等），"文文交叉"（俄语+其他外语、汉语、法学、哲学、经济学、外交学、区域国别学等）。从当下和可见的未来看，"俄语+"与"互联网+"一样，不仅应该成为新俄语学科的主流样式，也必将是未来的发展方向。不走学科交叉之路，对俄语学科来说就难以体现"国家意识"，也就难以实现新俄语学科建设的既定目标；从俄语研究看，传统的俄语研究所包含的语言学及应用语言学、俄罗斯文学、翻译学研究的"老三篇"，显然已经远远不能适应国家意识的需要。因此，我们不仅要抓紧布局"比较文学和跨文化研究"及"国别与区域研究"两大新学科方向，更应该有一定的超前思维，积极谋划"俄语研究+"模式的可能性。以语言学和应用语言学方向的研究为例，俄语语言学+计算机、心理学、神经学、生物学、人工智能、物联网等，已经成为包括新俄语学科在内的所有外语学科研究的新增长点。在可以预见的将来，神经语言学、生物语言学、病理语言学、个体发育语言学、人工智能语言学等将成为"热门学科"。从这点上讲，我们俄语学科的语言学研究应该尽快"转向"，以更加积极主动的姿态迎接国家意识的需求和挑战，将语言的形式研究、功能研究、意义研究、语用研究等传统领域更多地转向"俄语研究+"的新领域。

当然，还需要强调的一点是，包括俄语学科在内的所有外语学科本质上就具有跨学科的性质即学科的交叉性，因为无论是语言教育还是语言研究，其本身就同时具有哲学、自然科学和社会人文科学的属性，我们只是在某一特定的时期将其太过"功用化"或"实用化"了：仅将其作为一门"纯语文专业"或"纯工具性学科"来对待了。因此，如今提出的"新俄语学科"的建设目标，一定程度上讲是本学科内涵建设的"本原回归"，只是时代不同了，"新文科"建设的要求赋予了它新的动能和新的目标。对此，我们俄语学人应该有清醒的认识。

（二）思考之二：作为"新文科"的俄语学科的根本任务问题

新俄语学科的根本任务是什么？有人说是"培养有高素质的外语人才"，有人说是"为社会和文化的发展提供语言保障"，也有人说是"为国家实施进一步的'改革开放'和'一带一路'建设服务"等等，这些说法无疑都是正确的，也是符合现实的。但从"新文科"建设的既定目标和内涵看，似乎还没有抓住包括新俄语学科在内的"新外语学科"根本任务之要害或本质所在。在笔者看来，新时代的新俄语学科之根本任务就是围绕"国家意识"而聚焦于"积极参与世界知识体系和思想体系的建构"方面。在"新旧交替"的变革时代，世界的一切都在发生着重大的变化，所谓"人权之争""领土之争""海洋之争""资源之争"以及"贸易之战"等，都不过是表象。它们都应该还有其更深层次的成因或动因，其本质上都是意识形态之争或文化和文明之争，也就是世界知识体系和思想体系的建构之争。因此，对新俄语学科建设的根本任务问题，必须要站在这一高度来认识才能把准其"脉搏"，并以此来确定自身的建设任务。也就是说，新俄语学科与传统（旧）俄语学科的本质不同就在于：它要实现其身份的根本转变：变世界知识体系和思想体系的"旁观者"为"参与者"（暂且还不能说是"领导者"），或者说，变世界知识体系和思想体系的"缺席"为"在场"。这一身份的转变，不仅是实现国家意识的必然要求，也同时决定着学科任务的战略性转向。

那么，新俄语学科如何来参与世界知识体系和思想体系的建构呢？在笔者看来，至少在以下几个方面可以有所作为：

1. 俄语教育中要更加注重"思想"的塑造，即民族文化、民族思想、民族素养的积淀，使学生能立足民族传统来看待和认识世界，而不是仅仅知道语法规则、能够说一口流利俄语的"空心俄语人"。

2. 在跨文化交际中争取更多的"话语权"，发出中国俄语人应有的声音和见解。然而不无遗憾的是，我们俄语人最大的不足就是普遍较缺乏深厚的民族文化底蕴，这已经严重影响到新俄语学科的建设预期和成效。

3. 俄语研究更是如此，一是要在借鉴、引进或批判国外先进思想和方法方面充当"急先锋"或"主力军";二是应该在语言学、文学、翻译学以及文化学等领域主动对接国家意识,力求产出原创性的学术成果,包括建立自己的学派和流派等。

我们不难发现,最近几年来俄语学科获得的国家级、省部级重大和重点课题,大多是与参与建构世界知识体系和思想体系有关的课题:既有引进和借鉴方面的,也有原创性方面的。因此可以说,国家社科和省部级项目无疑是新俄语学科建设的"风向标"。对此,我们应该有更加清醒的认识并付诸积极的行动。此外,目前各高校普遍提倡在国外发表高质量的论文,也同样可以看作是新俄语学科建设之根本任务的必然要求。

(三)思考之三:作为"新文科"的俄语学科的教育和研究取向问题

对标"新文科",需要我们对传统(旧)俄语学科的教育和研究取向做一番深刻的甚至是颠覆性的"反思",并提出符合新俄语学科理念的些许构想。在笔者看来,下列几个问题值得学界同仁认真思考,并在形成共识后付诸教育和研究实践:

1. 俄语教育是"知识取向"还是"价值取向"?具体说就是:是教会学生说俄语和写俄语,还是释疑解惑授人之"道"?显然,前者的取向是"1.0理念",有必要在此基础上"提效升级",上升到"2.0理念"的高度。"价值取向"的核心是"精神塑造",即完善人格的培养,通俗的说法就是"树人",就是使培养对象"成才"。这是包括俄语学科在内的高校所有学科尤其是人文学科必须遵循的"道"之所在。

2. 俄语教育是传授"人文知识"还是"人文精神"?人文精神某种意义上讲就是"国家意识"或"民族意识"。它是大学教育之魂,但在很长一段时间内我们将大学教育之取向简单地归结为传授人文知识了。这不仅与大学教育的"价值取向"相背离,也与"新文科"建设的思想内涵要求相背离。

3. 俄语教育是"跨语言交际"和"跨文化交际"还是"跨意识交际"?应该说,形式上看俄语教育是跨语言的,也是跨文化的,但本质上却是跨意识的,从"跨语言"到"跨文化"再到"跨意识",实际上规定着包括俄语教育在内的所有外语教育都要实现从形式(结构)到内容(知识)再到价值(精神)的跨越。

4. 俄语教育是"有趣教学"还是"有效教学"？有趣不一定有效：有趣可能会使学生感觉轻松，但缺乏压力的轻松也会降低教学成效；有趣教学可能会赢得学生打"高分"，而有效教学则可能相反。在笔者看来，语言教学本身并不能定性为"有趣"，甚至显得颇为"枯燥"。因此，教学目标的达成并不能完全通过"游戏式的方法"来实现，而很大程度上需要靠"死记硬背"＋"活学活用"来完成，这就要求我们将"有效教学"摆在更加突出的地位，"有效"才是俄语教育的"硬道理"。

5. 俄语教育是"学生中心论"还是"能本中心论"？大学教育"以何为中心"的问题由来已久，大致经历了"以教师为中心""以教师和学生为中心"和当代的"以学生为中心"的演变过程。这一过程也如实折射出现代教育理念的变化和发展。"以学生为中心"和"以能本为中心"的命题本身并非悖论，而是"逻辑必然"。也就是说，我们不能把"以学生为中心"简单地理解为"因材施教"或"以学生就业为中心"，而应该紧扣"树人"或"成才"这一价值取向，将"能力"或"素质"（包括思想素质和智力素质）核心要素作为"树人"或"成才"的衡量标准，为实现国家意识而培养出能够"扛得起民族复兴之大任"的高素质、复合型的俄语人才。从这个意义上讲，"以学生为中心"就是"以能本为中心"。

6. 学术研究是"俄语研究"还是"俄罗斯研究"？答案也是显而易见的。现实表明，纯粹的俄语研究已经呈现"穷途末路"之态：不仅发表阵地在减少，其学术价值也在逐渐下降。因此，适时将俄语研究转向俄罗斯研究，已是毋庸置疑的必然趋势。这里所讲的"俄罗斯研究"，是包括俄语研究在内的宽泛概念，也非仅限于区域国别研究的范围，而主要指符合"新文科"要求的"俄语研究+"模式，即交叉研究和对比研究。具体可以是上文中提到的那些类型，也可以是汉俄语言文化交叉和对比研究模式，更可以是中俄思想、文化、历史、社会交叉和对比研究模式等。在笔者看来，跳出单纯俄语语言研究的框框，而转向更具活力和张力的交叉研究和对比研究，应该是新时代、新文科对俄罗斯研究的必然要求。

7. 学术发表是"国内为主"还是"国外为主"？显然，后一种取向在学术评价体系中已经占据上风，并且会得到越来越多高校的倚重。在笔者看来，这是"新文科"建设任务所提出的能够"积极参与世界知识体系和思想体系的建构"的客观要求和现实体现，因此也是今后相当长的一个时期内我国学术成果发表的必然趋势。有资料统计，我国大约有5000种学术期刊，其中大多数为中文期刊，英文学术期刊大约只有300余种，其中入选SCI的期刊不足200种，约占全球9000种SCI期刊的2%。以科技论文为例，我国每年发表30多万篇英文学术论文，其中有90%以上都发表在国外期刊上。中国学者对全球论文的贡献率达到20%之多。尽管近期中国科协、中宣部、教育部和科技部联合发布了《关于深化改革、培育世界一流科技期刊的意见》，试图打造一批世界一流期刊，吸引更多高水平的学术论文回归国内期刊发表。但在笔者看来，科技无国界，论文发表是有其自身"磁场"的：学术强和科技强才是其真正的磁场。因此，论文发表的国际化趋势在短时期内恐难改变。就俄语学科的整体而言，笔者以为坚持"两条腿走路"较为妥当，即"国内发表"和"国外发表"能够齐头并进。就当前我国俄语科学的科研水准和发表现状而言，我们依然处在"国内发表为主、国外发表为辅"的初级阶段，希望在不久的将来（比如经过10年左右的努力）能够有新的跨越，实现"国内外发表并驾齐驱"的新局面，因为"中国俄语教育"和"中国俄语研究"毕竟需要彰显"中国元素"或"中国特色"。当然，最终的目标是要走向世界，担负起与"俄语大国"地位相符的、能够参与俄语知识体系和思想体系建构的重任。

结语

在上述阐发的几许思考中，笔者认为对标"新文科"的俄语学科建设的外部建构即理念的突破最为关键，也最为艰难；至于内部建构，其成败主要取决于是否能够做到"文理融合""文工融合"和"文文融合"；在确立新俄语学科的任务过程中，最为核心的是要"立志高远"，即把我们的俄语教育和研究置于"参与世界秩序治理"这一关键语境中加以考量和谋划，而不是像以往那样关起门来"自说自话"和"自得其乐"；关于俄语教育和研究的取向问题，笔者仅提出几许"反思性"设问，以抛砖引玉，渴望得到学界同仁的进一步关注、讨论和批评。

在笔者看来，新俄语学科建设不能仅仅停留在口号上，也不能仅限于"理念"中，而必须要"掷地有声"，落实到俄语教育和俄语研究的实践中。

正如有学者指出的那样，新文科建设"必须掀起教学革命和学习革命"才能实现。（见邵培仁http://blog.sina.com.cn/s/blog_593d5d690102yn4m.html. 2019-06-18）今天的俄语人已经又一次站在了"变则进""不变则衰"的十字路口。而时下流行的打造"金专"或"金课"的教育坐标和行动，也已经到了"非实行不可"的地步。在笔者看来，这个"金专"或"金课"，其概念内涵并非是人们通常理解的与"水专""水课"等相对立、被冠以"叫得响的课""实实在在的课"或"货真价实的课"等意思，而是建立在"新文科"中的"新"字基础上的，它包括新时代所赋予的新理念、新思想、新原则、新内容、新方法、新架构等。这个"新"字，无疑是我们成功走向"新俄语学科"建设未来的"压舱石"和"思想宝典"。

参考文献

［1］ 李石勇. 紧扣新时代主题，推进新文科建设［N/OL］. 中国教育报，https://www.gcu.edu.cn/2019/0905/c190a54340/page.htm. 2019-09-02-005.

［2］ 邵培仁.新文科建设必须发起两场革命［A/OL］. http://blog.sina.com.cn/s/blog_593d5d690102yn4m.html. 2019-06-18.

［3］ 王铭玉，张涛. 高校"新文科"建设：概念与行动［N/OL］. 中国社会科学网-中国社会科学报，http://news.cssn.cn/zx/bwyc/201903/t20190321_4850785_1.shtml. 2019-03-21.

从斯拉夫主义语言哲学观看中国俄语教学与研究现状

复旦大学　姜　宏　王云婷

引言

众所周知，语言哲学（философия языка）是现代分析哲学影响最大、成果最为卓著的一个分支和流派，反映当代西方哲学家对语言现象研究的世界观和方法论。然而，事实上，世界哲学界对这一术语的含义以及语言哲学的研究对象和研究内容等问题的看法众说纷纭，莫衷一是。

就俄罗斯语言哲学的研究而言，无论从哪个方面来理解该概念，其方向和内容都是十分明确的，那就是：对人类语言之本质和属性及功能进行哲学思维和理论探究。其实质是从人类语言的视角对哲学的基本问题做出解答，即从语言的本质以及语言在人类社会和文化发展中的功能出发所展开的对语言与世界、语言与现实、语言与思维（认知）、语言与文化、语言与逻辑、语言与操语言的人之间相互关系的探究。

以上也许与英美国家的语言哲学研究的重心不完全相同，但恰恰体现了处于东西方交集的俄罗斯语言哲学的特点或特色。它所彰显的既不同于西方又有别于东方的思想特质是世界语言哲学宝库中不可多得的精神财富。

斯拉夫主义有关语言的哲学思考就是典型的带有俄罗斯民族特色的语言哲学范式。

一、斯拉夫主义及其语言哲学观

（一）斯拉夫主义概况

众所周知，19世纪被誉为俄罗斯"经典哲学"（классическая философия）繁荣的世纪，其重要标志是俄罗斯从这个时期起开始拥有真正属于自己的哲学体系。该哲学的核心内容即"斯拉夫主义"（славянофильство）。正如俄罗斯著名哲学家施佩特（Г.Г. Шпет，1879-1937）所说，"斯拉夫主义的问题是唯一独创的俄罗斯哲学问题"。（Шпет 1989：53）

斯拉夫主义哲学思潮从一开始就是在与18世纪俄罗斯占主导地位的

"欧洲主义"（европеизм）的对立中形成的。从渊源上看，欧洲主义最先源自基督教新教按照纯世俗标准提出的"统一的欧洲"的思想，其首要原则是承认西欧文明发展形式的多样化。俄罗斯欧洲主义（российкий европеизм）具有明显的"启蒙主义倾向"，其初衷是借鉴西方先进的科技或文明来革新落后的俄国。俄罗斯欧洲主义的萌芽阶段始于17世纪末。1697年，为了与土耳其帝国相抗衡，彼得大帝率领俄罗斯大使团正式出访欧洲以寻求盟国。在此过程中，他亲自接触到西方各种先进的科学和工艺，由此深深意识到俄国与西方各国的差距。18世纪初期，彼得大帝便把走西方之路的想法付诸实践，实行了规模十分宏大的军事、政治、工业等方面涉及俄国社会各个领域的改革。彼得大帝的这场"西化"改革，使当时的俄国改变了贫弱落后的状况，逐渐走向现代化的富强之路，长眠的俄国就此觉醒。经过这场改革，俄罗斯欧洲主义也从萌芽阶段过渡到成熟期，并对各个方面均有所渗透。

在语言哲学方面，欧洲主义的渗透作用主要表现为：俄罗斯学者采用或模仿西方"唯理主义"或"理性主义"（рационализм）的基本原理对语言的本质、语言的起源、语言的意义以及语言与思维的关系等做出理性主义的描写和解释，从而形成了俄罗斯历史上第一个真正具有科学性质的语言哲学思想范畴，即欧洲主义范式（姜宏，齐芳溪2018：261-265）。

而与欧洲主义相对立，斯拉夫主义的核心思想是俄罗斯相对于欧洲的"独特性"（самобытность）。斯拉夫主义形成于19世纪30年代，确立于50年代，瓦解于70年代。其早期代表人物主要有霍米亚科夫（А.С. Хомяков，1804-1860）和基列耶夫斯基（И.В. Киреевский，1806-1856）、大阿克萨科夫（К.С. Аксаков，1817-1860）、萨马林（Ю.Ф. Самарин，1819-1876）等；后期的代表人物则是涅克拉索夫（Н.А. Некрасов，1821-1877）、小阿克萨科夫（И.С. Аксаков，1823-1886）、列昂季耶夫（К.Н. Леонтьев，1830-1890）、索洛维约夫（В.С. Соловьев，1853-1900）等。其中核心代表人物是大阿克萨科夫和涅克拉索夫。

斯拉夫主义的形成具有典型的社会历史和政治甚至军事背景。这主要指的是1812年卫国战争、1825年十二月党人的宣言以及俄罗斯独立法案的确立等。其中1812年爆发的为反抗法国入侵的卫国战争尤为重要。这场战争最终赢得了胜利。它的胜利唤醒了俄罗斯民族的自我意识，增强了民族自信心。与此同时，这场战争也使得俄罗斯意识到自己与西欧之间在发展水平上存在着巨大的差距。俄罗斯独立存在的权利促进了一系列问题的提出：俄罗斯存在的价值和必要性以及民族自我定义。（Безлепкин2002：30-31）于是，也正是这场战争的胜利，产生了斯拉夫派（славянофильство）和西方派（западничество）之间的围绕俄罗斯未来发展道路和历史选择问题的争论。其中西方派提倡走西方的发展道路，要求政治体制自由化、废除农奴制、实行宪法体制等，而斯拉夫派要求加强集权，把一切自由分子的萌芽从社会中剔除出去。他们认为俄罗斯的历史和文化及其发展规律均具独特性，拒绝俄罗斯走西方的发展道路。斯拉夫主义的思想内核和基本学理是强调俄罗斯历史和文化相对于欧洲的"独特性"（самобытность）。

斯拉夫主义哲学流派在俄罗斯具有十分重要的历史性意义。首先，是其革命性意义。斯拉夫主义是属于俄罗斯自身的第一个真正意义上的哲学样式，其基本学理蕴含着俄罗斯思想史上带有"革命性"意义的哲学价值，那就是建立在本民族文化自信基础上的思想自觉和民族自觉。（赵爱国2015：3-34）它使得"拿来主义"的时代已然成为过去时，俄罗斯开始拥有真正属于自己的哲学；其次，是其建设性意义。斯拉夫主义对俄罗斯政治、社会、思想、文化等的发展产生了巨大而持久的影响，对包括哲学、文化学、语言学在内的所有人文社会科学产生了巨大推动力。

作为一种范式，斯拉夫主义自诞生之日起就与欧洲主义一道成为俄罗斯语言哲学的两大支柱。研究表明，俄罗斯在19世纪后期的语言学研究中，将语言的普遍性与特殊性相结合，走出了一条颇具俄罗斯特色的语言学发展之路：分别在"心理语言学"和"历史比较语言学"两个方向上将欧洲主义方法论与斯拉夫主义方法论融合在一起，生成出具有"雅努斯"（Янус）特质的语言学方法论传统（赵爱国2016：80-110）。

（二）斯拉夫主义语言哲学观

就语言哲学观而言，斯拉夫主义也有着自己独特的理解。它将语言看成是民族自我意识的表现形式，是表达民族精神生活多样化的通用手段，是传承民族精神经验的重要方式。自然，斯拉夫主义尤为主张研究俄语独有的特性。

这种语言哲学观主要体现为以下基本思想：秉承斯拉夫主义的思想晶核，从斯拉夫主义方法论的立场出发来审视具体的语言（语法）现象，侧重语言的历史性、系统性和自主性研究，强调斯拉夫语尤其俄语的独特性，反对把语法范畴等同于逻辑范畴，重视通过俄语语言对俄罗斯人的思维规律和特点做出解释，并强调俄语在结构、表义以及使用中相对于其他语言的"独特性"。

具体来说，包括以下几点：第一，强调语言与民族、语言历史与民族历史紧密相关；第二，遵循语言研究与民族精神世界探索相结合的研究思路；第三，注重语言的独特性，主张研究俄语的独特之处；第四，倡导历史主义的语言研究方法；第五，侧重语言形式对思维（思想）的作用，认为形式是思维的载体。斯拉夫主义的基本思想主要反映在其杰出代表阿克萨科夫的相关著述中（见Аксаков1875a，1875b，1875c）。

尽管斯拉夫主义盛行的时间并不长，但它采取不同于西方唯理主义哲学的独特民族哲学方法论，提出且解决了一系列有关语言的哲学问题，开创了俄罗斯语言哲学中的形式主义流派，对包括当今在内的语言学研究和语言教学都产生了巨大而深远的影响。

二、语言哲学观与语言教学和研究

（一）关于语言哲学观

什么是语言哲学观？用通俗的话来说，就是对语言本质的看法和理解。也即对"什么是语言"这一问题的回答。事实上，人类语言是一个十分复杂的现象，对它的定义和理解也是非常复杂的。对这一问题，古今中外的许多语言学家、哲学家、人类学家甚至自然科学家等都试图做出自己的回答，其中也不乏精辟和睿智之论。他们所下的定义可谓难计其数，然而至今尚未取得统一意见。其中19世纪以来最具代表性的主要有以下几个观点：1）洪堡特（W. Humboldt，1767-1835）的语言心灵论或语言精神论，即语言是建构思想的工具，语言是一种创造性的精神活动，语言是一种世界观；2）索绪尔（F.Saussure，1857-1913）的语言结构论，即语言是一种音义结合的符号系统；3）萨丕尔（E.Sapir，1884-1939）的语言功能论，即：语言是人类的交际工具；4）乔姆斯基（N.Chomsky，1928-）的语言心理论，即：语言是人的大脑中天生的一种能力机制；5）梅耶（A.Meillet，1866-1936）的语言社会论，即：语言是一种社会现象。

我们知道，哲学是关于世界观和方法论的思想体系。它是一切科学之母，凌驾于所有学科之上，是最高学科。哲学对包括人文社会科学在内的所有具体科学均具有重要指导作用。语言哲学观对语言教学和研究有着直接的指导作用，语言哲学观与语言教学和研究紧密相关。也就是说，对语言本质的不同认识会形成不同的语言教学和研究方法论。可以说，语言哲学观是决定语言教学与研究指导思想、基本原则和基本方法的根本出发点。对语言本质特征的正确认识是决定科学语言教学与研究外语教育观的指导思想、理论、原则、原理和方法等的根本出发点之一。

（二）语言哲学观与语言研究

语言哲学观（也即语言本质观）问题是理论语言学研究以及语言教学和学习的出发点和归结点。无论是语言学研究范式（包括历史比较范式、结构系统范式、社会范式和人类中心论范式等），还是语言学的分支学科（包括语义学、语用学、社会语言学、心理语言学、文化语言学、认知语言学等），其研究内容、方法及目的都取决于对语言本质的看法。对语言本质的看法决定着我们语言研究方向的确立、研究内容的明确、研究方法的选择以及研究目的的设立。例如：如果采用索绪尔符号系统的语言哲学观，那么意味着遵循系统结构主义的方法论；如果将语言理解为一种交际手段，则就意味着主要遵循交际语用学的研究方法；如果像乔姆斯基一样把语言看成是人的一种生理机制，那么意味着走的是形式主义（转换生成语言学）的道路；而如果将语言看成是人类的思维工具和文化载体，那么会坚持认知语言学和文化语言学。

（三）语言哲学观与语言教学

对语言本质的理解不仅决定着语言研究的方向、基本原则和基本方法，而且决定着我们的语言教学和学习的目标和方向以及具体方法。换句话说，出发点不同，侧重点不同，对语言本质的理解不同，从而得出的语言观不同；语言观不同则决定了语言学的研究方向，而这一切对我们的语言教学和学习都具有重要的指导作用。从语言教学原则的制定到教学方法的设计以及教学手段的选择都离不开对语言本质的认识。我们用下图表示：

语言哲学观	教学目标	教学重点	主要教学方法和手段
一门知识或符号系统	语言的各个层面及其系统	以语言知识为本，注重语言知识的掌握	语法练习、翻译练习
一种交际手段和交际工具	语言意念、功能、技能	以交际为本，注重语言的运用	情景法、听说法、视听法、任务法
人的一种生理机制	语言习得	以语言结构为本，注重语言结构的操练	句型替换法
一种思维工具和文化载体	学会另一种观察世界和认识世界的思维方式，了解另一种民族的文化	以人为本，注重人的思想、情感和为人处世的方式	讨论法、案例分析法、文化对比法

三、中国俄语研究与教学现状及问题

我们认为，斯拉夫主义的一些思想和观点对我国的新文科教学和研究（包括俄语教学和研究）也具有重要借鉴意义。

我国俄语教学和研究已经获得了长足发展并取得了丰硕的成绩。但是，我们还是可以看到某些方面存在的问题和不足。如果从斯拉夫主义方法论的立场来看，这些问题和不足主要体现为以下几个方面：

1. 侧重语言本体知识，忽视其背后文化内容的揭示

从斯拉夫主义的语言本质观来看，语言是民族自我意识的表现形式，是表达民族精神生活的通用手段，是传承民族精神经验的重要方式，语言与民族文化紧密相关。要在真正意义上掌握一门语言，必须深刻了解其背后所蕴含的民族文化，并将二者有机结合起来。而从我国俄语教学与研究现状来看，语言研究与文化研究分别展开，语言教学与文化教学分别进行。在研究方面，即便有少数相关成果，但都呈零散性，缺乏系统性。另外，从事语言文化研究的教授以及该方向博士生的招生人数和比例都比较低。而在教学上，目前各高校基本上按照课程的授课方式来操作，如精读

课、泛读课、听说课、写作课，文化方面课程比较少见，而文化与语言相结合的课程更是凤毛麟角。可见，无论研究还是教学，语言与文化二者之间缺乏融合性和统一性。

2. 局限于语言学，学科内部以及不同学科之间缺乏联系

斯拉夫主义十分注重语言的系统性研究。从其主要代表的身份来看就可以发现这一点：他们并非仅为语言学家或者哲学家，而是集多重社会身份为一体。他们的语言哲学思想的形成，都得益于他们对俄罗斯社会历史、思想文化、伦理宗教以及语言学等多门学科知识的融会贯通。而在我国的俄语教学与研究中，语言学与其他学科（包括历史、文化、社会、思想、宗教、教育、美学等）之间完全隔离，甚至语言学与文学、语言学内部（如语义学和语用学、认知语言学和语言文化学等）之间都相对独立。所谓"跨学科"的学术会议实质上也是分头分组进行。然而，语言学研究不仅可以与社会文化、认知心理、美学伦理、计算机等学科联系起来，还可以与政治、宗教、教育、哲学甚至经济、科技等其他学科相结合，并向它们拓展甚至转化。

3. 侧重语言共时描写，缺乏历时研究和历史主义研究

斯拉夫主义尤为注重语言的历史性，强调语言与民族、语言历史与民族历史紧密相关。而我国的俄语研究主要是对现代语言进行描写，对语言历史及其与民族历史关系的研究十分缺乏；在教学中更是几乎无人涉及，这方面的师资力量十分贫乏。事实上，进行语言学史研究自然会挖掘深入、涉及广泛，发现许多有价值的问题和课题。例如：语言学史与世界史、国家史、民族史之间的关系，语言学史与哲学史及其他学科史之间的关系，语言学史与该民族语言发展史之间的联系，俄罗斯语言学史与世界语言学史的关系。将这些研究及其成果运用和延展到教学中，不仅可以拓展学生的知识面，而且可以引导他们往跨学科、新文科的人才方向发展。

4. 俄语特色和中国特色亟待建设和彰显

斯拉夫主义十分强调自主性研究，其最为核心的思想是强调其民族历史和文化相对于欧洲的"独特性"，强调走俄罗斯自己的道路。这一思想内核在其语言哲学观上也留下了深刻烙印。联系我国的俄语教学与研究来

看，其独特性主要涉及两个方面：一是相对于世界范围的其他外语（英语、德语、法语等）研究和教学，俄语的独特性还值得凸显。在我们国家的许多高校中，外语教学都处于同一个院系，其教学体系基本相同，每个语种的特色并未得到体现。也就是说，我们的俄语研究和教学与这些语言应该有所不同，因为民族不同，文化不同，语言也不同，不应该千篇一律跟着大潮走；二是相对于世界范围的其他国家（美国、英国、德国、法国……）俄语研究与教学，中国的独特性也有待凸显。而在这一点上，我们似乎对外面的世界并不完全了解，缺乏沟通和考察。事实上，世界上许多国家都有自己的俄语研究与教学，但是国家不同，体制不同，文化不同，要求不同，我们的俄语研究与教学也应该有着自己的、有别于其他国家的特色。

结语

以上问题不仅体现在俄语教学和俄语研究活动及行为本身上，而且涉及其方方面面，包括本科生专业课程设置、硕博士招生方向及人数、学术论文的发文方向及数量、各类项目立项的比例、各类方向学术会议的联合等。我们认为，这些问题的解决也许不只取决于知识和方法上的培养，更多是理念和观念以及意识上的改变。

以上旨在提出问题，抛砖引玉，其解决方案和途径还需中国俄语界的同仁们共同探讨和探索。

参考文献

[1] Аксаков К.С. О грамматике вообще[A].//Полн. собр. соч. В 3 т. Т.2. Ч.1[C]. М.: Литературная критика, 1875a.

[2] Аксаков К.С. Ломоносов в истории русской литературы и русского языка[A].//Полн. собр. соч. В 3 т. Т.2. Ч.1[C]. М.: Литературная критика, 1875b.

[3] Аксаков К.С. О русских глаголах[A].//Полн. собр. соч. В 3 т. Т.2. Ч.1[C]. М.: Литературная критика, 1875c.

[4] Безлепкин Н.И. Философия языка в России: К истории русской

лингвофилософии[M]. СПБ.: Издательство Искусство-СПБ, 2002.

［5］ Виноградов В.В. Из истории изучения русского синтаксиса[V]. М.: МГУ, 1958.

［6］ Виноградов В.В. История русских лингвистических учений[M]. М.: Высшая школа, 2005.

［7］ Колесов В.В. История русского языкознания[M]. СПБ.: Изд-ство С.-Петербургского университета, 2003.

［8］ Шпет Г.Г. Очерки развития русской философии[A].//Сочинения[C]. М.: Правда, 1989.

［9］ 姜宏，齐芳溪. 俄罗斯语言哲学史中的罗蒙诺索夫［J］. 社会科学战线，2018（6）.

［10］ 赵爱国. 俄罗斯"斯拉夫主义"哲学思想的学理内涵［J］. 俄罗斯研究，2015（4）.

［11］ 赵爱国. 俄罗斯语言学传统中的方法论特质［J］. 俄罗斯研究，2016（4）.

"一带一路"视域下高校俄语教学改革和人才培养路径探究[①]

齐齐哈尔大学　王莉娟

引言

"一带一路"贯穿亚欧非大陆,一头是东亚经济圈,一头是欧洲经济圈。无论是发展经济、改善民生,还是应对危机、加快调整,许多沿线国家同我国有着共同利益;作为中国首创、高层推动的世纪倡议,致力于亚欧非大陆及附近海域的互联互通,给沿线国家经济发展带来了契机,是中国可持续发展的有机部分。中国和俄罗斯都是"一带一路"沿线国家,又是山水相连、唇齿相依的邻邦,"一带一路"建设构想和俄罗斯远东开发开放项目符合中俄经贸合作深化、区域合作拓展的实际需要。

人才是"一带一路"建设的支点和关键。"一带一路"建设也为中国教育破茧腾飞迈向国际化带来新的机遇和挑战。

一、"一带一路"视域下的高校外语创新型、复合型人才培养的战略意义

"一带一路"建设公布的三条路线中有两条与俄语密切相关。这两条路线上使用俄语的国家有俄罗斯和具有广泛俄语基础的中亚国家。据《"一带一路"大数据报告(2016)》显示,目前俄罗斯、哈萨克斯坦位列丝绸之路经济带"国别合作度指数"前两名。(http://ex.cssn.cn/zx/zx_gjzh/zhnew/201610/t20161028_3255891.shtml. 2021-10-20) 2015年5月8日中华人民共和国与俄罗斯联邦在莫斯科发表了《中华人民共和国与俄罗斯联邦关于丝绸之路经济带建设和欧亚经济联盟建设对接合作的联合声明》。诸如同江大桥、黑河公路桥、跨黑龙江索道等,都凸显出中俄合作正在"一带一路"建设框架下呈现蓬勃发展之势。未来中俄两国可以通过在金融、技术、基础设施和产能等多领域的合作,实现共同发展和共同稳

[①] 本文系2016年齐齐哈尔市哲学社会科学规划项目"'一带一路'视域下高校俄语教学改革和人才培养路径研究"(编号:QSX2016-22JL)研究成果。

定。外交部欧亚司前司长姚培生指出，中亚地区和中东欧地区是丝路带建设的重要地区，尤其是中亚国家处于关键地段，这一地区扼守新亚欧大陆桥经济走廊，位于中国—中亚—西亚经济走廊核心区域，丝路带建设的成功与否，国内首先看新疆，国外首先看中亚。（http://www.gov.cn/xinwen/2016-11/05/content_5128917.htm. 2022-01-21）

教育是沟通世界的桥梁，也是世界秩序的建设者。"一带一路"建设需要教育发挥特殊作用，尤其是在人文沟通、人才培养、科技合作等方面，都应该为世界秩序建设做出贡献。"一带一路"视域下中俄合作、中国与中亚国家的合作需要创新型、复合型俄语人才，就是既懂俄语、熟悉俄罗斯的风土人情，又具有专业知识和应用能力的俄语人才。时任教育部副部长刘利民在谈到我们的俄语人才培养时指出："重要的是，我们的俄语教育一定要面向未来，找准方向，培养出适应时代需要的复合型俄语人才，以适应市场需求。"（http://news.uibe.edu.cn/info/1371/10903.htm. 2022-01-21）教育国际化是开拓国际关系，为国家谋福利的利器。可见，创新型、复合型人才的培养具有深刻的战略意义。

二、当前制约高校外语创新型、复合型人才培养的因素分析

随着知识经济社会的到来，外语人才越来越为社会所重视，而且社会对外语人才的要求也越来越高，传统单一型的外语人才已经不适应社会发展的需求。社会在变、在前进，外语教学也要随之而改变。我国高校俄语专业教学几经改革，但由于受到观念、课时、教学模式、教学方法、师资力量等多种主客观因素的影响，一直以来仍定位在以四、八级应试为主的普通俄语教学上，教学内容上多数都是单纯的语言类或知识类课程，如精读、泛读、语法、俄罗斯国情、写作。到高年级才开设一定的文学类和翻译类的专业课程。这种课程课时少，结构比较单一；教材内容有些陈旧，且更新慢。听力、口语训练达不到既定目标。教师的知识储备不充足，讲解国外文化、文学、经贸、法律、新闻及科技方面知识时，很少对学生进行专业知识的讲解，只是一味地引导学生掌握所学的语言知识，对学生的质疑精神熏染较少。再者，教学观念陈旧、落后，培养目标狭隘，教学方式单一化，造成学生的创新思维不能有效地被激发。另外，人才培养与社

会需求脱节。校企分离现象严重，即将毕业的学生实习单位有限，实习机会少。大学生对社会需求了解程度不够，也就无法更好地适应社会发展，造成择业和就业的困惑和困难。这些因素都制约着对俄语创新型、复合型人才的培养。虽然不断进行教学改革，如引入翻转课堂、慕课、微课等教改措施，但还存在着课件是教材的翻版、创新课堂达不到预期目的等问题，导致学生俄语应用能力差，自主学习能力弱。学生即使通过了四、八级考试也无法阅读与本专业相关的文献，无法以俄语为工具进行学术或专业上的交流，更无法满足国家对既懂俄语又具有专业知识和能力的创新型、复合型俄语人才的需求（当然这种现象我们二本类的大学尤为突出）。高校培养的人才主要在国内就业创业，对外开拓性人才严重匮乏。因此，我们认为在"一带一路"背景下高校俄语专业教学应重新定位，探索改革俄语专业教学的新模式和培养具有学术能力或专业应用能力的创新型、复合型人才的新路径。

三、"一带一路"视域下对高校俄语创新型、复合型人才培养的思考

创新型、复合型人才应具有扎实的专业理论功底和复合型的知识结构，始终站在学科的最前沿，不断关注并善于学习和借鉴其他学科的最新成果，还要具备敏锐的洞察力、强烈的质疑精神、开放式的思维及锲而不舍的精神品质。外语人应该对一门外国语的各种技能熟练掌握，懂得这门外语的基本知识、文化背景知识，还要对其他一门学科的基础知识与技能有所涉猎；具备广泛的社会科学与自然科学知识，还能对现实问题有自己的理论思考、有思辨能力、有所创见。因此，在当今全球化信息时代理念的震荡下，教育领域根据时代变迁的特点在进行一场前所未有的全方位的彻底变革。

（一）教育观念的变革

信息社会的发展、社会的进步早已超越了技术的范畴。"一带一路"倡议也激荡着教育的改革。首先就是观念的变革。传统的教育观念已难以应对纷繁复杂的教育现象，难以引导高校培养创新型、复合型人才。更新教育观念势在必行。

1. 现代教学观：教师不仅要传授学生知识，更要教会学生学习，即

"授人以鱼不如授人以渔"。

教师要适应社会的发展，正确转换自己的角色观。在这方面我们做了一些尝试，现以"俄罗斯社会与文化"授课为例：该课程内容多，课时少，涉及多方面的知识，按传统教学授课，尽管教师补充了一些知识，但仍有照本宣科之嫌。我们进行了一系列的教学改革，分专题教学，化整为零，放手让学生讲课。如："俄罗斯总统"这部分，我们将学生分三组，分别准备关于叶利钦、普京、梅德韦杰夫三位俄罗斯总统的专题讲课。每一组成员分工协作，三个专题组都要制作PPT和提供任务完成报告。报告中要注明组内成员的工作量。教师根据学生讲课情况和完成工作量情况给学生打分。这样，提高了学生自主学习的兴趣。学生们积极热情地查阅资料，做了认真准备，讲课效果非常好。小组代表精彩的授课，多样的团队介绍，意想不到的丰富内容，图文并茂、内容详尽、质量比较高的PPT，学生们完成任务后的喜悦等，充分显示了学生自主学习的魅力。

2. 现代师生观：学生不再被动接受知识，而是成为认知的主体、意义的主动建构者。

以《鱼牛》童话故事为例。在一个小池塘里住着鱼和青蛙。它们俩是好朋友，都想出去看看外面的世界。因鱼离不开水，只好青蛙独自走了。这天青蛙回来了。青蛙告诉鱼，外面有很多新奇有趣的东西。青蛙说，比如说牛吧，身体很大，头上长着两只弯弯的犄角，吃青草为生，身上有着黑白相间的斑块，长着四只粗壮的腿……这时，鱼的脑海里出现牛的样子——"鱼牛"。即鱼的身体上长着黑白相间的斑块，头上长着两只犄角。

鱼的脑海中牛的形象在客观上当然是错误的，但对于鱼来说是合理的，因为鱼根据从青蛙那里得到的关于牛的部分信息，从自身出发，将新信息与自己头脑中已有的知识相结合，建构出"鱼牛"的形象。这体现了建构主义的一个理念：理解依赖于个人经验。人们由于对于世界的经验各不相同，对世界的看法也必然会各不相同。个体的认知结构是通过同化和顺应过程逐步建构起来。学习是个体主动建构自己知识的过程。这就是说学习不是教师把知识简单地传授给学生，应该是学习者自己建构知识的过程，教师只是学生学习的指导者。

3. 现代人才观：现代教育应该培养出智慧型、创造型、复合型人才，而不是传统教育的知识型、模仿型人才。

4. 学习时空观：现代信息技术的不断革新，学习不再受时间、空间限制，学习者可以随时随地学习。教师和学生都可以利用网络，随时都可以学习提高。

（二）教学环境的变革

由黑板加粉笔的传统教学工具到幻灯、投影、计算机等现代教育媒体，丰富了知识的呈现形式，而且能从感官上调动学生学习的积极性，节省时间，信息量大，能提高学生自主学习能力，促进学生对知识的理解。

（三）教学内容的变革

我们正处在信息爆炸时代，信息快速膨胀。人类的知识正以前所未有的速度增长。每一个社会成员需要学习的东西也越来越多，教育教学的内容也在大幅度增多。另外，教学内容的侧重点也发生了变化，即使是传统的教学内容也需要重新组织与安排。因此，教学内容要注重培养学生的信息素养，关注搜集信息的能力，积累分析问题、解决问题的方法。

（四）教学方式的变革

传统的整齐划一的班级教学已经不能适应新的教学内容和要求，传统教学方式有着缺乏个性学习的弊端。信息时代教学必须以学生为中心，所有教学资源都必须围绕学生来优化配置，教师的主要任务不再是传播知识，而是教会学生掌握遨游"信息海洋"的本领，帮助学生解决学习中的问题，使学生形成一套行之有效的学习方法，提升学生思辨、分析问题和解决问题的能力。近些年网络课程、慕课、微课、翻转课堂等教学方式在教育领域里得到运用，使传统课堂教学方式的变革成为必然。中国古代著名理学家朱熹提出"无一事而不学，无一时而不学，无一处而不学"的观点令人深思。在当今信息时代开放的学习环境中，学习更加方便，更具可持续性、发展性，而且真正体现了学习的个性化、生活化。

（五）教学方法的变革

法无定法，探索新的教学方式和方法是教育研究亘古不变的话题。远程教育、慕课使不同地域的人享受到教育的公平，真正体现了"有教无类，因材施教"，同时，多媒体、交互式电子白板、触控一体机、录播教室、电子书包、数字课桌等的应用，使有利于学生自主学习的教学方法迅速发展。讨论法、活动法、问题驱动式等教学方法突出体现了学生的主体地位，不断激发学生学习的主动性与积极性，培养其好学善思的思维习惯。网络教学、个性化学习、合作学习，抱团取暖、自主性学习、分布式学习、同步学习、异步学习、非正式学习、终身学习等新的学习形式也逐渐被绝大多数教师所接受。科学地优选、整合教学方法是教学改革的最终方向。现代教育中教师要省烦从简、金针度人。

（六）教学模式的变革

目前，我国俄语教学还不能更好地面对新形势的需要。诸多研究成果没有围绕功能法和ESP教学理论的要求论述培养俄语人才。培养目标狭隘，培养的人才大多是在国内就业创业，对外开拓性人才严重匮乏。向俄罗斯输送留学生的1+3、2+2、1+2+1等教学模式，结果也不完全使人满意。信息时代的信息技术从传统教育的诸多要素入手，打破了旧的教学模式，要求建立全新的教学模式。当然，这需要投入大量的人力、财力，以期通过教师信息素养的培养来改进教学、提高教学能力，最终实现教育的变革，培养出信息时代所需的俄语创新人才。

（七）教师知识结构的变革

教师是人才培养的关键所在。高校要培养适合当今社会需要、"一带一路"建设所需求的具有创新意识的复合型人才，就要有一支业务精湛、勇于创新、善于思辨、知识不断更新、素质不断提升的教师队伍。当下的外语教师专业知识水平较高，但知识结构比较单一。信息时代，教师的知识面要不断扩展，应具有广阔的外语视野及其他学科知识功底（如经贸、外交、管理、金融、法律方面知识）。教师，特别是青年教师，要不断扩大自己的知识面，做到外语知识和其他相关专业知识"合二为一"。教师知识面的扩展可通过参加科研活动、业务进修、国内外访学、网络自主学习等方式进行。

结语

"一带一路"背景下我国高校俄语专业教学面临着新的机遇和挑战。

作为"一带一路"沿线国家的中国和俄罗斯是山水相连、唇齿相依的邻邦。中俄合作深化、区域合作拓展都需要博学多知、具有创新能力和实践能力的复合型高素质的人才。我们应站在国家战略的高度对高校俄语专业教学定位重新做出思考，探求人才培养的新路径，全方位改革，培养中俄合作、中国与中亚国家合作需要的具有创新意识的复合型人才，以满足国家对俄语人才的需求。

参考文献

［1］ 人民网. 丝绸之路经济带建设呼唤复合型俄语人才［A/OL］. http://news.uibe.edu.cn/info/1371/10903.htm. 2022-02-21.

［2］ 姚培生. "一带一路"建设不能离开中亚［A/OL］. http://www.gov.cn/xinwen/2016-11/05/content_5128917.htm. 2022-02-21.

开展与俄高校合作，共同培育国际化人才

长春科技学院　李　敏　吉林俄语专修学院　李雪源

引言

吉林俄语专修学院成立于1993年9月，是由吉林省教育厅批准成立的民办高等教育机构，1996年10月开始与俄罗斯院校合作开展对俄汉语教学，2002年11月成立了中俄合作办学机构——长春国际商务学院，先后与12所俄罗斯高校合作，采取"2+2"和"3+1"模式联合培养本科生，"2+4"模式本硕连读共同培养国际化人才。

时至今日，在近三十年办学时间里，已有中俄万余名学生完成学业，走上涉俄工作岗位，受到用人单位的好评。这些涉俄工作单位分布在我国的北京、广州等几十个大中城市和俄罗斯的莫斯科、叶卡捷琳堡等大中城市。目前还有六百多名学生在我校及我校与俄罗斯和白俄罗斯合作院校里学习。

吉林俄语专修学院在中俄合作办学的道路上，不断改革、创新，取得了丰硕的成果，为国家培养了上万名俄语人才，也为俄罗斯学习汉语的学生提供了广阔的平台，受到学生、家长、俄合作院校、国内外用人单位、上级主管单位的重视、信任和赞誉，先后被吸收为"中国俄罗斯东欧中亚学会俄语教学研究会的会员单位"，被评为"中国民办教育协会先进单位"，被定为"吉林省对俄汉语教学实习基地"。

回望吉林俄语专修学院与俄罗斯高校二十多年合作办学的不平凡经历，我们有如下三点深刻的感受：

一、借鉴俄方的先进教学经验，创建以技能培养为主的俄语教学"言语实践法"

吉林俄语专修学院建校初期，应试教育在中国教育领域根深蒂固，以应付升学考试为目的的教育思想和教育行为对教育方法有着直接的影响，俄语教与学同样以应试为主，以学习知识为主。我们在办学之初，就聘请了大量俄籍教师任教，不断总结研讨语言教学的特殊规律。我们认为：学

习语言和学习游泳、弹钢琴、开汽车一样，是一种技能培养，不能把它当作纯知识来学习。聘请大量俄籍教师教学，就是要重视言语训练，为学生提供良好的语言环境，争取更多开口说话的时间和机会，让学生会说俄语并产生兴趣，快乐学习。

结合我们多年教学实际，中俄教师共同总结出以下经验：

一澄清，学习俄语为了交际，而不为了考试。二明确，明确言语活动与语言知识之间的主次关系。三坚持，课堂教学坚持交际化，坚持精讲多练，坚持以学生为中心。四种关系总结，第一，讲与练的关系，精讲多练，以练为主；第二，语言知识练习与言语活动练习之间关系，以言语活动练习为主；第三，师生之间练习和学生与学生之间练习，以学生与学生之间学习为主；第四，口头练习与笔头练习，以口头练习为主。

我们把这种强调技能培养的俄语教法，称之为"言语实践法"。对这种教学法我们曾在哈尔滨召开的中国俄语教学年会上做了经验交流，受到与会同仁一致肯定。有了良好的教学方法，获益最多的是学生。他们在吉林俄语专修学院两年学习时间里就能基本掌握俄语，到俄方继续学习也能听懂课，能承担简单翻译工作。这些教学成果，受到国内业界人士赞许。

二、中俄合作办学，应重视国情教育，重视文化交流，增进学生对俄罗斯民族的认知和理解

吉林俄语专修学院办学近三十年，中俄合作办学二十多年，合作培养模式是成功的，有一个重要的感受不能不说：培育国际化的涉俄人才，必须重视俄罗斯的国情教育、跨文化交流教育，要增强学生对不同民族、不同文化的认识和理解，这样才能在未来的职业生涯中克服前进路上的种种困难，坚定地战斗在国际交流交往的第一线，成为一名光荣的国际化的尖兵战士。

我们重视两国的国情课教学，学习掌握双方的地理、历史、文化、风俗，经常组织学生观看相关的影视作品，学校内可同时收到俄方七个电视频道节目。

经常不断地组织到访的俄方代表团给学生做演讲报告，介绍俄罗斯的政治经济形势。每年都邀请俄方院校演出团来我院演出，中俄学生寒暑假

百名大学生进行文化交流，学唱中国和俄罗斯流行歌曲，组织学生用俄语讲述中国故事。

学校利用假期时间组织学生到俄罗斯境内城市和中俄边境城市体验生活，以了解国情，体验不同的生活方式，增进两大民族的了解和情感。

成千上万名中国、俄罗斯学生曾经在我院学习过。今天他们以积极的态度和满腔的爱国热情工作在涉俄第一线。有一部分人在境外工作，成家立业。他们把自己融入了中俄合作交流的伟大事业之中，成为优秀的、称职的国际化人才。

三、会俄语、懂专业、掌握现代技能的人才，才能成为国际化的涉俄人才

《国家中长期教育改革和发展规划纲要（2010—2020年）》第十六章（四十八）中明确提出："适应国家经济社会对外开放的要求，培养大批具有国际视野、通晓国际规则，能够参与国际事务和国际竞争的国际化人才。"（https://zhidao.baidu.com/question/269124055328528725. html.2022-01-25）多年的办学实践证明，培育国际化的涉俄人才，必须实现会俄语、懂专业、掌握现代技能。在近三十年办学中，我们一直坚持这个标准，以它作为我们培育人才的目标和工作方向，并随着社会形势的发展不断改进和充实。

我们开设中俄经贸中运用最多的应用俄语专业，采用适合培养目标的教学方法——"言语实践法"，选择具有现代气息的《走遍俄罗斯》系列教材进行教学，重视社会实践，并开设"汽车驾驶""微机软件""公共礼仪"等技能课。学生走出校门到涉俄工作岗位，很快就能适应工作和生活，进入角色快，凸显了较强的竞争力。

吉林俄语专修学院重视国际化人才的培养，重视就业工作。学生入学时，我们就与家长签订了"实行多次就业推荐，直至满意为止"等协议。为了便于我们了解市场经济下的人才需求情况，及时修订教学目标，我院还在满洲里、绥芬河、三亚设了办事处，增强与用人单位的联系；不断改进人才培养的模式，建立科学系统的人才培养体系。我院毕业生每年都供不应求，受到用人单位欢迎。

结语

中国改革开放的大好形势下，在吉林大地上诞生了吉林俄语专修学院；在国内外俄语界人士和各大高校的大力支持下，吉林俄语专修学院走上了培养国际化涉俄人才的道路。在此，我们再次感谢大家给予的支持和帮助！愿中俄相互沟通的机会更多，让我们加强合作，携手培育更多国际化人才！

我国中学俄语教育现状及发展战略研究①

哈尔滨师范大学　赵秋野　樊莲生

引言

　　语言被人们认为是交际的重要工具与思维的重要载体，更是保护人类生存与发展的强有力武器。在经济全球化的时代，各国之间交往的机会大大增加，相互之间的依存度也有所提高，国家的安全环境也变得更加复杂。

　　中国与俄罗斯互为最大的邻国，也是新型市场的主要国家，在维护世界和平、稳定与安全中扮演着重要的角色。随着《中华人民共和国与俄罗斯联邦关于全面战略协作伙伴关系新阶段的联合声明》的签订，中俄全面战略协作伙伴关系得到了深入发展，中俄之间的关系发展也进入了新的阶段。俄语在我国外语中的地位得到了上升，我国对各类俄语人才的需求量日益增大。因而制定合理的俄语教育发展规划与俄语教育发展政策、培养优秀的俄语人才已经成为国家亟待解决的问题。而现有的俄语教育规划与教育政策还不能满足我国社会和经济发展的需要。我国"一带一路"建设以及国家安全、外交、文化、军事等领域的国际交流与合作工作，不仅需要高级专业俄语人才，而且还需要具备良好俄语言语技能的复合型俄语人才。因此，系统研究我国的俄语教育发展战略具有重要的现实意义。

　　现阶段，我国的俄语教育发展还缺乏从战略层面的整体思考与规划，高校所培养的俄语人才还不能满足与"一带一路"沿线国家合作的需要以及中俄政治、经济、科技、文化、教育等合作的需求。国家需要优秀的俄语毕业生担任一些重要的翻译工作，并能积极参与中俄外交活动，促进中俄协作的全面发展；我国各大、中、小企业也急需高素质的专业俄语人才与复合型俄语人才；高校更是迫切希望招收优秀的中学俄

① 本文研究成果获得以下项目资助：国家级精品资源共享课"中学俄语课程标准与教学设计"（2017—2021），国家一流专业建设点（2019），教育部首批虚拟教研室建设试点"俄语（师范）专业虚拟教研室"项目（2022）。

语毕业生，培养优秀的专业俄语人才和复合型俄语人才；中学俄语教育也需要增强俄语师资力量，增加中学俄语学习者的数量。目前我国的中学俄语教育发展还不能满足国家需求，一方面是由于高校本身的培养方式问题，而另一方面也是最重要的方面，即中学俄语教育发展受限，高校专业俄语和大学俄语的生源也因此受到了限制，招生也相应变得非常困难。目前，全国近99%的中学只开设英语，开设俄语的中学寥寥可数。这导致高校俄语专业招收的学生多为俄语零起点学生，也致使高校在培养优秀的专业俄语人才与复合型俄语人才时遇到生源质量问题。中学是为大学输送人才的主要渠道，中俄之间的友好交往也是从青少年开始的。因此，应该把中学俄语教育发展提高到国家语言能力发展战略的高度，并对中学俄语教育规划与布局的现状、中学俄语教育规划与政策进行研究，努力培养优秀的中学俄语人才。中学俄语教育的发展是高校专业俄语和大学俄语发展的根基，也是高校师范俄语专业发展的希望。因此，国家应重视中小学俄语教育布局，使中学俄语教育发展上升到国家语言发展战略的高度。

一、俄语教育发展与国家安全

随着"一带一路"建设和中俄全面战略协作伙伴关系的进一步深化，中俄之间的合作日益密切，俄语成了中俄跨文化交际的重要工具，也是维系中俄之间政治、经济、文化交流的重要纽带，是国家"软实力"的体现。一个国家的安全问题是国家发展的最核心问题。它关系整个国家与民族的兴衰荣辱。因此，国家安全受到了高度重视，国家安全也被看作是国家发展的重点关注对象。世界上的每个国家都有自己的语言。要想保证国家安全，首先要以国家的外语发展为依托。因此，外语教育成了我国教育发展的重中之重。随着近年中俄两国关系发展的日益深化，俄语教育的发展逐渐引起了学者、专家、政府的重视。

目前我国共有140余所高校开设俄语专业，在校学生约2.5万人，开设大学俄语教学的高校120余所，学生约1.4万人。高校的俄语生数量较多，但是符合国家安全发展需要的俄语人才还远远不够，国家安全保障亟需大量高级专业俄语人才与复合型俄语人才。中学是为高校输送人才的主要通道，同时也为高校俄语人才的培养奠定基础，高校的俄语教育发展需要中学俄语教育的支持。因此，应把中学俄语教育发展提高到国家语言能力发展战略的高度。

世界各国间军事、政治、经济、信息等的交往都需要借助语言完成，中俄之间的交往以及维护中俄发展的安全都需要借助俄语或汉语完成[①]。因而，俄语教育的发展是中俄交往协作事业发展的需求。

军事安全常常被认为是最重要的国家安全，但是随着社会的不断发展与进步，只有军事安全已经不能满足国家维护社会安定与团结的需要。而国家安全也不仅仅只包括政治、经济、外交等。如今，每个公民的道德素养、爱国精神、知识水平、语言能力以及受教育程度都影响着国家安全与社会的稳定和谐。与国民语言能力相适应的外语教育对国家安全的重要性成了摆在我们面前，并且需要认真研究的时代课题。国家处于不断发展的阶段，为了满足国家安全需要，应该不断调整教育发展战略。我国尤其要重视外语教育发展战略中的俄语教育发展战略，但我国目前对中学俄语教育发展还不够重视，中学俄语教育的发展规划与俄语教育政策尚需完善。因此，应重视中学俄语教育的发展，以适应不断变化着的国家安全需要。优秀的专业俄语人才和复合型俄语人才是中俄战略协作的安全保障。

在经济全球化趋势的主导下，世界将变成一个统一的市场，任何国家都将面临各种挑战。因此，只有拥有优秀的人才才能进入这场竞争，才能保障国家的安全，而外语人才在竞争中就显得尤为重要。优秀人才的培养是通过良好的教育实现的。竞争的关键是教育，一个国家的经济、政治、外交实力都可以通过教育显示出来。如果在竞争中忽视了对教育的发展，忽视了对外语教育的发展，不仅将失去在世界上的地位，还将失去自主性与国家安全。因此，只有教育不断发展才能不断培养适应新形势的各类优秀人才以及高素质的外语专业人才，才能跟得上全球化发展的脚步，才能保证国家的安全。

---

① 本文专论俄语教育。

美国在2003年提出了"关键语言"战略，这也表明国际上语言这一问题已经在一定程度上被"安全化"了。俄语在美国已经被称为外语战略的"关键语言"，并投入大量教育资金。这足以说明俄语在全世界外语战略发展中的重要性。目前，我国还没有确定有关国家安全语言战略的相应语言，并没有引起从战略的高度对"关键语言"的重视。我国应根据自身国情，并针对我国的国家安全确定"关键外语"。现阶段我国与俄罗斯的关系密切，中俄两国的外交往来频繁，经济合作也日益加强，贸易额预计在2020年前将从2013年的892.1美元（http://news.hexun.com/2014-01-13/161381286.html. 2022-01-28）增长到2000亿美元（《中华人民共和国与俄罗斯联邦关于全面战略协作伙伴关系新阶段的联合声明》http://www.ce.cn/xwzx/gnsz/szyw/201303/23/t20130323_842110_1.shtml. 2022-01-28）。为了保障国家安全，俄语理应被视作国家"关键语言"，俄语教育在我国外语教育中应该占据重要位置。我国东北地区以及内蒙古自治区、新疆维吾尔自治区毗邻俄罗斯，应在这些地区建立俄语的"重点发展区"，以培养优秀的俄语人才，满足保障我国国家安全的需求。

由此看来，俄语教育已经不仅要服务于中俄之间的政治、经济、文化、教育交流，而且对保障国家安全具有重大的意义。但是，目前我国的中学俄语教育严重滞后，会影响俄语教育服务国家安全保障的大业。因此，应重视俄语教育发展战略的制定和实施。

二、我国俄语教育的发展历史

我国俄语教育有着300多年的历史。清朝康熙年间，理藩院于1708年建立了我国历史上第一所俄文学校——俄罗斯文馆。从此，我国开始有了专门培养的俄语翻译人员。之后随着与俄罗斯交往的密切，俄语的使用也越来越广泛，因而俄罗斯文馆于1862年并入了由政府官办的、多语种的外语学校——京师同文馆。随着我国教育的不断发展，京师同文馆在1901年被并入了京师大学堂，又于1903年被改名为京师大学堂的译学馆。京师译学馆的建立使俄语教学目标更加具体，为培养优秀的俄语人才提供了宝贵的经验。这也是我国俄语教育发展的早期阶段。

在西伯利亚大铁路、中东铁路修建完成后，大量的俄罗斯人涌入中国。20世纪初，具有一定师资力量的中东铁路开设了中学与小学俄文学校，为以后的中小学俄语教育发展奠定了基础。为了解决大量涌入中国的俄侨子女的教育问题，俄罗斯人在中国创办了白俄中学（这里所说的白俄并不是指白俄罗斯人，而是指在中国生活的俄裔居民和俄罗斯的东正教支持者）。

在中华人民共和国成立之前，中俄之间的经济、文化、外交等关系有一定的发展，俄语教育得到了一定的发展。中国共产党的早期组织所创办领导的上海外国语学社在1920年就开始了俄语教学活动。20世纪30年代，俄罗斯的部分文学作品就已经出现在我国读者的眼前，作家鲁迅、巴金等让中国人从文学作品中了解了苏联的文化与风俗民情。1941年在延安成立中国人民抗日军政大学第三分校俄文队（后发展为俄文大队）。当时使用的教材是为了适应国内外形势发展而编写的针对性较强的俄文教材。而第一所专门外语学校是在1942年正式成立的延安中央军委俄文学校（1944年改名为延安外国语学校）。该学校明确了当时的俄语人才培养目标，并确定了俄语教学内容，加强了听说读写的实践训练。有了专门的外语学校、正式的俄语专业，为俄语教学的进一步发展和优秀俄语人才的培养奠定了基础，也为之后中小学俄语教育的发展提供了保障。适应革命形势发展的需要，1945年抗日战争胜利后，延安外国语学校师生先后分赴华北、东北解放区，到1949年出现两个分支：一个是北京的外国语学校（北京外国语大学前身之一），另一个是在哈尔滨的外国语学校（黑龙江大学前身）。这两所学校随之也带动了当地的俄语教学，使得俄语教学在各地蓬勃发展起来。

新中国成立之后，俄语成了当时我国发展最急需的语言，俄语教学也因此得到了迅速发展。因此，当时的中国从中学到大学的学校开设俄语课程。我国的俄语教育发展也从此步入正轨。1949年，为了解决当时国家对俄语人才的需求问题，决定成立一所专门培养优秀俄语人才的俄语专修学校。同年10月，附属于中共中央编译局的俄文专修学校就在北京正式成立了，即北京俄文专修学校，也是现在的北京外国语大学前身之一。新中国的外语教育发展拉开了序幕。全国各地开始建立俄文专科学校，综合性大学也开设了俄语系和大学俄语，并将许多优秀俄语人才送到苏联留学深造，因而中学的俄语教学也受到了极大鼓舞，大部分中学都积极开设俄语课程，学生学习俄语的热情与积极性十分高涨。除了学校外，社会上还开办了各种俄语翻译培训班、俄语学习班、俄语速成班等，基本上满足了当时国家对俄语人才的需求。这是我国俄语教育发展的一个高潮。50年代末，受到当时国际政治形势的影响，全国的俄语教育进入萧条阶段。

改革开放之后，随着中苏关系的改善，俄语教育得到恢复，我国的俄语教育得到发展。教育部在1979年印发了《加强外语教育发展的几点意见》（以下简称《意见》）[（79）教高一字027号]。《意见》指出，在我国外语教育中俄语要占有一定的比例，要不间断进行俄语人才的培养，高校俄语专业的培养规模每年可保持在二百至三百人左右。中小学可在少数学校开设俄语课，与苏联接壤的各省、自治区开设的面可适当大一些。例如：黑龙江省、内蒙古自治区、新疆维吾尔自治区等的外语教学应以俄语为发展重点，为高校输送优秀的俄语学习者，也为高校培养优秀的专业俄语人才提供保障。（https://www.pkulaw.com/chl/fb44e7bab7affb45bdfb.html. 2022-01-28）随着国家对俄语教育发展的重视，1981年成立了中国俄语教学研究会（现俄罗斯东欧中亚学会俄语教学研究会）。该学术团体积极号召专业俄语教师和俄语研究者开展学术研究，并在国内外广泛进行俄语学术交流，为我国俄语教育的发展做了不懈努力。中国改革开放后中苏两国俄语界的第一次接触是在1984年，以胡孟浩为团长的中国俄语教学代表团在苏联进行了一系列的学术活动。1985年，中国俄语教学研究会正式加入世界俄罗斯语言文学教师联合会。这就意味着，中国的俄语教学又迈上了一个新台阶。

中俄之间的政治、经济、文化、外交等往来不断深化，尤其是20世纪80年代末到90年代中期，有许多人开始对学习俄语产生兴趣，高校俄语专业的招生人数与校外的俄语兴趣班学生人数逐渐增多，我国的俄语教育进入了短暂的发展高峰期，各高校培养大量的专业俄语人才。在新的形势下，为了满足社会经济发展的需要，又开始探索培养复合型的俄语人才。中国俄语教学注重让学生了解俄罗斯的文学和俄罗斯的文化，为我国的俄语教育事业发展创造了有利的教学环境。2008年中俄双方加大了汉语和俄语在对方国家的进一步推广。自"一带一路"倡议实施以来，中俄两国政府对俄语教育发展更加重视，我国俄语教育的政治、政策环境也得到了进一步改善。

至今为止，新中国俄语教育已走过了70余年，俄语的教育发展经历了高潮期、萎缩期与发展期，总结过去的俄语教学经验和教训对当今的俄语教学具有借鉴作用。目前，全国各高校的专业俄语教育发展形势良好，但是中学俄语教育现状却不容乐观。因此，为了更好地了解我国中学俄语发展的情况，笔者对中学俄语教育现状进行了调查研究。

三、我国中学俄语教育规划与布局现状

（一）我国中学俄语教育布局现状

虽然我国外语教育成就巨大，但是缺乏从国家发展战略层面对中学外语教育，尤其是非英语语种的教育发展做整体规划。缺少中长期的中学俄语教育发展战略规划，对中学俄语在全国的规划与布局宏观设计不足，对中学俄语人才培养数量鲜有宏观调控。为全面了解我国中学俄语教学现状，笔者对我国开设俄语的中学按（除港、澳、台的）省份进行了统计①。具体情况见图表。

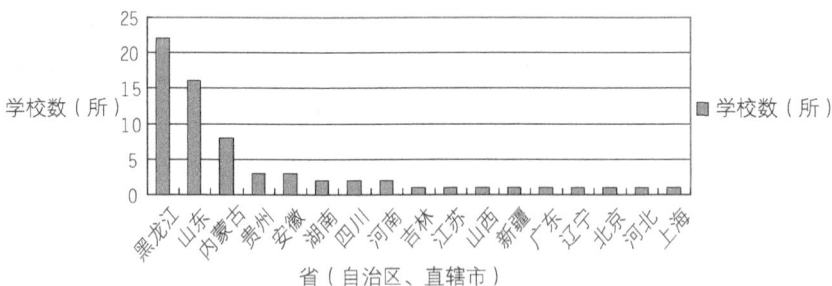

图1　全国各省（自治区、直辖市）开设中学俄语学校分布图

---

① 近几年一些省份出现较多开设俄语教学的民办教育机构，这部分师资和学生数不在本文统计之列。笔者还发现，2018年之后开设俄语的中学数量不断变化。因而，本文数据表尚不能完全反映中学俄语教育最新情况。

表1 全国各省（自治区、直辖市）开设中学俄语的学校分布表

省（自治区、直辖市）	学校数（所）	学校数百分比（%）
黑龙江	22	31
山东	16	22
内蒙古	8	11
贵州	3	4
安徽	3	5
湖南	2	3
四川	2	3
河南	2	3
吉林	1	2
江苏	1	2
山西	1	2
新疆	1	2
广东	1	2
辽宁	1	2
北京	1	2
河北	1	2
上海	1	2

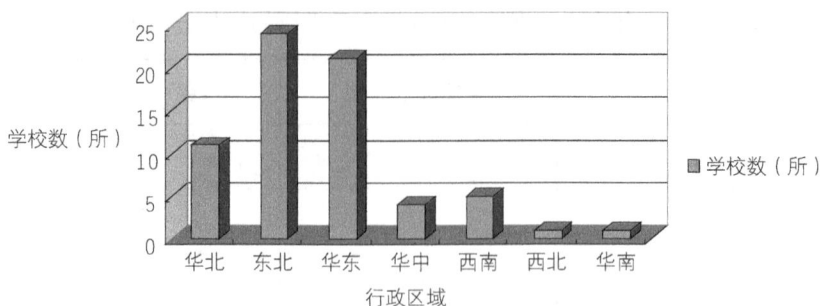

图2　按行政区域划分的开设中学俄语的学校分布图

表2　按地区划分的开设中学俄语学校的分布表

地区	学校数（所）	各地区所占百分比（%）
华北	11	17
东北	24	36
华东	21	30
华中	4	6
西南	5	8
西北	1	2
华南	1	1

　　从以上图表所显示的数据中可以看出，目前全国共有17个省（自治区、直辖市）的67所中学开设俄语。其中，东北地区的黑龙江省、吉林省、辽宁省开设俄语中学较多，占全国的36%。在东北三省中，黑龙江省开设俄语的中学有22所，占全国的32%；吉林省和辽宁省各有1所中学开设俄语，占全国的4%。就地理位置而言，东北地区作为紧邻俄罗斯的地区，在与俄罗斯进行政治、经济、文化、外交方面的交往时需要大量的俄语人才，中学的俄语教学是高校培养优秀俄语人才的基础。但从图表中可以看出，目前东北三省开设俄语中学数量相当不均衡，为在东北地区培养优秀俄语人才并建立"俄语重点发展区"带来了一定的困难。我国与俄

罗斯相邻的省份还有内蒙古自治区，内蒙古自治区开设俄语的中学仅有8所，占全国的11%，这显然不能满足其对俄语人才的需求。内蒙古自治区位于我国的华北地区，整个华北地区开设俄语的中学也只占全国的17%。位于华北地区的北京作为我国的首都，在中学俄语教育及人才培养方面应该有示范作用，开设俄语的中学却只有1所。相对于华北地区，华东地区的中学俄语教育现状较好，共有三个省和一个直辖市开设中学俄语，开设俄语的中学占全国的30%。其中山东省中学俄语教育发展最为突出，共有16所中学开设俄语；安徽省有3所，江苏省1所，上海市只有上海外国语大学附属中学开设俄语。华中地区的湖南省和河南省各有两所中学开设俄语，占全国的6%。位于华南地区的广东省有1所中学开设俄语，占全国1%。西南地区的四川省和贵州省共有5所中学开设俄语，占全国的8%。西北地区只有新疆维吾尔自治区开设中学俄语，占全国的2%。在2013年9月习近平主席提出了共建"丝绸之路经济带"的倡议，而四川省和新疆维吾尔自治区作为"丝绸之路经济带"上的地区，仅有3所中学开设俄语，这显然不能满足我国区域经济一体化和经济全球化的发展需求。

表3 各省、自治区省会城市开设中学俄语的学校分布表

省会城市	个数（所）	百分数（%）	有效百分数（%）	总百分数（%）
是	7	14.9	14.9	14.9
否	40	85.1	85.1	100.0
总数	47	100.0	100.0	

表3显示，在47所开设俄语的中学中只有7所中学位于省会城市，占全国开设俄语中学的14.9%，而省会以外城市开设俄语的中学占到了85.1%。只有黑龙江省哈尔滨市、山东省济南市、吉林省长春市、山西省太原市4个省会城市和新疆维吾尔自治区首府乌鲁木齐市开设中学俄语，其他都是在各省地级市、县或偏远市县开设中学俄语。例如：黑龙江省的黑河市、绥芬河市、同江市、富锦市、饶河县；山东省的聊城市、菏泽

市、济宁市、德州市、成武市、单县、鱼台县;内蒙古的巴彦淖尔市、满洲里市、包头市。此调查数据表明,目前我国中学俄语教育发展与布局不均衡,缺少科学论证和规划。首先,从我国俄语教育发展战略的角度出发,东北三省、内蒙古、新疆开设俄语的中学不足,没有体现"俄语重点发展区"的理念,也远远不能满足社会发展对合格俄语人才的需求;其次,各省、各地区之间发展不平衡,差距较大。85%的省份不开设中学俄语,10%的省份只有1所中学开设俄语,而只有5%的省份有超过3所中学开设俄语;最后,只有5个省区在省会和首府城市的中学开设俄语,起不到较好的示范作用。

根据以上图表显示,目前我国中学俄语教育的规划与布局存在一定问题,各省开设俄语的中学太少,个别省甚至没有中学开设俄语,使得中学俄语教育发展受限,也直接影响高校俄语专业选拔人才以及为国家培养各领域亟需的涉俄人才。因此,应按一定比例增设中学俄语,使开设中学俄语的学校布局趋向合理。

(二)我国中学俄语教师的分布情况

为了进一步描写开设中学俄语的师资情况,笔者对我国中学俄语教师人数的分布状态进行了调查。具体情况详见下列图表。

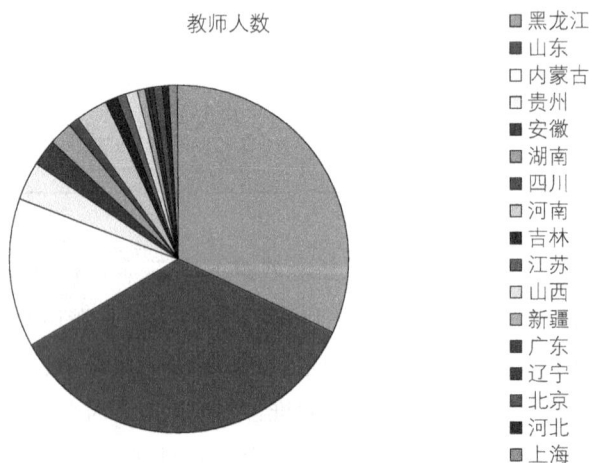

图3　全国各省中学俄语教师分布图

表4 全国各省（自治区、直辖市）中学俄语教师人数分布表

省（自治区、直辖市）	教师人数（人）	教师人数百分比（%）
黑龙江	108	32
山东	118	35
内蒙古	47	14
贵州	12	4
安徽	9	9
湖南	7	7
四川	4	1
河南	10	2.1
吉林	4	1
江苏	3	0.9
山西	4	1
新疆	3	0.9
广东	1	0.2
辽宁	1	0.2
北京	3	0.9
河北	2	0.9
上海	3	0.9

　　从图表中可以看出，山东省中学俄语老师占全国中学俄语教师的绝大多数，达到了35%；其次是黑龙江省，占32%。

　　据调查，全国中学教授俄语的老师共有366人，其中，山东省118人，黑龙江省108人，内蒙古自治区47人，贵州省12人，安徽省9人，湖南省7人，河南省10人，吉林省4人，山西省4人，江苏省3人，新疆维吾尔自治区

3人，四川省4人，广东省1人，辽宁省1人，北京3人，河北2人，上海3人；其他各省的中学俄语教师人数少之又少。

这一数据表明，中学俄语教师人数的比例与开设俄语中学的比例是一致的。中学俄语教师人数从整体来说是非常少的，作为俄语人才培养大省的黑龙江省也只有108位中学俄语教师，而且其中一部分一线教师已逐渐转岗。其中人数最多的是绥芬河市，共有26位中学俄语教师，占黑龙江省中学俄语教师人数的29%；其次是黑河市，共有19人，占黑龙江省中学俄语教师人数的19%；哈尔滨作为省会城市，中学俄语教师仅有13人，占黑龙江省中学俄语教师的14%，而具有悠久俄语教学历史的饶河市、同江市、富锦市的中学俄语教师人数占黑龙江省中学俄语教师人数比例都不足10%。因此，就黑龙江省而言，边境城市的中学俄语教师数量相对较多，而其他地区，包括省会城市哈尔滨在内的中学俄语教师数量较少。山东省的中学俄语教师人数最多，其中单县的中学俄语教师共有38人，占山东省的35%；其次是聊城市的中学俄语教师共有26人，占山东省的24%；菏泽市共有14位中学俄语教师，占山东省的13%；济宁市共有11人，占山东省的10%，其他各市、县的中学俄语教师人数在山东省的比例都不足10%。山东省单县作为山东省中学俄语教育发展较好的地区，在山东省起到了模范带头作用。我国的首都北京与经济发达城市上海也仅仅各有3名中学俄语教师。其他各省、自治区（湖南省、吉林省、四川省、江苏省、山西省、新疆维吾尔自治区）的中学俄语教师人数总和占全国的31%。

由此看出，我国中学俄语师资严重缺乏，除黑龙江省、山东省外，其他各省市的中学俄语教师数量都很少。教师是中学俄语教育发展的灵魂，在整个教学过程中起着非常重要的作用。因此，中学俄语教师数量的不足将影响我国中学俄语教育的发展。

（三）我国中学俄语学习者的分布现状

为了如实描写我国中学俄语教学发展全貌，笔者调查了各省（自治区、直辖市）中学俄语学习者的分布。具体情况见下图和表：

学生人数（人）

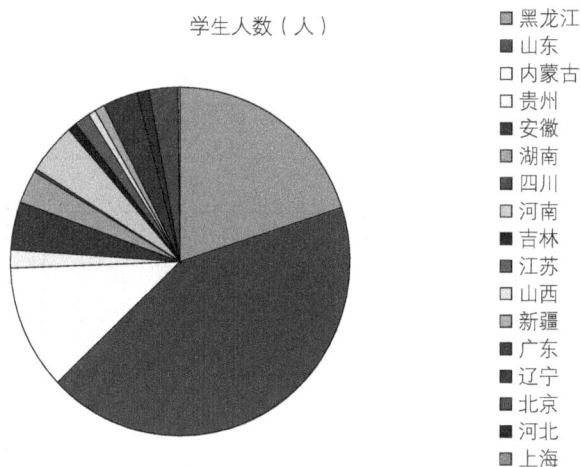

图例：
- 黑龙江
- 山东
- 内蒙古
- 贵州
- 安徽
- 湖南
- 四川
- 河南
- 吉林
- 江苏
- 山西
- 新疆
- 广东
- 辽宁
- 北京
- 河北
- 上海

图4 各省（自治区、直辖市）中学俄语学习者分布图

表5 各省（自治区、直辖市）中学俄语学习者分布比例表

省（自治区、直辖市）	学生人数（人）	学生数百分比（%）
黑龙江	4610	20
山东	9790	42
内蒙古	2696	12
贵州	360	2
安徽	1068	5
湖南	700	3
四川	40	0.1
河南	1100	5
吉林	200	0.8
江苏	300	1
山西	200	1
新疆	180	0.8

省（自治区、直辖市）	学生人数（人）	学生数百分比（%）
广东	750	3
辽宁	280	1
北京	600	3
河北	50	0.2
上海	40	0.1

　　根据图4和表5显示，山东省的中学俄语学习者占大多数，其次是黑龙江省和内蒙古自治区。目前，全国中学俄语学习者共22 964人。其中，山东省共有9790人，占全国的42%；黑龙江省共有4610人，占全国的20%；安徽省有1068人，占全国的5%；内蒙古自治区有2696人，占全国的12%；河南省有1100人，占全国的5%；北京市有600人，占全国的3%；湖南省有700人，占全国的3%；广东省有750人，占全国的3%；辽宁省有280人，占全国的1%；贵州省有360人，占全国的2%；江苏省有300人，占全国的1.9%；山西省有200人，占全国的1%；江苏省有300人，占全国的1%；四川省、吉林省、新疆维吾尔自治区、河北省、上海市的学生人数均不到全国的1%。这一数据表明，我国北方地区的中学俄语学习者人数较多，占全国的94%，而南方地区的中学俄语学习者只占全国的6%。这是由于北方地区拥有良好的地理优势，学生对俄语有一定的了解，社会发展对俄语人才需求较多，这也激发了学习者俄语学习的兴趣，进而促进了中学俄语教育发展。近几年，山东省的中学俄语教育发展较快，生源充足，仅单县的中学俄语学习者就占全省的48.5%之多；聊城市的中学俄语学习者占全省的23%，德州市的中学俄语学习者占全省的8%，菏泽市的中学俄语学习者占全省的7.5%，济宁市的中学俄语学习者占全省的7%，成武县的中学俄语学习者占全省的6%。作为俄语大省的黑龙江省中学俄语学习者只有不到5000人，其中哈尔滨市的中学俄语学习者占全省的24%，绥芬河市的中学俄语学习者占全省的20%，庆安县的中学俄语学

习者占全省的16%，黑河市的中学俄语学习者占全省的13%，宾县和富裕县的中学俄语学习者各占全省的7%，同江市的中学俄语学习者占全省的4%，富锦市的中学俄语学习者占全省的2%。由此可见，黑龙江省的中学俄语学习者总量不多，且没有合理布局，这对黑龙江省中学俄语教育的发展造成较大影响。

以上图表表明，目前我国中学俄语学生的数量较少，个别省（自治区、直辖市）的中学只有几十人，不能满足国家对俄语人才的需求。丝绸之路经济带建设、中蒙俄经济走廊建设亟需大量俄语人才，而中学俄语教育是人才培养的摇篮。调查发现，中学学习俄语的学生数量近年来虽有较大幅度增加，教师人数却变化不大。下面以黑龙江省的中学俄语教育发展为例。

表6　黑龙江省2005年和2014年中学俄语教师人数和中学俄语学习者人数

人数 ＼ 年份	2005年	2014年
教师人数（人）	109	108
学生人数（人）	3818	4610

表6调查数据显示，2005年黑龙江省的中学俄语教师人数109人，2014年只有108人；2005年中学俄语学习者为3818人，2014年增加至4610人。在不到10年期间，黑龙江省的中学俄语教师人数有所减少，中学俄语学习者数量增长缓慢。高校俄语专业的生源几乎均为俄语零起点学生，与这不无关系。有基础的俄语生比例很小，这也为高校专业俄语与大学俄语的教学带来了极大的困难，使得高校原本可以用于进行俄语实践教育的时间和精力只能用在对学生俄语语言知识的教学和训练上，学生重点学习语音、语法、词汇等，忽视了实践能力的学习，而且大学阶段想要在短时间内培养学生对俄语的兴趣也有一定的难度。这在很大程度上影响和制约了高校培养高级俄语专门人才的效率，导致俄语的实用人才减少，学生的实践能力普遍较差。其次，这也不利于复合型俄语人才的培养，高校

除外语专业外的其他各专业学生的外语基本都是英语，所培养的人才之中外语是俄语的各类专业人才少之又少，这也制约了中俄在各个领域的合作。

因此，即使目前俄语人才市场需求大，但毕业生的质量也满足不了俄语人才市场需求，这也导致了俄语教育发展的隐性危机，中学的俄语生源断代，高级俄语专门人才出现匮乏等。刘利民在光明日报发表的《以中俄"语言年"为契机推动我国俄语人才培养上新台阶》一文中指出，我国的俄语教育发展存在一定的缺陷，缺少小学俄语教育与中学俄语教育，这就导致我国的俄语教育发展缺乏连续性。（刘利民2009-03-24）

（四）中学俄语教师访谈录

为了更加全面、清楚地了解我国中学俄语教育现状以及存在的问题，我们对一线的中学俄语教师及校长进行了访谈，以下是部分访谈笔录。

笔者：目前中学俄语教育发展存在的最大障碍是什么？

李老师：高考报志愿俄语学生受到限制。大部分高校不开设大学俄语课程，结果俄语生（入学后）只能和英语生一起学习英语，但基础不同，学习效果可想而知；或者一些高校开设俄语，入学后俄语生需要从零开始学习俄语，这就打击了俄语学生的积极性。

牛老师：地市教育行政部门不够重视，光靠学校自身能力发展中学俄语教学比较困难。

刘老师：现在中学招收俄语生比较困难，大部分家长都不希望子女在中学学习俄语。即使有些家长为孩子选择学习俄语，也多半由于学生初中英语学得不好，为了应对高考只能（高中时）选择学习俄语。因此，俄语生的生源质量较差，培养较为困难。

王老师：目前中学俄语教材内容安排存在一定问题，内容太多太难，老师教不完，学生更学不会，使得俄语生没有学习兴趣。而且配套练习册与模拟试卷也十分缺乏，只能由任课老师自己编写，学生无法及时练习和巩固（所学内容）。

笔者问：您对中学俄语教育的发展有哪些建议？

李老师：希望教育主管部门重视中学俄语教育的发展，适当给予政策倾斜；高校在招生时能不限制外语语种，个别高校如黑龙江大学、哈尔滨工业大学、北京外国语大学，能提前进行俄语生的自主招生。

牛老师：对中学俄语教师进行系统培训，并组织老师交流、学习或出国进修，提高专业素质。

王老师：希望编写内容更加科学合理的中学俄语教材，并配有相应的练习册、试题库和教师参考用书。

笔者问：您认为现行《义务教育俄语课程标准》（以下简称《课标》2011年版）适合俄语教学的现状吗？

李老师：现在的《课标》2011年版虽然符合俄语的教学特点，但是对中学生的要求过高，学生根本达不到所要求的目标。

牛老师：现在的《课标》2011年版比较适合大城市、好学校的俄语教育现状。对于农村中学俄语教育来说，《课标》2011年版定位过高，实施起来比较困难。

刘老师：《课标》2011年版中的目标定位准确，但是描写不够具体，指导性不强，而且过于理想化，不太符合教学实际。

根据对几位中学一线资深俄语教师的采访，我们了解到目前中学俄语教育发展存在诸多问题，如缺少教育行政部门支持，俄语生源较差，教学资源欠缺，教师业务素质需要提高，高校招生对俄语语种限制。同时，老师们也提出了相应的建议，如政府给予政策扶持，编写新的中学俄语教材与配套练习册，给中学俄语老师提供培训、学习机会，部分高校提前自主招生。受访教师对我国现行《义务教育俄语课程标准》（2011年版）也提出了自己的看法。我们应该重视中学老师提出的实际问题，认真研讨并予以解决，积极发展中学俄语教育，培养优秀的中学俄语毕业生，为高校培养专业俄语人才和复合型俄语人才奠定基础。

四、制定中学俄语教育发展战略和规划

（一）把俄语确立为"关键外语"

在我国的外语教育规划制定中，语种的选择是非常重要的。我国"关键外语"的确立，应符合国家政治、经济、文化、教育等发展需求。"关键外语"是在国际上关乎整个国家的外交通畅、政治稳定、信息安全、经济发展、文化交流、教育合作等重要领域的外国语。2006年1月5日美国又

推出了"关键语言"倡议计划,这也证明"关键语言"的重要性。而对中国来说,随着中俄战略协作伙伴关系的不断深入发展,俄语的地位也应不断上升,应从国家安全出发把俄语作为中国的"关键外语"。

2015年1月17—19日在哈尔滨师范大学召开了"中国俄语教育发展战略研究高层论坛",参加本次论坛的专家与学者对我国的俄语教育发展战略进行了深刻的阐述与热烈的讨论。时任教育部副部长、中国俄罗斯东欧中亚学会俄语教学研究会会长刘利民(2015)在致词中指出:目前,我国的俄语教学存在覆盖面小、连续性不够、模式单一等问题。他提出,我们应立足长远,并且注重俄罗斯文化、国情的学习,确立俄语为"关键外语",为政府决策提供专业支持;深化培养模式的改革,提高人才培养质量,做到小学—中学—大学的上下贯通、有机协调;完善交流机制,加强国际合作,吸收国外先进的教育理念和方法,达到国家战略与人才培养的有机统一。他还对我国现阶段的俄语教学提出了意见与建议。(参见本书3-4页)这使我们对将来的俄语教育发展有了新的目标。因此,我们需要重视中学俄语教育的发展,使俄语逐渐成为国家发展战略和语言能力培养中的"关键外语"。

为此,国家应从宏观上制定中长期的俄语语言发展战略,不仅要重视高校俄语人才的培养,而且应把中学俄语教育发展也纳入这一战略中。

(二)建立"小学—中学—大学一条龙"俄语教育体系

2003年为了培养合格的跨世纪英语人才,根据教育部新世纪高等教育教学改革工程清华大学"大、中、小学一条龙英语教学管理模式研究"实验项目(教高〔2000〕14号)的实施要求,清华大学外语系就成立了"英语教学实现大、中、小学一条龙的培养"课题研究小组,并通过与其他中学、出版社的合作成立了"清华大学大、中、小学英语教学一条龙"实验项目组。"英语教学一条龙"的改革取得了显著成绩,我国现阶段的国民英语水平普遍得到了提高。因此,"一条龙"的外语教学模式值得借鉴。

随着中俄关系的不断深入发展,我国目前的俄语教学现状还远远不能满足社会对各类俄语人才的需求。俄语人才的培养主要是通过学校教育得以实现。因此,要想培养优秀的俄语人才,需要我们从源头抓起,重视中小学的俄语教学。目前我国开设俄语的中小学较少,高校招收的多为零基础俄语生，即使招收了个别有基础的俄语学生，也会和非俄语生一起从零起点开始进行俄语教学，致使俄语生将大量时间用于基础俄语学习，对于俄语专业的学生来说，就影响了专业课的学习，而对俄语专业学生而言，则俄语实践的机会就减少了，不利于高层次俄语人才培养。这不仅仅挫伤了俄语生学习俄语的积极性，也束缚了俄语教育的整体发展。目前，我国各地区开设俄语的中学与高校的区域分布比例不均衡，且开设俄语的中学数量较少，地区分布也不够合理，不能满足高校对中学俄语人才的需求。

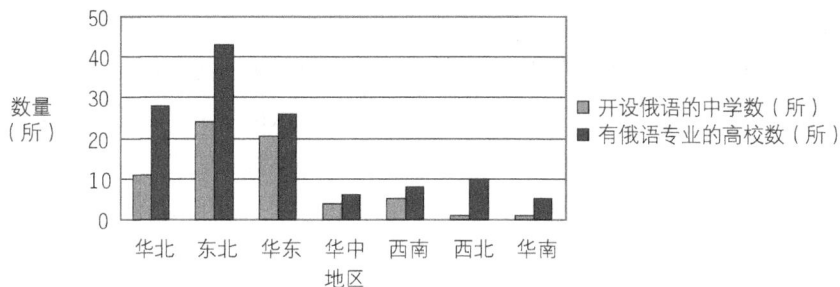

图5　开设俄语的中学和高校在各地区的分布对比图

表7　开设俄语的中学和高校在各地区的分布对比表

地区	开设俄语的中学数（所）	开设俄语专业的高校数（所）
华北	11	28
东北	24	43
华东	21	26
华中	4	6
西南	5	8
西北	1	10
华南	1	5

图表表明，目前我国各地区均有开设俄语的中学，但是各地区开设俄语的中学数量与开设俄语专业的高校数量比例相差较大。如果该地区内中学俄语教育发展较好，那么相应的高校俄语教育发展水平也比较高。相反，若没有中学为高校做生源支撑，那么高校的俄语专业教育也相对受限。我国东北地区开设俄语的中学与高校的数量在全国居首位。因此，东北地区的俄语教育基础相对较好。而我国的华中、西南、西北、华南地区的中学俄语教育发展不完善，这些地区有俄语专业的高校数量也不多。因此，基础教育阶段的俄语教育发展关系到高校优秀俄语人才的培养。

教育部应加大对俄语基础教育的扶持力度，制定中小学俄语教学目标、教学大纲，做到小学、中学、大学俄语教育一条龙，并使其具有系统性和科学性，把俄语的基础教育与高等教育连贯起来，使各阶段的俄语教学既有阶段性又有连贯性，做到从宏观上对各个俄语教学学段进行统筹规划。部分学校应从小学就开始开设俄语课，在小学阶段主要是学习简单、基础的俄语知识、俄罗斯文化、俄语歌曲，在课堂上运用多媒体设备为小学生展示俄罗斯文化等，培养学生对俄罗斯文化的认知，从而产生学习俄语的兴趣。中学（初中和高中）的俄语教学应重视俄语基础知识的学习和语言能力的培养，遵循新《课标》（2017年版）精神培养学生俄语核心素养，为大学进一步学习俄语奠定良好的基础。在GUS联盟框架内师范类大学可在俄语教育基础较好的中学设立俄语教育示范学校，在教育实习、教学研究、教师培训等方面协同创新、共同发展。在开设中学俄语的地区，小学可相应开设俄语作为第二外语，保证中小学俄语教育发展的良好衔接，推动中学俄语教育发展。

（三）建立"俄语重点发展区"

我国黑龙江省和吉林省、内蒙古自治区和新疆维吾尔自治区具有与俄罗斯接壤的地域优势，也有俄语教学传统，更是涉及国家安全，中俄政治、经济、文化、教育交流急需俄语人才的地区。因此，国家、省、市教育行政部门可出台一些相关的俄语教育政策，在黑龙江省和吉林省（乃至辽宁省）、内蒙古自治区和新疆维吾尔自治区等地建立"俄语重点发展区"。教育部门的俄语教育政策应具有很强的导向性，而广泛的宣传也可使社会对基础教育阶段俄语教育目的多一些理解和认识。对此，刘利民在《以中俄"语言年"为契机推动我国俄语人才培养上新台阶》一文中曾明确提出，将东北三省建成我国"俄语重点发展区"，根据各院校的实际情况确定发展俄语的重点学校，把东北三省建设成为一个布局合理，发展科学的"俄语重点发展区"。更重要的是达到以点带面的作用，把俄语教育的发展辐射到全国各地。（刘利民2009-03-24）赵秋野在《中学俄语教学改革：现状及对策》一文中提出，"俄语的发展应从东北三省入手，利用其俄语人才培养和地域优势，在东北地区重点发展俄语教学"。（赵秋野2012：92）但是，目前我国东北三省的中学俄语教育发展缓慢，甚至衰减，开设俄语的中学较多的省份也只有黑龙江省。

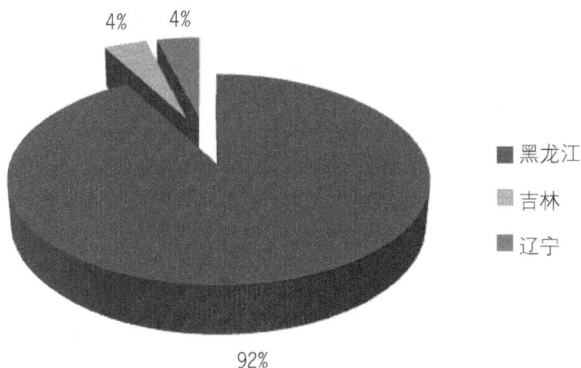

图6　东北三省开设俄语的中学的比例图

据图6数据显示，东北三省的中学俄语教育发展很不均衡，黑龙江省开设俄语的中学占东北三省的92%，而吉林省和辽宁省各占4%。因此，在关注黑龙江省中学俄语教育发展的同时，也要重视吉林省和辽宁省的中学俄语教育发展。闫秋菊（2011：14）也指出，"在我国的东北地区，俄语应当除了被看作是一种特殊的战略工具，更是外交、国防、文化、经贸以及对外司法等安全的重要基础之一"。因而，应该有计划地、科学地在黑龙江省、吉林省、辽宁省、内蒙古自治区和新疆维吾尔自治区的部分中学恢复或开设俄语课程，整合并提高中学俄语的师资力量，优化中学俄语的教学效率，为东北地区、内蒙古自治区和新疆维吾尔自治区建立俄语重点发展区奠定基础。

（四）建立"俄语主要发展区"

黑龙江省具有特殊的地缘优势和俄语人才培养的悠久历史。因而，应把黑龙江作为"俄语主要发展区"，在黑龙江省加大中学俄语教学的开设力度和覆盖面，可先从省会城市哈尔滨的部分省、市级重点中学俄语实验班或国际班开始，带动齐齐哈尔、大庆、牡丹江、佳木斯市，再以点带面，推动边境地区，然后逐渐辐射到东北三省和内蒙古、新疆等地，并把中学俄语教学上升到国家语言发展战略高度。目前黑龙江省的中学俄语教育布局尚不够合理，具体情况见图7和表8。

黑龙江省开设俄语的中学分布图

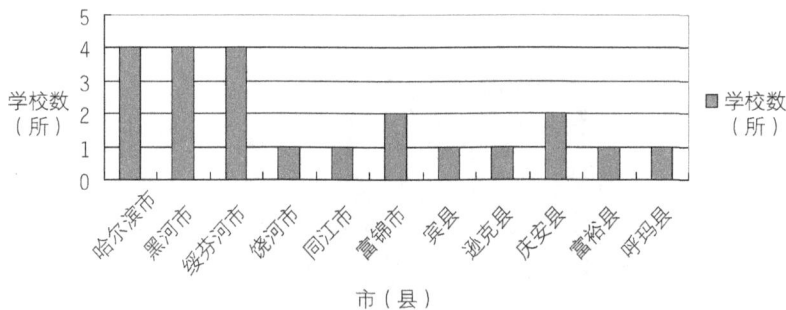

图7　黑龙江省开设俄语的中学分布图

表8　黑龙江省开设俄语的中学、俄语教师和俄语学生的分布表

黑龙江省开设中学俄语的市县	学校数（所）	教师人数（人）	学生人数（人）
哈尔滨市	4	13	1042
黑河市	4	19	600
绥芬河市	4	26	900
饶河市	1	3	100
同江市	1	6	200
富锦市	2	6	90

黑龙江省开设中学 俄语的市县	学校数（所）	教师人数（人）	学生人数（人）
宾县	1	6	300
逊克县	1	2	60
庆安县	2	6	730
富裕县	1	2	300
呼玛县	1	1	180

目前黑龙江省共有22所中学开设俄语，但是作为黑龙江省的省会城市哈尔滨市[①]只有6所中学开设俄语，其中3所中学近几年才开设俄语课程，只有一所中学（嵩山中学）开设初中俄语课程的时间较长。在2007年经哈尔滨市教育局批准，嵩山中学成了哈尔滨市第一所公办俄语学校，此后一直坚持开设初中俄语。黑河市的中学俄语教育发展状况也比较好。黑河市第一中学采取"六特色"方略：发展俄语特色学科、搞好俄语特色教学、培养俄语特色名师、打造俄语特色品牌、创办俄语特色学校、培养高素质俄语特色人才。黑河市第一中学把发展中学俄语教育放在了人才培养的首位，在2003年被命名为"黑龙江省俄语学科基地"。但是，近年来黑河市的中学俄语教学也开始出现萎缩的现象，见表9。

表9　1997—2014年黑河市参加高考的俄语生人数和所占比例

年份	参加高考 总人数	俄语生参加 高考人数	比例%	年份	参加高考 总人数	俄语生参加 高考人数	比例%
1997	325	241	74.2	1999	166	122	73.5
1998	333	242	72.7	2000	283	208	73.5

---

① 在笔者先前调查统计并绘制图7表8之后，黑龙江省会城市哈尔滨市近几年增加近10所中学开设俄语，截至2021年哈尔滨市开设俄语的初中、高中共有19所，增幅很大。

年份	参加高考总人数	俄语生参加高考人数	比例%	年份	参加高考总人数	俄语生参加高考人数	比例%
2001	577	260	45.1	2008	678	121	17.8
2002	558	239	42.8	2009	760	151	19.9
2003	500	93	18.6	2010	709	119	16.8
2004	461	115	24.9	2011	792	137	17.3
2005	573	99	17.3	2012	712	110	18.3
2006	584	98	17.8	2013	886	153	17.3
2007	607	59	9.7	2014	891	157	17.6

据表9显示，2001年黑河市参加高考的俄语生人数最多，达到260人，占黑河市参加高考人数的45.1%。而2007年参加高考的俄语生人数只有59人，只占黑河市参加高考人数的9.7%。这一数据表明，从1997年到2007年十年间黑河市的中学俄语教育呈不断萎缩的状态，参加高考的俄语生人数总体呈下降趋势。从2007年到2014年参加高考的俄语生人数有所增加。

目前黑龙江省开设俄语的中学遇到了招不到学生，并且升学率下降的问题。因此，开设俄语的中学逐渐减少，黑龙江省的中学俄语教育发展受到了限制，为建立"俄语主要发展区"带来了一定困难。因此，教育行政部门应合理地、科学地规划黑龙江省的中学俄语教育。作为俄语人才培养的大省，黑龙江省应积极主动地发展中学俄语教育，为高校提供优秀的俄语人才，也为建立黑龙江省"俄语主要发展区"做出贡献。

五、完善中学俄语教育政策

（一）创建中学俄语人才培养的多元模式

21世纪，世界范围内的外语教育呈现多元化趋势，各国优秀的外语人才不仅掌握一门语言，而且精通多门外语，世界外语人才培养也创立了多种模式，各个大学都开设多国语言的课程，培养各方面的外语人才。故我国中学俄语教学也可根据区域特点，考虑各地中学俄语教学基础和传统，本着服务地方经济发展、全面提升学习者人文素养和拓宽国际视野的目的，在这些"俄语重点发展区"采用不同质的中学俄语人才培养模式。例如：可在部分高中或者初中开设俄语课程；可以把俄语作为第一外语，也可作为第二外语，在教学的过程中可以是英语+俄语，也可以是俄语+斯拉夫语系其他语种，如俄语+波兰语、俄语+塞尔维亚语，提高中学生学习外语的基本技能；中俄边境地区，如黑龙江省的黑河市、绥芬河市、同江市以及内蒙古自治区东北部有条件的小学也可试点开设小学俄语，或开设二外俄语；尤其鼓励中小学开设俄语校本课程。可以从市、县重点中学先开始试点，在实践中摸索、积累经验，为其他中小学起到示范带头作用，同时引导家长与学生了解学习俄语的重要性。

（二）适当调整俄语高考政策

据调查，2012年之前参加高考的俄语生俄语成绩一般都能达到130—140分左右，而英语生则多数在100分左右，30分左右的差距使俄语生在高考中占有一定优势，为参加高考的俄语考生增添了学习俄语的信心，并且也为学生和家长带来了实际的好处。因此，一部分中学生在初中和高中选择外语时会放弃英语而选择俄语。但是，近几年，高考俄语考生的这一优势不存在了，就使得学生和家长失去了学习俄语的积极性，从而选择英语作为外语，导致中学俄语学生数量严重萎缩。黑龙江省曾经出台过一些政策以支持中学俄语教育的发展。例如：黑龙江省招生考试办公室在2007年高考之前出台了一项针对中学俄语毕业生的优惠政策，即"参加高考俄语语种的考生，在报考省属院校时降低20分的投档线"。对于中考俄语生，黑龙江省的个别地区也出台了一些政策，如哈尔滨市教育局在中考的招生方面给俄语考生开绿灯，允许初中毕业生跨区报考市重点。但是，2013年黑龙江省教育厅把之前在报志愿时给俄语生加的20分减为10分，并且只有报考省内高校才能享受加分政策的支持。黑龙江省的俄语考生在填报志愿时，只能在报考省内的高校，如黑龙江大学、哈尔滨工业大学、哈尔滨师范大学等高校时才能加10分，如果想报考北京外国语大学、北京第二外国语学院、上海外国语大学等其他省（直辖市、自治区）的高校则不给予加分。这使俄语考生在选择学校方面受限，不能报考自己心仪的学校。因此，教育行政部门在出台给俄语考生的加分政策时不应有地域的限制，以彰显给俄语考生加分的意义，应根据实际情况，适当地降低考生的调档分数线，扩大高校对俄语考生的招生数量，拓宽俄语考生填报志愿的选择空间。

（三）高校录取时不应限制俄语语种

对于俄语考生来说，高考后填报志愿成了一大难题。在高考招生计划书中有很多高校都明确标注"只招收英语考生"，这在一定程度上限制了俄语考生的报考范围。许多中学俄语教师在访谈时也提到，中学俄语教育发展缓慢的部分原因是许多高校在招录时对俄语考生有所限制。有的高校虽然在招生简章上没有明确写出有语种限制，但当有学生打电话询问是否开设俄语课或是否招收俄语生时，一般是这样回答的，"我们学校不开设俄语课程，如果你被录取就只能和其他英语生一起上英语课"或"我们学校开不开俄语课要看招到的俄语生数量而定"或"你的总分没有问题，但是外语是俄语不行，招生时要看情况"或直接答道"我们学校没有俄语老师"。只有少数开设俄语专业和有俄语老师的高校会给予肯定的回答。这种情况在很大程度上打击了俄语生的自信心，并致使他们产生后悔学俄语的情绪。但即使是开设俄语课程的高校，在俄语生进入学校后也要和英语生一起从零基础学起，从俄语字母开始学起。因此，中学俄语教师不得不在高考过后引导俄语生尽快到社会上的英语兴趣班学习英语，这样俄语生就不至于在大学期间的外语学习跟不上其他同学的学习进度。这样的结果也是中学俄语教师、学生及家长不愿意看到的。升学时语种的限制将中学俄语毕业生拒之门外，在很大程度上挫伤了学生学习俄语的积极性。这就导致高校教师在俄语教学中并没有发现有俄语基础的学生学习多么优秀，而那些从零基础开始学习俄语的学生对学习俄语更加有兴趣，而且也更加努力。

因此，教育行政部门应考虑出台政策，建议高校录取时不要限制俄语语种，要为进入高校的俄语生开设俄语课。在俄语专业的分班中，要充分考虑非零起点俄语生的需求，可以在入学时对中学学过俄语的学生进行俄语水平测试，根据他们的俄语水平进行分班，以此提高教学效率。对不同类学生制定不同的培养计划、采用不同的教学手段、教授不同的内容，这样有利于高校培养各类高素质俄语人才。

（四）扩大提前自主招生的高校数量

在2008—2010年间，黑龙江大学、哈尔滨工业大学、北京外国语大学、北京第二外国语学院、上海外国语大学等高校曾在每年的3月份对高三的俄语学生进行提前自主招生。这样的方式就为中学俄语生提供了比英语生多的高考机会，并且中学的升学率也会随之增加。就以黑龙江省黑河市第一中学为例，自这一政策实行以来，各高校通过这一渠道连续在黑河市第一中学招收40余名俄语生，学俄语的学生人数也因此有所增加。但是，自2011年起，这一政策被取消了，这使本来充满希望的中学俄语生学习积极性受挫。

由此看出，恢复这一政策还是很有必要的，而且应该增加提前自主招生学校，尤其是专门的外语类院校、师范类院校、985院校、211院校等，可以由各中学推选一定数量的优秀俄语毕业生参加考试，再由高校在其中选拔出适合自己院校的学生，这同时也解决了高校优秀俄语生源不足的问题。高校招收有基础的俄语生，一方面使得高校教师在俄语教学中省去教字母、语法等基础知识的教学时间，可以直接进行语言能力培养，以确保高质量完成高级专业俄语人才的培养任务；另一方面也有利于其他类院校培养优秀的复合型俄语人才。师范类高等院校招收非零起点的俄语生可以在培养俄语语言能力的同时学习教育心理学和教育学等其他相关模块课程，可以为培养卓越俄语教师打下基础。

结语

各个国家间的交往需要以外语作为支撑，我国政治、经济、外交、文化的发展也离不开外语。随着中俄关系的进一步深化，俄语教育发展的重要性逐渐显现出来，对俄语人才的需求也日益增加，而中学俄语教育的发展是我国俄语教育发展的基础。目前我国中学俄语教育发展缓慢，开设俄语课程的中学数量较少、师资力量薄弱、中学俄语生源受限等成为亟待解决的问题。因此，合理制定中学俄语教育发展战略、调整俄语人才培养目标十分必要，并且迫在眉睫。在构建我国国家语言战略、外语发展战略中，应给予俄语以"关键地位"，并积极确定"俄语重点发展区"与"俄语主要发展区"，努力构建"大、中、小学一条龙"的俄语教育体系。科学合理地制定中学俄语教育政策与中学俄语教育发展规划，做到中学俄语教育与国家外语教育发展战略目标的一致，实现俄语人才培养市场调节与宏观调控相互作用下的动态平衡，扶持并发展中学俄语教学，以应对全球竞争和国家安全的需要。

参考文献

[1] 刘利民. 以中俄"语言年"为契机推动我国俄语人才培养上新台阶 [N]. 光明日报，2009-03-24.

[2] 赵秋野. 中学俄语教学改革：现状及对策 [J]. 中国俄语教学，2012（2）.

[3] 闫秋菊. 试论俄语在中国国家语言战略中的地位和作用 [J]. 中国俄语教学，2011（3）.

中编

教学篇

外语类专业课程思政的探索与实践

上海外国语大学　许　宏

引言

　　高等学校的根本任务是立德树人，对大学生进行核心价值观引导工作的主阵地不仅仅是思想政治理论课，也应该包括专业课教学的课堂，且要贯穿于专业课程教学的全过程。外语类专业课程思政要突出专业自身的特色，通过挖掘课程的教学内容和蕴含的价值元素，帮助学生实现知识、能力与素质的协调统一。

一、课程思政的理论和实践

　　党的十八大报告明确提出，把立德树人作为教育的根本任务，培养德智体美全面发展的社会主义建设者和接班人。2017年12月教育部党组发布了《高校思想政治工作质量提升工程实施纲要》，详细规划了课程、科研、实践、文化、网络、心理、管理、服务、资助、组织等"十大育人"体系的实施内容、载体、路径和方法。其中，第一点关于课程育人质量提升体系中，首次明确提出，"大力推动以'课程思政'为目标的课堂教学改革，优化课程设置，修订专业教材，完善教学设计，加强教学管理，梳理各门专业课程所蕴含的思想政治教育元素和所承载的思想政治教育功能，融入课堂教学各环节，实现思想政治教育与知识体系教育的有机统一"。（https://www.sohu.com/a/208896372_99943296. 2022-03-15）2018年6月时任教育部部长陈宝生在"新时代全国高等学校本科教育工作会议"上的讲话中指出，"特别强调一下课程思政、专业思政的问题。2018年高校师生思想政治状况滚动调查结果显示，对大学生思想言行和成长影响最大的第一因素是专业课教师。加强课程思政、专业思政十分重要，要提升到中国特色高等教育制度层面来认识"。（https://www.sohu.com/a/249918505_678496?qq-pf-to=pcqq.c2c. 2022-03-15）同年10月，教育部发布《关于加快建设高水平本科教育全面提高人才培养能力的意见》（新时代高教40条），明确指出"把思想政治教育贯穿高水平本科教育全过程""强化课程思政和专业思政。在构建全员、全过程、全方位'三全育人'大格局过程中，着力推动高校全面加强课程思政建设"。（http://www.moe.gov.cn/srcsite/A08/s7056/201810/t20181017_351887.html. 2022-03-15）2020年5月教育部出台《高等学校课程思政建设指导纲要》。这是教育部出的关于课程思政建设比较全面的指导性文件。它对课程思政教学体系、教材建设、教师队伍、分类指导等都提出了详细的要求。（http://www.moe.gov.cn/srcsite/A08/s7056/202006/t20200603_462437.html. 2022-03-15）2021年6月教育部召开课程思政建设工作推进会。在这次会议上，教育部副部长钟登华做了专门的讲话。他特别强调要以高度的责任感和使命感，以更加务实的态度，以更加有效的措施，全面推进课程思政高质量建设。（http://www.moe.gov.cn/jyb_xwfb/gzdt_gzdt/moe_1485/202106/t20210610_537324.html. 2022-03-15）2021年12月教育部高等教育司关于深入推进高校课程思政建设的通知（教高司函〔2021〕19号），进一步明确课程思政建设的内涵、内容要求、方法要求、工作要求。

教育部的系列文件及重要指示和论述为高校构建中国特色社会主义大学课程体系指明了方向，为课程思政的建设提供了可遵循的章法。由此我们也认识到，课程思政是落实立德树人根本任务的战略举措，课程思政是把思想政治工作体系贯穿人才培养体系的基本载体，课程思政是健全三全育人体制机制的重要抓手。

二、课程思政的内涵

首先我们需要弄清"思政课程"和"课程思政"的区别。"思政课程"也就是高校开设的思想政治理论课，这里的"思政"，突出理论导向，必须完整准确地讲授理论体系的学理基础、概念内涵、文本系统、实践要求等核心要素。而所谓"课程思政"，简而言之，就是高校的所有课程都要发挥思想政治教育作用。"课程思政"是落实"把思想政治工作贯穿教育教学全过程""使各类课程与思想政治理论课同向同行，形成协同效应"的重要体现。这里的"思政"，突出价值导向，是将社会主义核心价值观的基本内容转化为爱国情怀、法治意识、社会责任、文化自信、人文关怀等价值情感和理想信念，将每个学科每个专业人才培养方案中所说的"高素质""健全人格"等抽象概念细化为具体的教学内容，从而在教育理念层面实现科学精神与人文精神相统一、在教育方法层面实现知识讲授与价值认同相统一、在教育目标方面实现个人发展与祖国命运相统一的育人效果。在课程结构上，思政课程是大学生思想政治教育的主渠道，也是"课程思政"的一个组成部分。"课程思政"是通过包括思政课程在内的所有课程来实施的，它要贯彻到高校各类各门课程之中。

由此可见，课程思政与思政课程一样，不仅承担着"授业、解惑"的责任，而且肩负"传道"的使命。课程思政与思政课程共同担负着立德树人的根本任务，它们的共同目标都是把大学生培养成为中国特色社会主义合格建设者和可靠接班人。时任上海市教卫工作党委副书记、上海市教委副主任高德毅先生曾指出，"'课程思政'其实质不是增开一门课，也不是增设一项活动，而是将高校思想政治教育融入课程教学和改革的各环节、各方面，实现立德树人润物无声。围绕'知识传授与价值引领相结合'的课程目标，强化显性思政，细化隐性思政，构建全课程育人格局"。（高德毅，宗爱东2017：44）

课程与思政存在着三重关系，即思政寓于课程，课程是思政的价值实现载体，以课程载思政之道；思政引领课程，课程体系承载着高等教育的价值目标，课程建设自然带有国家意志，承载意识形态诉求和价值期待；思政融入课程，课程思政不是增开一门课，也不是增设一项活动，而是将高校思想政治教育融入课程教学和改革的各环节、各方面，实现立德树人润物无声。与专门的思政课程相比，具体学科的专业课程的思想政治教育元素是隐性的，是通过其所蕴含的思想道德追求、科学精神、爱国情怀、优秀传统文化、人格培养等内容，对大学生发挥思想价值引领作用。课程思政的重点在于系统，焦点在于融入，在于课堂的教和学都应具备育人的功能，要让全部课程成为思政教育的主渠道，让课程思政贯穿于人才培养的全过程。

可以说，每一门课程虽然直接呈现的是知识，但其背后一定有思维方式和价值理念做支撑，因而每一门课都要守好一段渠、种好责任田。对大学生进行核心价值观引导工作的主阵地不仅仅是思想政治理论课，也应该包括专业课教学的课堂，"润物细无声"地贯穿于专业课程教学的全过程。

三、外语类专业课程思政探索

课程思政要突出专业自身的特色。立足"两个百年"，着眼"两个大局"，需要培养一大批能够扎根中华大地、具有全球视野和世界眼光、能参与各领域全球事务的高层次国际化人才，外语教育为此肩负着重要的历史使命与责任，成为关乎国家发展、民族复兴的系统工程。

2018年出台的《普通高等学校本科专业教学质量国家标准（外国语言文学类）》中对外语学科有明确的定位，即外语类专业是我国高等学校人文与社会科学学科的重要组成部分，学科基础包括外国语言、外国文学、翻译学、国别与区域研究、比较文学与跨文化研究，具有跨学科特点。其在对学生培养规格的"素质要求"上明确提出："外语类专业学生应具有正确的世界观、人生观和价值观，良好的道德品质；应具有中国情怀和国际视野，社会责任感，人文与科学素养，合作精神，创新精神以及学科基本素养。"（教育部高等学校教学指导委员会2018：92）为此，在进行课程思政建设时，首先要制定含有价值引领的综合素养课程标准，制定课程育人教学规范，编制课程育人教学评价标准，提炼课程的学科核心素养元素，把这些抽象的概念细化为具体的教学内容，从而实现显性教育和隐性教育相统一、知识讲授与价值认同相统一，帮助学生实现知识、能力与素质的协调统一和工具理性与价值理性的相统一。

所有课程都有价值属性，所以要深入挖掘课程的教学内容和蕴含的价值元素，并准确定位其价值属性。这是开展专业思政的基础。这些元素可以源自符号系统、发展历史、未知领域、知识要素、杰出人物、前沿问题，结构体系、社会贡献、多元观点，内在逻辑、人类价值、探索方向、研究方法、学科精神和不同可能等。（叶澜2017：13）再具体点，可以是：隶属于家国情怀的党和国家意识、社会主义核心价值观、民族精神和时代精神、优秀的中华传统文化的认同和坚持等；隶属于道德情操方面的社会道德、个人道德和职业道德、人文素养、正确的三观等；隶属于健全人格方面的思想、情感、态度、行为、心理、艺术、性格、体质等；隶属于智力方面的观察、想象、思考、判断、推理、逻辑和思维等；隶属于科学观的认识论和方法论，求真务实、开拓进取、钻研、毅力、勤奋、视野、批判性思维、创新意识、学术诚信等。这些元素有的是培养学生的责任和担当，有的是教学生如何做人，有的是教学生如何做事。

在课堂上我们可以"精心选择为产出任务服务的输入材料。教师一方面挑选思想境界高、弘扬正能量的语言材料，用于陶冶学生的情操、帮助建立正确的思想价值体系；另一方面挑选反映国内外社会和政治热点话题的语言材料，用于培养学生的家国情怀、拓宽学生的国际视野"。（文秋芳2015：551）在低年级阶段，主要侧重字、词、句、法，我们可以将精心选择的语料纳入课堂教学中，有利于学生在学习初期就掌握正确、规范的中国特色话语对外翻译术语；在中高年级阶段，学生已掌握一定语言知识，亟须进行翻译实践时，主要侧重于时事性、思想性语料的选择，让学生可以将自己的译作和"标准化"译作比对，逐渐提升学生的翻译水平及看待事物和思考问题的能力；课堂可以多进行小组讨论，培养团队协作精神；教师引入相关学科问题，培养国际视野和人文素养；注重课前、课中、课后，多元化、多形式的过程性考核。

又如，报刊选读课上，可以选取国外有影响力的媒体、学者以及中国主流媒体和国家领导人与学者有关中国问题的报道和文章，使学生感受和领悟中外不同文化和思维的碰撞，认识和把握阅读材料中所体现和反映的立场、观点、视角、话语体系、学理依据、逻辑结论，引导学生"风声雨声读书声声声入耳，家事国事天下事事事关心"；阅读课上，可以开展经典著作阅读教育，培养人文情怀和理想人格，也可以选取科学领域的文本阅读教育，将自然科学探索客观真理的工作介绍到课堂，以此培养学生求真务实、探索创新的品质；翻译理论与实践课上，可以在汉俄翻译过程中讲述中国故事；中国文化课上，可以强化学生的中国国情意识与文化本土意识，培养学生对中国文化及理论的自信心，激发学生对中国文化的认同感，只有了解了自己国家的文化，才能认同它，才能比较中外文化；学术论文写作课上，可以对学生进行科学方法、科学思维的训练，教育学生尊重事实，重视逻辑思维；中俄文化比较课上，可以提炼民族性格、社会文化等元素，帮助学生认识世界文明多样性；外贸俄语、旅游俄语等课上，可以培养学生的职业使命感和社会责任感，教育引导大学生恪守职业操守；基础俄语、高级俄语、口译等课上，可以插入主题教学模块，强化国家发展、中俄关系、外交知识、传统文化、社会责任等相关内容，让学生在提高语言的同时，接触多领域话题，从而丰富知识，实现学校提出的"会语言、通国家、精领域"的育人目标。

此外，"学高为师，身正为范"，教师在进行价值引领与知识传授时，要言传身教，要用自己的学识、阅历、魅力点燃学生对真善美的向往。教师对教学的热忱、对学术的敬畏、对职业的情怀无疑都会深刻地影响学生。

四、我们的实践

自2014年起，上海市在教育部指导下，率先开展"课程思政"试点工作。上海市教委2014年出台《上海高校课程思政教育教学体系建设专项计划》，要求将马克思主义理论贯穿教学和研究的全过程，深入发掘各类课程的思想政治理论教育资源，从战略高度构建思想政治理论课、综合素养课程、专业教育课程三位一体的思想政治教育课程体系。（张正光2018：16）全国高校思想政治工作会议召开后，上海市加快推进由"思政课程"走向"课程思政"的教育教学改革，让所有课都上出"思政味"，所有任课教师都挑起"思政担"，探索构建全员、全课程的大思政教育体系。

思想政治教育工作和德育工作一定要突出学校和专业自身的特色，笔者所在的上海外国语大学是一所外语类大学，培养的外语人才更应该担当起诸如增强中国国际传播能力、建设中国话语体系、向世界讲好中国故事、传播好中国声音、增强在国际上的话语权等时代重任。基于此，这就要求我们遵循高等教育规律和外语教学规律，把外语专业教学与思想政治理论课有机结合起来。近年来，学校紧紧围绕"培养什么样的人""如何培养人""为谁培养人"三个根本问题，坚持把立德树人，全面提高人才培养能力作为办学中心环节，以理想信念教育为核心，将社会主义核心价值观教育体现到教书育人全过程。学校自2014年开始持续推动思政教育与外语教学深度融合。学校于2017年到2019年连续三年入选上海市课程思政教育教学改革整体试点校，于2019年入选上海高校课程思政整体改革领航高校。2019年，学校进一步探索深化方法，启动并持续推进课程思政"课程链"建设工作，把《习近平谈治国理政》多语种版进课堂进教材作为"课程链"建设的核心内容，立项建设27组专业课程思政"课程链"，实现从"点"入手、抓"点"促"线"、以"线"带"面"，深入构建全面覆盖、类型丰富、层次递进、相互支撑的课程思政体系。

笔者所在的俄罗斯东欧中亚学院是上海外国语大学最早的课程思政试点单位之一，早在2018年就先期建设了13门课程思政课程，现已全部结项。2019年学院获评上海市课程思政重点改革领航学院，两支团队获评上海市课程思政领航团队，19门课程获评上海市课程思政精品改革领航课程。2021年一门课程荣获教育部课程思政示范课程、教学团队和教学名师，在所有入选课程中该门课程是唯一的一门外语类非英语课程。2022年一门课程在教育部高等学校外国语言文学类专业教学指导委员会组织的课程思政优秀教学设计案例评选中获得一等奖。

在课程思政建设中，我们主要在以下方面进行探索和推进。一是注重师资队伍建设。抓好培训，培养教师课程思政意识与能力。这些年来，学院注重教师岗前培训，推荐教师参加上海高校课程思政高级研修班、"课程思政与课程育人"工作坊、"学科教学育人与课程思政"专题网络培训等；推动教师进行系列课程思政理论和实践研究，诸多教师参与丝路书香出版工程项目《习近平用典》（俄文版）、上海高校本科重点教改项目、上海外国语大学教育教学改革研究重点项目、上海市课程思政教学指南编制专项等。

二是推动教学、教材改革。将《习近平谈治国理政》（第一卷、第二卷、第三卷）多语种版本的内容与教学内容有机结合，其中语料素材和价值理念，像"盐"融入"汤"一样，春风化雨地融入知识教授，将中国对外话语构建融入课堂教学，让教学有新的形态。将《习近平谈治国理政》多语种版本作为各语种专业课的语料素材、阅读书目，组织俄语、波兰语、乌克兰语、匈牙利语、乌兹别克语等语种教材编写团队参加专门培训，支持有机融入《习近平谈治国理政》多语种版本教学素材和课程思政育人理念的专门教材建设和专业课程教材建设。

三是加强实践教育。注重课堂教学和社会实践有机融合，坚持课堂内容同行，强化品牌实践育人。学院有两个品牌实践项目，一是上外多语种外文网站，自2014年12月起，学院陆续在学校的平台上建立了网络育人平台"多语种外语门户网站"俄语版、乌克兰语版、匈牙利语版、乌兹别克语版等,充分发挥了学院的专业特色和学科优势,整合了语言教学、专业实践、思想政治教育等课内外、校内外优质教育教学资源。学院师生可以用所学语言讲述中国故事,用互联网传播中国声音。该成果曾获上海市教学成果一等奖,受到教育部、上海市教卫党委、上海市教委、上海市新闻办、上海市外宣办的高度重视和认可。二是"一带一路"青年观察团海外实践项目,学生们利用假期深入"一带一路"沿线地区国家开展田野调查,了解国情历史、体验民俗文化、调研"中国形象"在海外的影响力。由此,学生从单一语言学习者过渡到跨文化交际实践者,在实践中开阔了视野,培养了人文情怀和责任意识,提升了描述中国文化、核心价值观、思维与行动方式的外语表达能力,该项目迄今已成功举办三届,曾获上海市教育系统落细落小落实社会主义核心价值观示范案例。

结语

外语专业不仅要求学生获得综合运用外语的能力,而且必须培养树立正确的人生观、世界观和价值观,具备良好的道德品质;帮助学生理解当代中国的发展与成就,提高向国际社会讲好中国故事的能力,推动中国更好走向世界,世界更好了解中国。这是新时代赋予高校外语专业教育的历史使命。专业课程融入思想政治教育的实践证明,以专业技能知识为载体加强大学生思想政治教育,比纯粹思政课更有说服力和感染力,可以最大限度发挥课堂主渠道功能。"立德树人"是所有与学生密切联系的专业课教师的神圣职责。

参考文献

[1] 高德毅,宗爱东. 从思政课程到课程思政:从战略高度构建高校思想政治教育课程体系 [J]. 中国高等教育,2017(1).

[2] 教育部高等学校教学指导委员会. 普通高等学校本科专业类教学质量国家标准(外国语言文学类)[S]. 北京:高等教育出版社,2018.

[3] 文秋芳. 构建"产出导向法"理论体系 [J]. 外语教学与研究,2015(4).

［4］　叶澜. "生命·实践"教育学派的教育信条我们的教育信条［A］. //
　　　李政涛. "生命·实践"教育学研究（第一辑）［C］. 上海：上海教
　　　育出版社，2017.

［5］　张正光. "思政课程"与"课程思政"同向同行的逻辑理路［J］.
　　　思想政治课研究，2018（4）.

武汉大学俄语专业的本科教学与课程改革

武汉大学　胡谷明

引言

2016年6月武汉大学接受了教育部组织的本科教育审核评估。为了迎接这次评估，武汉大学做了充分的准备，开展了本科教育大讨论，统一了认识，进一步明确了大学的基本职能是人才培养，而不是一味地抓科研指标，忽视人才培养这一根本任务。一个大学办得好不好，关键是看本科教育的办学水平（很多杰出校友都是该学校的本科毕业生）。经过大讨论，最后提出"人才培养是本，本科教育是根"的大学教育理念，以"成人"统领"成才"。

教学审核评估之后，学校为了真正把重视本科教学落到实处，采取了一系列重大措施。例如：一、规定教授必须为本科生上课，二、重点奖励本科教学优秀的教师，全校奖励200人，每人奖30 000元（只奖上本科生课以及进行本科教学研究的优秀教师）；三、评职称方面向获得讲课比赛一等奖或指导学生比赛获一等奖，或取得省级以上优秀教学成果一等奖的教师倾斜。

实现创建中国特色、世界一流大学的目标，必需一流的学科和本科。为了打造一流的本科教育，学校决定重新修订本科培养方案，其指导思想是牢固树立"人才培养为本、本科教育是根"的办学理念，坚持以"成人"教育统领"成才"教育，着力培养具有坚定民族精神和开阔国际视野、强烈社会责任感和使命感、人格健全、知识宽厚、能力全面、能够引领未来社会进步和文明发展的国家脊梁和领袖人才。

一、修订本科人才培养方案

（一）修订的基本原则

武汉大学从2010年起就开始推行按学分收费的制度，学生除了缴纳注册费外，还按所选的课程学分缴费，每一学分交100元。因此，学分是否合理至关重要。本次培养方案修订的基本原则如下：

1. 以学生发展为中心，注重因材施教，为学生自主学习和研究创造条件，提供多样选择和路径。

2. 进一步加强通识教育，促进通识教育与专业教育有机结合，建设有武汉大学特色的通识课程体系。

3. 打破学科壁垒，逐步实施大类招生和大类培养，构建相关学科基础课程平台，培养复合型、宽口径、高素质人才。

4. 深化创新创业教育改革，将创新创业与实践教育相结合，培养学生的创新精神、创业意识和实践能力。

5. 借鉴国际知名高水平大学先进的人才培养模式和经验，根据人才培养目标和专业特色，深化教学内容和课程体系改革。

6. 尊重学院办学自主权，尊重专业特色，鼓励学院结合专业发展需要合理设置学分和安排课程。

（二）课程结构与学分要求

本科人才培养方案的课程结构总体分为公共基础课程、通识教育课程和专业教育课程三大部分。

1. 公共基础课程（至少27学分）

公共基础课程包括全校性公共基础必修课程和由学院（系）自主决定必修或选修的公共基础课程。公共基础课程培育学生的爱国情怀和民族精神，促进学生强健体魄并塑造学生的健全人格，提高学生国际交流能力，且为学校培育"厚基础、宽口径"人才起到重要作用。

全校性公共基础必修课程包括思想政治理论课、体育、军事理论和大学英语，其中马克思主义基本原理概论3学分，毛泽东思想和中国特色社会主义理论体系概论4+2学分，中国近现代史纲要2学分，思想道德修养与法律基础3学分，形势与政策2学分，国情教育与社会实践2学分（不计入学位学分），体育4学分，军事理论课1学分，大学英语6—12学分（学生入校参加武汉大学英语水平测试，按考试成绩排名分班，决定必须修的学分登记，并取一定比例的学生可申请免修大学英语）；生产劳动两周（由学校或学院统一安排）。

其他公共基础课程，如高等数学、计算机基础与应用、大学物理、大学化学、制图、大学语文等，由各学院（系）根据专业需要决定课程性质

（必修或选修）和学分数。

以上公共基础课程，学生可根据自身情况选择学习时间。

2. 通识教育课程（至少12学分）

通识教育课程包括核心通识课程和一般通识课程，分为四大模块，分别是中华文化与世界文明、科学精神与生命关怀、社会科学与现代社会、艺术体验与审美鉴赏。通识教育课程以"成人"教育统领"成才"教育，培养学生的健全人格、开阔视野和人文素养。

对于通识教育课程，各个专业（大类）可根据本专业（大类）人才培养需要，对学生所修课程和学分要求作指导性的规定，要求至少要跨三个模块，且每个学生至少选修12学分。所有学生必须选修"中华文化与世界文明"和"艺术体验与审美鉴赏"模块课程，人文社科类学生必须选修"科学精神与生命关怀"模块课程，理工医类学生必须选修"社会科学与现代社会"模块课程。

3. 专业教育课程

专业教育课程包括专业平台课程和专业课程。

（1）专业平台课程

专业平台课程包括专业平台必修课程和专业平台选修课程。专业平台课程由学院（系）根据大类培养需要来设置。这些课程是理论学习和科学研究的基石。在专业平台选修课程模块中设置新生研讨课。

新生研讨课是由各学科领域的优秀教师面向大一新生开设的小班研讨课。该课程强调师生互动和学生自主学习，利于新生开阔视野、提高学习积极性并形成问题意识。各学院（系）应积极开设新生研讨课，鼓励跨学科开设。

（2）专业课程

专业课程包括专业必修课程和专业选修课程。专业课程旨在对学生进行系统的专业训练，使学生掌握本专业基本的理论、知识和研究方法，把握学科动向，培养较强的专业实践能力。专业课程体现专业方向，专业必修课程架构严谨规范的学术框架和体系，专业选修课程提供交叉汇通的学科知识和前沿信息。各学院（系）在开设专业课程时，应尽可能安排30人以内小班教学。

这次培养方案的修改就是要结合学校的特点、各专业人才培养的要求以及学生的自主学习能力和职业发展规划进行修改。

武汉大学的特点是学科门类齐全、综合性强、特色明显、涵盖了哲、经、法、教育、文、史、理、工、农、医、管理、艺术等12个学科门类。这样就使得学生可以跨专业选课，充分考虑自己的兴趣爱好进行专业选择。

新培养方案包括以下几大模块：通识教育必修课（27学分）、通识教育选修课（12学分）、专业平台（基础）必修课（42学分）、专业平台（基础）选修课（38学分）、专业必修课（2学分）、专业选修课（12学分）、集中实践教学必修（2学分）、毕业论文（5学分），总学分140分。

二、俄语专业培养方案和改革实践

（一）俄语专业培养目标

要制定合适的培养方案，首先我们要有明确的人才培养目标，围绕这个培养目标再来设置课程。俄语专业培养适合我国社会主义建设，知识面广，适应力强，具有扎实的语言基础和较强的应用技能，具备良好的探索创新、持续发展和厚积薄发的能力，能从事外事、经贸、文化出版、情报、旅游等领域的高级翻译人才或研究型人才。

（二）俄语专业主干（核心）课程

学科平台课程：基础俄语、中级俄语、高级俄语、俄语视听说、俄罗斯电视新闻、俄语写作、俄罗斯文学史、翻译理论与实践、俄语报刊阅读、俄罗斯国家概况；

其他主干课程：俄语理论语法、俄罗斯语言与文化、经贸俄语、俄语词汇学、俄语修辞学、高级俄语口译、俄苏文学名著赏析、乌克兰语。

（三）毕业论文

关于毕业论文，我们主张用俄语写，并且小题大做。我们认为，外语专业本科论文主要是教会学生怎么写论文、怎么做研究，注重研究方法的学习和体验。从选题—搜集材料—分析材料到写提纲—找例句—分析归纳—成稿润色，以及怎么样引用注释等，让学生熟悉了解全过程。

（四）教学改革

在教学方法上，由于课时少，我们鼓励教师多布置课后阅读的材料或家庭作业，充分发挥学生自主学习的积极性，减少课堂讲解环节，多做练习，提高口语表达能力。

我们想特别指出的是，俄语专业一个班20人，能有5个左右的学生把俄语当专业学好，以后从事俄语工作就很不错了。这几个学生在大三的时候可以继续选修俄语专业的课程。其余的学生都会选修别的专业，把俄语当工具。他们可以根据自己的意愿选修别的院系的课程，或拿双学位，或作为辅修专业。武汉大学在一上结束一下开始的时候有一次转专业的机会：转出学院为15%的名额，转入学院为10%。

结语

以上我们介绍了武汉大学本科人才培养方面的一些做法，尤其是新培养方案制定的一些指导性意见，其宗旨就是以人为本，以学生为本，充分利用学校学科齐全的优势，培养"厚基础、宽口径、高素质"的复合型人才；减少必修学分和课时，发挥学生的自主学习积极性，让学生有更多的发展空间和选择余地，从而培养一流的本科人才。

《东方新版大学俄语》与基础阶段俄语语法教学

哈尔滨工业大学　王利众

引言

　　教材是教学的重要依据，教材直接影响着教学的质量。实践课和语法课是俄语专业的主干课。俄语专业学生的语言运用能力很大程度上取决于实践课和语法课的教学效果。北京外国语大学俄语学院适应时代发展需求编写了《东方新版大学俄语》（外语教学与研究出版社出版）这部适合新世纪俄语专业使用的主干课教材。这套教材在全国上百所高校俄语专业使用，获得了良好的声誉。

　　俄语属于屈折语，词形变化丰富，句间联系复杂。因此，中国学生学好俄语必须掌握语法，换句话说语法是俄语教学的基础。担任大学俄语实践语法课程的教师应充分了解《东方新版大学俄语》（1—4册）的语法体系，以便更好地进行语法教学，提高教学质量。

一、《东方新版大学俄语》（1—4册）的语法编排

　　（一）语法内容符合大纲要求

　　《东方新版大学俄语》充分落实了《高等学校俄语专业教学大纲》的要求，弥补了以前教材的不足，如《东方新版大学俄语4》第12课首次在教材中专门讲解《高等学校俄语专业教学大纲》要求的"词序和句子的实义切分"内容，使学生了解俄语词序的交际功能以及词序安排的基本规律。

　　《东方新版大学俄语》中语法教学内容在提高阶段得以延续，高年级课本上仍然有语法讲解，这是《东方新版大学俄语》在语法编写上的重大突破，使得在《东方新版大学俄语》1—4册中没有讲到的语法重点和难点得以完善，即《高等学校俄语专业教学大纲》要求的提高阶段的语法能较系统地在教材中得以体现，而这部分内容在以前编写的教材中没有出现过，语法教师或实践课教师不得不自己花费大量时间查阅资料加以总结，讲授给学生。

（二）明确语法教学的重要性

目前，由于受英语教学课程设置的影响，很多学校俄语院系的语法教学没有得到足够的重视，认为俄语专业不应设置过多的语法学时。殊不知，这并不符合俄语这一语法复杂的语言，况且各高校俄语专业都是零起点进行教学。在学生语法知识相当薄弱的情况下，不重视语法教学，完全违背了俄语教学的规律。针对这一不正常现象，张会森教授曾撰文强调语法及语法教学的重要性。"教学改革当然会涉及课程的调整，要砍掉某些课或课时，增加适应新的社会需要的课程。砍掉什么课都可以，但不能砍掉基础阶段的语法课，因为语法是语言的灵魂……""语法必须扶正。"（张会森2010：2）

可喜的是，在《东方新版大学俄语》中明确了语法教学的重要性。在《东方新版大学俄语2》和《东方新版大学俄语3》的前言中均明确提出："语法内容60学时完成（按每周4学时，共15周计算），平均5学时上1课。"语法教学学时是实践课学时（120学时）的一半，足见《东方新版大学俄语》编者对语法教学的重视，这也是各高校俄语专业分配语法学时的重要依据。

（三）语法内容系统完整、结构合理

《东方新版大学俄语》语法的编写充分体现了俄语语法的系统性和完整性。《东方新版大学俄语》1—4册语法编写的原则是简单为上，常见的语法知识在先，复杂的语法知识在后。经过1—4册的语法教学完成俄语专业基础阶段的语法教学任务。以《东方新版大学俄语1》的语法为例，该册语法以名词、代词、形容词的构形和动词变化为主，把名词、代词、形容词第一格到第六格讲完，使学生经过一学期的学习对名词、代词和形容词的变化在头脑中形成体系，加上动词现在时、过去时、将来时的变化使学生在第一学期能够运用所学的词汇和语法知识表达简单的思想。

《东方新版大学俄语3》语法也与以前教材的语法内容相比有所变化，本册语法内容的取舍主要根据言语交际的实际需要而定，如继续讲授词法项目，包括动词时和体的用法、命令式和不定式体的用法、主动形动词和被动形动词及副动词的构成和用法，以及各类代词的用法；与此同时，将使用频率相对较低的集合数词、大数和小数的表达法推迟到《东方新版大学俄语4》讲解，而将条件从句、原因从句、地点从句、目的从句提前到《东方新版大学俄语3》。加上句法项目中原有的说明从句和定语从句，在第三册形成比较完整的主从复合句体系，使学生能够运用所学的各种词法和句法手段表达较为复杂的思想，及早解决思想丰富而表述资源贫乏的矛盾。

（四）语法内容充实、重点突出

《东方新版大学俄语》充分考虑中国学生学习俄语的需要和难点。动词是俄语语法教学的难点之一，《东方新版大学俄语》明确体现了这一点，予以较大篇幅加以讲解，并配套大量练习，如《东方新版大学俄语2》第4课（动词第二人称命令式、动词其他人称命令式）、第7课（定向动词和不定向动词）、第10课（动词体的对应形式、动词体的基本意义）、第12课（动词假定式），《东方新版大学俄语3》第2课（带前缀的运动动词）、第3课（带-ся动词的意义）、第5课（动词过去时体的意义和用法）、第6课（动词将来时体的用法、动词命令式体的用法）、第7课（动词不定式体的用法）、第8课（形动词的概念、主动形动词）、第9课（被动形动词）、第10课（被动形动词短尾）、第12课（副动词），共计13课。

（五）语法练习多样化

练习是语法教学一个必不可少的环节，是用以配合教师有效传授语法知识的手段，是帮助学生掌握、巩固、运用所学语法知识的环节。

《东方新版大学俄语》的语法练习形式多样。替换、问答、填空、连词成句、翻译等练习使语法教学不再枯燥。在《东方新版大学俄语3》第1课语法项目"俄罗斯人姓名的组成、变格和用法"中还加上了"说出下列名词的小称""说出构成下列名词的父称""将下列名词分别构成男人和女人的父称"等练习形式，既丰富了教学内容，又使得练习更加实用。

二、充分利用《东方新版大学俄语》（1—4册）进行基础阶段语法教学

（一）语法教学应与实践课密切配合

通常，各高校俄语专业实践课和语法课由不同的老师承担。《东方新版大学俄语》（1—4）将语法与实践课内容紧密结合（特别是前两册），每课的句型是本课所学语法项目的抽象模式，每个句型配有若干替换练习，通过句型展示语法规则，然后把句型变化与口语训练结合在具体语境中，进行熟巧性训练，使学生比较容易掌握所学的语法知识，同时了解语法规则适用的场景。

因此，语法教师应充分了解实践课的内容，所举的示例应充分考虑实践课所讲的词汇和对话，将语法讲解与实践课内容结合起来。这样，学生学到对话、课文等内容时就会体会到语法内容的重要性，同时更加熟练地掌握语法内容。实践课教师也应了解语法讲解的内容，通过对话和课文中出现的语法现象帮助学生更好地掌握语法规则。因此，实践课与语法课教师密切配合十分重要，教师之间应默契合作。语法课应先于实践课完成，如语法课讲到第7课时（已经讲完第6课），实践课才能开始讲第6课，这样学生才能有一定的时间消化语法规则，在实践课的练习中将语法知识运用熟练。

（二）精讲多练

"精讲多练"的语法教学模式已经得到普遍认可。在语法讲解时，要充分发挥语法教师的主体作用。尽管《东方新版大学俄语》明确提出每课的语法内容教学时间是5个学时，但实际情况是各校语法学时不一。以笔者所在学校为例，第一册没有专门的语法课（语法由实践课教师讲解），第二册语法30学时，第三册语法30学时，第四册语法20学时。在这种情况下，怎样用最少的话语讲出最精彩的内容是语法教师应深思熟虑的。如第三册第5课"动词过去时体的意义和用法"第四条"未完成体动词表示过去发生了某种行为，不强调结果；而完成体动词表示已经完成的行为"，如① – He *видел* ли ты сегодня Нину? – Нет, я сегодня ее не видел.（"你今天见到尼娜没有？""没有，我今天没见到她。"）② – Ты *увидел* вчера Нину? Ты ведь искал ее по срочному делу. – Нет, к сожалению. Я ее вчера не увидел.（"你昨天见到尼娜了吗？你不是有急事找她吗？""没有，很遗憾。我昨天没见到她。"）这两个句子学生读起来觉得动词完成体和未完成动词过去时差异不大。教师应提示学生：两个例句中哪个包含了已知信息？例句①中问话人在说话以前是否知道"需要见尼娜"这件事？显然不知道，所以动词用未完成体过去时；例句②中有 Ты ведь искал ее по срочному делу.，显然有已知信息，已经知道"需要见尼娜"，所以动词用完成体过去时。通过这样的讲解，学生就会充分理解该语法要点。

"精讲多练"应重在多"练"。《东方新版大学俄语》讲与练的比例是合适的。语法教师应将一半以上的时间用于练习，对于语法学时较少的学校，可将改变句型等练习在课堂上只讲解一到两个即可，其他练习课后做在练习本上，翻译题等也留作课后作业，统一讲评。

由于我们面对的是零起点学生，只靠课后的练习使学生掌握俄语如此复杂的语法还有一定的难度。让我们感到欣慰的是，在这种情况下，外语教学与研究出版社出版了与之配套的语法练习。王琳教授主编的《东方新版大学俄语语法练习册》专门为每课语法加补充练习，王利众、童丹教授主编的《东方新版大学俄语一课一练》中也用较大篇幅练习语法并有测试题，语法学时充足的学校在课堂上可以充分利用这两本书，语法学时较少的学校可以让学生课后加以练习。

（三）撰写语法小论文

由于《东方新版大学俄语》采用扇形讲授模式，每一课都同时出现几个平行的语法项目，分配在每课中的语法内容分散，这不可避免地导致语法知识系统化方面有所欠缺（事实上也只能如此教学，因为俄语系的学生都是零起点学习俄语，其他教材也都有类似的问题）。因此，学生只靠教材难以形成系统、集中、总体的语法印象，这也极大地限制了学生自然、流畅地使用俄语表达自己的思想。

把分散掌握的语言现象系统化能加强记忆，促进培养熟巧和加深对语法知识的理解。只有学生对语言体系内各个要素间的相互联系与相互制约十分清楚，已具备运用整个语言体系的能力时，才能真正自如地进行交际。（李晶2001：73）将分散的属于同一体系的语言现象进行归纳、总结，按阶段撰写小论文总结语法知识是对语法教学不足的有益补充。

撰写语法小论文不应以固定的几课为一单元，而应根据实际情况确定。如学完第一册语法后，学生可能对第一至六格的意义和用法并不清晰，可以以《俄语名词一至六格的意义和用法》为题，总结俄语名词第一至六格的意义和用法。在第三册教学过程中可以要求学生以《动词现在时、过去时和将来时的意义和用法》《运动动词的意义和用法》《带前缀运动动词的意义和用法》等为题撰写小论文。由于学生掌握的词汇和语法知识有限，建议给学生指定难度适中的语法参考书，如参阅张会森、汤雅茹的《俄语语法》、黄颖的《新编俄语语法》和王利众的《大学俄语初级语法》。通过小论文的撰写，可以使学生语法知识系统化，同时还可以培养学生查阅资料、归纳总结及撰写小论文的能力。

结语

语法教学应与时俱进，《东方新版大学俄语》正是适应时代发展的、适合俄语教学的佳作，语法教师充分利用教材采用合理的教学方法必将推动俄语教学，提高俄语专业的教学质量。

参考文献

［1］ 全国高等学校外语专业教学指导委员会俄语教学指导分委员会. 高等学校俄语专业教学大纲（第二版）［M］. 北京：外语教学与研究出版社，2012.

［2］ 黄颖. 新编俄语语法［M］. 北京：外语教学与研究出版社，2008.

［3］ 李晶. 对大学俄语《东方》基础阶段语法项目编排的建议与设想［J］. 俄语学习，2001（5）.

［4］ 史铁强. 东方新版大学俄语（1—4册）［M］. 北京：外语教学与研究出版社，2010.

［5］ 王利众. 大学俄语初级语法［M］. 哈尔滨：黑龙江大学出版社，2019.

［6］ 王利众. 俄语语法［M］. 哈尔滨：哈尔滨工业大学出版社，2022.

［7］ 张会森. 语法和语法教学［J］. 中国俄语教学，2010（2）.

［8］ 张会森，汤雅茹. 俄语语法［M］. 北京：北京大学出版社，2008.

高校外语学科研究生课程思政建设研究
——以"外国语言文学研究方法论"课程为例①

哈尔滨师范大学俄语教育研究中心　吴　哲

引言

　　为深入贯彻落实习近平总书记关于教育的重要论述以及全国教育大会精神，贯彻中共中央办公厅、国务院办公厅《关于深化新时代学校思想政治理论课程改革创新的若干意见》和教育部《高等学校课程思政建设指导纲要》（教高〔2020〕3号），把思政教育贯穿人才培养体系，全面推进课程思政建设，发挥好每门课程的育人作用，提高人才培养质量，各高校纷纷出台课程思政建设实施方案，全面推进课程思政建设。例如：《哈尔滨师范大学课程思政建设实施方案》中便明确规定，要以习近平新时代中国特色社会主义思想为指导，深入贯彻落实立德树人根本任务，紧紧围绕"培养什么人、怎样培养人、为谁培养人"这个根本问题，以理想信念教育为核心，以社会主义核心价值观为引领，围绕"知识传授与价值引领相结合"的课程目标，把握思想政治理论课在学生思想政治教育和价值观塑造中的核心地位，构建思想政治理论课、通识课程、专业课程和实践类课程四位一体的思政教育课程体系，充分发挥教师队伍"主力军"、课程建设"主战场"、课堂教学"主渠道"作用，充分发挥所有课程育人功能，推动每门课都要"守好一段渠、种好责任田"，突出显性教育和隐性教育相融通，实现课程思政与思政课程同向同行，协同提高人才培养效能，将学生培养成德智体美劳全面发展的社会主义建设者和接班人。在此背景下，外语学科研究生课程任课教师必须转变理念，更新教学目标、教学内容和教学方法，在传授知识、培养能力的同时实现价值塑造。

---

①　本文系2021年度黑龙江省高等教育教学改革研究一般研究项目"高校外语学科'外国语言文学研究方法论'研究生课程思政建设研究"（编号：SJGY20210471）、国家首批新文科研究与改革实践项目"新文科视域下斯拉夫学微专业人才培养创新与实践"（编号：2021100031）、教育部首批虚拟教研室建设试点哈尔滨师范大学"俄语（师范）专业虚拟教研室"阶段性成果。

一、外语课程思政研究现状

课程思政就是"将思政课的显性思想政治教育和其他课程的隐性思想政治教育有机结合起来，构建全面覆盖、类型丰富、层次递进、相互支撑的课程教学体系，以学校所有学科、所有课程为育人载体，把思想政治教育贯穿于教学活动全过程的育人理念和实践活动"。（张海军2021：22）2020年，教育部发布《高等学校课程思政建设指导纲要》，强调落实立德树人根本任务，必须将价值塑造、知识传授和能力培养三者融为一体，不可割裂。全面推进课程思政建设，就是要寓价值观引导于知识传授和能力培养之中，帮助学生塑造正确的世界观、人生观、价值观。这是人才培养的应有之义，更是必备内容。这一战略举措，影响甚至决定着接班人问题，影响甚至决定着国家长治久安，影响甚至决定着民族复兴和国家崛起。适应课程思政建设的相关要求，国内外语学界充分认识到，"外语课程思政赋予外语教育以宏伟的政治内涵，决定了新时代中国外语教育的根本任务和目标是立德树人，培养担当民族复兴大任的时代新人，培养具备参与全球不同领域治理能力和领导能力的国际化人才"。（姜锋，李岩松2020：27）两年来，外语课程思政建设得到大力推进，同时涌现了大量研究成果。例如：

黄国文的《外语课程思政建设六要素》、罗良功的《外语专业课程思政的本、质、量》、王润华的《课程思政理念下的外语教学》、刘芬等的《课程思政视域下外语专业人才社会责任教育研究》、肖洒的《关于高校外语教育课程思政建设的思考》、窦可昀等的《外语专业课程思政建设与学理探索》、吴斐的《新文科视域下英语专业课程思政理念、原则与构建策略研究》等均为外语类课程思政基本理念的研究；

文秋芳的《大学外语课程思政的内涵和实施框架》、陈法春的《外语类本科专业课程思政内容体系构建》、金琳的《新文科背景下大学英语"课程思政"建设框架研究》、梁惠梅的《一流专业背景下地方师范院校英语专业课程思政建设探索》等关注的是外语类课程思政体系框架的研究；

徐锦芬的《高校英语课程教学素材的思政内容建设研究》、胡杰辉的《外语课程思政视角下的教学设计研究》、潘海英的《大学外语课程思政实践探索中的问题分析与改进对策》、徐剑波的《高校"三全育人"背景下的外语课程思政教学体系推进策略研究》、肖玥璿的《高校外语专业课程思政的探索实践》、王骞的《论当前高校课程思政建设策略》、王雪梅等的《外语专业课程思政：学科特色与实践路径——王雪梅教授访谈录》、卓蕾的《基础俄语课程思政的教学路径研究》、王金花的《大学俄语课程思政的探索与实践》等侧重于外语类课程思政实施路径和教学设计的研究；

姜智彬的《"多语种+"：课程思政背景下外语人才培养的内涵、路径与成效》、杨洋等的《课程思政下高校外语类课程文化育人对策研究》、姜锋的《立德树人目标下外语教育的新定位与全球治理人才培养模式创新》、常俊跃的《发挥外语专业自身特殊优势，促进思政与专业教育深度融合》等则聚焦于外语类课程思政视角下的人才培养。

此外，还有一些文献着眼于外语类课程思政的案例研究，如吴霞鑫的《厚植家国情怀，提升国际化视野——浙江金融职业学院〈大学英语〉课程思政案例》；或立足教师教学能力研究，如李小霞的《新时期高校外语教师"课程思政"教学能力提升路径研究》等。

总体而言，国内的外语课程思政研究已全面展开，但面向外语学科研究生课程思政的研究还未引起足够关注，外语学科应适应国家需求和发展需要及时跟进调整。

二、外语学科研究生课程思政的建设目标

教育部发布的《关于全面落实研究生导师立德树人职责的意见》（2018）、《关于加快新时代研究生教育改革发展的意见》（2020）等文件都表明，提升高校课程思政建设水平、构建完善本科和研究生教育"大思政"格局、培养国家和地方事业发展需要的高层次人才、推进新时代课程思政高质量建设是当前高校人才培养工作的重中之重。外语学科研究生课程思政建设旨在剖析课程中包含的思政教育资源，设定价值塑造、能力培养、知识传授三位一体的教学目标，突出教学中的思政要素，密切结合学校和学院的办学定位、专业特色和课程特点，高度重视教学"供给侧"，在知识传授中强调价值引领，在价值传播中凝聚知识底蕴，在教学全过程中显隐结合地融入社会主义核心价值观，实现立德树人的总目标。

　　以"外国语言文学研究方法论"（以下简称"方法论"）课程为例。该课程是学术型硕士研究生、博士研究生的通开课，开设于硕士研究生、博士研究生入学后的第一学年，具有受众广、专业性强、思政育人通道宽等特点。任课教师应结合外语学科特点，指导学生了解并掌握语言及语言学的基本常识，学习外国语言文学的基本研究方法，对外国语言文学研究的一般方法进行归纳、概括，联系语言特点，从哲学、思维科学的高度理解外国语言文学研究方法论的范畴、原理，对中西语言文化及价值观进行比较，准确把握本课程的课程思政建设方向和重点，即马克思主义哲学、唯物辩证法对外国语言文学研究的指导意义。建设具体目标可设定如下：

　　（一）强化课程思政目标，充分发掘思政教育融入点

　　重视提升课程思政教学水平与教育能力，强化课程思政目标。可将本课程的思政目标确定为：在系统讲授外国语言文学基本原理和研究方法的基础上，将课程思政内容融入教学，培养学生分析和解决问题的能力、批判性思维能力、反思能力、创新能力及合作能力，培养学生的人文与科学素养，帮助学生树立正确的世界观、人生观、价值观，坚定"四个自信"，面对大是大非能够站稳脚跟，成为中国文化的传承者和继承者，成为新时代中国特色社会主义建设需要的高层次外语人才。在进行课程设计时，努力围绕思政目标调整知识目标和能力目标，在教学各阶段充分发掘思政建设融入点，使思政教育分阶段、润物细无声地融入教学中。注意在教学中联系社会现实，整合思政问题，逐步提高学生的思辨能力，提升其社会主义核心价值观。

　　（二）完善课程思政内容，着力拓展课程思政教育资源

　　外国语言文学涵盖语言学、文学、翻译学等学科领域。该课程结合学科特点，指导学生了解各研究方向基本常识，学习外国语言文学的基本研究方法，从哲学、思维科学的高度认识外国语言文学研究方法论的范畴、原理。该课程致力于向学生传输正确的语言观，强调在学习语言的过程中通过发掘生活中的语言学知识来培养对生活的热爱、对语言的热爱，从而进一步拓宽其研究视野，增强其对语言以及文化本身的理解；要求学生在了解当代外国文学、文化研究状况的基础上，运用正确的研究方法梳理、总结和反思现有研究成果，通过中外比较拓宽视野，一方面加深对西方理

论的了解，另一方面提升对自我文化的认知能力，树立文化自信。

（三）改进课程教学方法，努力探索课程思政建设路径

课程思政的目标是强调潜隐性，教学过程要崇尚自然性，教学方式要凸显暗示性，育德于无形，寓教于无声。课前，教师对教学内容进行统筹安排，选择教学材料，融入课程思政元素，将教学内容按难易程度分类，将易懂内容设置为学生课前自学内容，在教学大纲和教案中融入课程思政内容，进行课程思政教学设计、安排教学活动；课中，将价值塑造、能力培养、知识传授相结合，设计课堂活动，调动学生学习积极性，在相关内容中以讲解加评论的方式融入课程思政元素，使教学内容与课程思政有机结合，相辅相成。以学生为主导、教师为辅助的任务型学习方式，将相关书籍、文章等推荐给学生，让学生通过辩论、撰写小论文等形式呈现学习成果；课后，通过输出使学生学以致用，检测学生学习效果，根据每讲内容设计思考题，使学生深入领会所学内容，通过测试、学生谈感悟与学习心得等方式，促进学生认真阅读，深入思考，提高批判性思维能力，在接触异文化时能够立场坚定，不轻信，不盲从，在国际交往中积极传播中国文化和社会主义核心价值观。

三、外语学科研究生课程思政的建设内容

外语学科研究生课程"涉外"特征明显。因此，开展课程思政具有特别重要的意义。"方法论"课程属于外语学科学术型研究生通开课，任课教师更应思考如何结合外语学科博士学位点、硕士学位点的办学定位及学科特色和课程特点，深入挖掘课程思政教育资源，完善课程内容，改进教学方法，更新考评机制，探索创新课程思政建设模式和方法路径，将外语学科研究生课程建设目标、研究生科技自立自强品质塑造等融入课程教学过程。

（一）科学谋划，做好课程设计

在课程的设计过程中，应着力解决如下问题：

第一是思政设计的针对性，即如何针对学科的"涉外"特点，密切结合学校办学定位、学科双一流建设需要、专业特色和学生个性化需求，精心设计每一讲的思政导入点，引入中国在对外交往、"一带一路"建设中

的创新和成就，从中西对比视角看待本国语言文化的独特之处，增强政治认同和制度自信。

第二是思政元素的融入性，即如何将习近平新时代中国特色社会主义思想、马克思主义哲学观的培养全面融入教学全过程，通过课程互动挖掘课程思政内涵，引导学生探究式学习，反思总结，提升课程思政的实质内化成效。

第三是产出导向的指向性，即如何改进课程的考核评价机制，密切关注课程实施效果，完成产出任务。

（二）合理论证，优化建设途径

通过"教学设计→教学检验→教学改进→教学总结"的闭环设计，紧密围绕"价值塑造、能力培养、知识传授"三个核心要素，构筑三位一体思政育人模式，密切结合学科和课程特点，形成本课程思政教学可供借鉴的模式和经验。在疫情时有反复、混合式教学大规模开展的背景下，应思考如何突破线下教学的局限性，努力实施"线下为主+线上为辅"的教学模式，打造智慧学习空间，激发学生的思政学习积极性，在教授专业课程的同时，为学生营造积极良好的课程思政学习氛围；在教学内容上把握学科前沿，注意知识更新，适当结合时事热点话题开展教学，扩大教学设计的思政涵盖面；改进评价机制，增加过程性评价比例，将课程思政内容列入评价体系，成为过程性评价考核依据。

（三）突破陈规，努力实现创新

课程建设必须突破陈规，更新理念，努力做到以下三方面创新：

第一是思政目标设置创新。在教学目标的基础上独立设置思政目标，将研究方法的教学与对学生的德育有效结合，帮助学生树立四个自信，实现价值引领。

第二是思政融入角度创新。围绕每一讲主题，在多方吸收理论成果基础上有机融入思政元素，提供丰富多元的教学材料（图片、案例等），布置引导学生树立正确学习观和价值观的课后任务，切实做到知识传授与价值引领相结合。

第三是思政教学方式创新。明确教学目标，关注学生个性化发展，在教学各环节根据授课内容和特点设计思政导入，实施任务型教学，注重探究研讨，构建立体多元课程思政结构，实现协同育人。

（四）多维评价，实践"三全育人"

课程评价是检验课程效果的主要手段。"方法论"课程以期末开卷测试为主，试题注重客观与主观相结合，侧重考查学生的思辨能力、综合能力、应用能力和价值观导向。此外，还可通过小论文写作、课堂讨论等进行观察记录，或者通过访谈了解学生做人、做学问的态度，调查学生成长中思想与行动的变化，探寻思政育人的潜在功效。

课程思政本身是融入性活动，其成效无法在短期内显现，传统的书面测试等难以评估课程思政建设效果。课程思政教学强调"三全育人"，对思政效果的评价不仅应体现在课堂上，而且应拓展到第二课堂（课外活动）、第三课堂（跨院校活动）、第四课堂（跨省或跨国活动）。笔者已连续6年开设"方法论"课程，取得积极成效，校内外同行和学生评价较高，产生广泛示范辐射效应。修读课程的研究生树立正确的价值观，家国情怀深厚。多名研究生参加"中俄教师思政教育教学能力提升国际学术论坛"并做主旨发言，得到中新网、东北网等报道；研究生在俄罗斯萨哈林国立大学进修期间担任展览会中国传统文化展品的讲解员，弘扬中华传统文化，讲述中国故事；排练"我和我的祖国"合唱节目，在萨哈林大学与当地文化机构共同组织的庆祝中俄友好晚会上深情表演，社会反响积极，当地电视台予以报道；为俄方师生宣讲十九大精神。在布拉戈维申斯克市留学的研究生为俄师生宣讲中国政治制度和法律；在俄远东留学的研究生在"中国日"上展示中国优秀传统文化，俄媒体予以深度报道。2021年，"哈师大斯拉夫语言文化研究生导师团队"被评为黑龙江省优秀研究生导学团队，斯拉夫语学院研究生党支部被评为第二批全国高校"百个研究生样板党支部"。

结语

"外语教育与国家的命运、时代的变迁、社会的进步紧密相连。"（张绍杰2019：4）按照"其他各门课都要守好一段渠、种好责任田，使各类课程与思想政治理论课同向同行，形成协同效应"的要求，外语学科研究生课程任课教师应精心设计课程思政建设目标，引导学生树立"四个自信"，践行社会主义核心价值观，优化课程思政内容在各个授课环节的供给，将价值塑造、知识传授和能力培养紧密融合，从而把思政工作贯穿教育教学全过程，实现全过程育人、全方位育人，帮助学生掌握马克思主义世界观和方法论，从历史与现实、理论与实践的维度深刻理解习近平新时代中国特色社会主义思想。从"中国梦"的实现到人类命运共同体的建构，外语专业人才要超越个人安身立命和职业发展，主动承担传统文化的发扬与创新，担负国家建设和民族复兴大任，为构建人类命运共同体贡献自己的力量。（刘芬等2021：57）

参考文献

[1] 姜锋，李岩松. "立德树人"目标下外语教育的新定位与全球治理人才培养模式创新 [J]. 外语电化教学，2020（6）.

[2] 刘芬，刘秋菊，舒梅. 课程思政视域下外语专业人才社会责任教育研究 [J]. 外语电化教学，2021（4）.

[3] 张海军. 地方高校课程思政建设的实践路径及推进策略 [J]. 陕西理工大学学报（社会科学版），2021（1）.

[4] 张绍杰. 改革开放40年外语人才培养——成就与反思 [J]. 中国外语，2019（1）.

大学俄语教育的现状与对策[①]
——基于3D虚拟情境的教学模式改革

四川外国语大学　邵楠希　王　珏

引言

俄语作为联合国六种工作语言之一，是世界许多民族人民交际的重要语言工具。全世界有两亿多人在使用它，一些独联体国家则把俄语作为本国的第二语言。大学俄语教育是俄语教学的重要组成部分，也是衡量大学校园里俄语热度的晴雨表。随着"一带一路"建设，在西南地区一直处于不温不火的俄语教学也迎来了新的发展契机。基于俄语这些优势，作为一个俄语人，我们始终对俄语专业的前景充满信心。

四川外国语大学（以下简称川外）俄语专业，从1950年中国人民解放军西南军政大学俄文训练团招生开始，经历了半个多世纪的风雨历程，已累计为国家培养了数千俄语人才，是西南地区乃至全国重要的俄语人才培养基地之一。作为国家级和重庆市级特色专业单位，川外拥有"金砖国家研究所""俄罗斯研究所""俄语中心"等科研平台，同时拥有世界最大的俄语期刊数据库——俄罗斯大全数据库的使用权。

2014年渝新欧铁路开始双向运行，从重庆出发的国际列车沿途经过哈萨克斯坦、俄罗斯、白俄罗斯、波兰，最后到达目的地德国杜伊斯堡。正如时任重庆市市长黄奇帆所指出的："渝新欧铁路将成丝路经济带的主战场。"（https://v.qq.com/x/page_2017/k0148icd8gv.html. 2022-2-23）这在客观上增加了西南地区俄语人才的需求，也给大学俄语教学提供了难得的机遇和发展空间，同时也对大学俄语提出了新的要求。川外大学俄语教育依托于俄语专业的传统优势，在多年的教学实践中发挥了重要作用。在《四川外国语大学俄语学科十二五建设规划》中，把大学俄语放在了突出的位置，针对社会需求不断的变化，确立了大学俄语以培养全方位、多能力、

---

① 本文系国家社会科学基金项目"基于虚拟语境的俄语体验认知教学模式研究与实践研究"（编号：17BYY197）的阶段性成果。

高素质、重创新的复合型人才为目标。川外大学俄语定位于在国际经济、国际关系、公共外交、对外汉语等专业中培养既懂专业又会俄语的应用型人才，并坚持国际化和应用型的办学理念，从服务于国家和地方经济发展的需要出发，积极为重庆市对俄交流提供俄罗斯各方面有价值的信息，以及政策咨询和俄语翻译等多角度全方位的服务。

一、川外大学俄语教育的现状

虽然川外大学俄语专业具有西部领先的优势地位，但在大学俄语教学方面，由于缺乏综合性大学的生源优势，又有众多的小语种可供学生自愿选择，所以一直在充满竞争的环境中艰难地生存。尽管我们对大学俄语教学付出了努力，但毋庸讳言的是，外语院校的大学外语也被称为二外，二外俄语近年来的生存环境和发展趋势依旧不容乐观。相对于其他小语种，俄语在学生心中的认同度很差，甚至到了只要其他任何小语种有机会，学生就不会选择俄语的境地。我们对川外英语类专业和中文类专业选修二外语种人数的情况做了统计，具体数据对比如下：

2012年9月，可供川外2010级本科全校英语类和中文类专业1473名学生选择二外语种课程共8门，选修人数和比例如下：法语387人（26.27%），西班牙语352人（23.9%），日语444人（30.14%），朝鲜语139人（9.44%），德语83人（5.63%），意大利语28人（1.9%），葡萄牙语20人（1.36%），俄语20人（1.36%）。在1473名可以选择二外俄语的学生中，最终选修的仅有区区20人。必须指出的是，就目前的人数也是出于种种原因做出的选择，真正主动提出选修俄语的学生屈指可数。而生源数量的下降必然导致生源质量的下降，将来培养出来的人才也会受到影响，这种状况对于包括大学俄语在内的整个俄语专业的影响将是深远的。

2012年川外英语类和中文类专业1473名学生选修二外语种人数比例

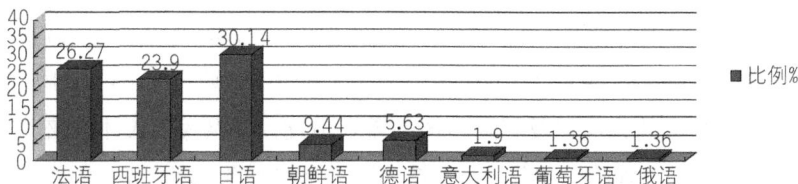

以上数据反映了川外大学俄语人气指数的低迷，然而这并不是最差的情况。令人担忧的是，2013年9月，虽然我们进行了努力的宣传和适度的引导，其他语种如火如荼的情况下，二外俄语的生源已经枯竭，致使我们不得不暂停了大学俄语课。这对我们来说是一种难以接受的现实。起源于中国人民解放军西南军政大学俄文训练团的川外现在是整个西南地区的俄语教学中心，这是否意味着不仅是在重庆，而是在整个西南地区的大学俄语教育都面临着生死存亡的考验？虽然有些大学的大学俄语依然不温不火地进行着，但究其原因或者是学生的基数较大，或者是没有那么多语种可供选择，换句话说，是在学生选无可选的状态下掩盖了大学俄语面临的困境。

在严峻的现实面前，我们痛定思痛，认真思考问题根源所在。最开始找出的原因也无非是那些已经取得共识的老生常谈。例如：中学俄语教育规模的萎缩，培养方向不适应社会需求；大学俄语教育制度和资源缺失，培养模式单一，教学模式落后，教材陈旧，学生学习目标不明确，教学改革步子缓慢。在这些问题中，既有长期存在的，也有阶段性存在的。例如：教材问题，鉴于每一所大学大学俄语的培养目标不同，有些教材虽然适合了大学俄语的特点，但质量却难以保证，或是教材虽然贴近本校一些专业的实际情况，但生词量过多难于记忆；或是教材偏重了交际性和应用性，却又因为知识点过多而超出了学生的承受能力。"长期以来我国俄语专业的教材尤其是主干教材都是由教育主管部门组织少数几个有实力的外语院校集体编写的，现阶段俄语教学的规模也不允许各学校编写并出版专业教材，这就使得俄语专业建设在新一轮以质量求发展的教学改革中，在起点上与英语、日语等热门专业相比就处于明显的劣势。也就是说，我们已经输在起跑线上，其带来的后果是不言而喻的。"（姜宏2011：131）类似这样的具有共性的问题很多，但我们必须抓住主要矛盾，而且要抓得力所能及。

鉴于大学俄语教育所处的窘境，我们就存在的问题进行了问卷调查，并针对问卷调查结果对大学俄语教育做了一些改革，要点如下：从重庆社会和经济发展的方向以及就业市场的需求出发，调整我们人才的培养方向；强化俄语教师的继续教育，坚持内涵发展的道路；推广先进的教学理念和教学方法等一系列举措。被迫中断一年的大学俄语课程又重新恢复，选修俄语的人数取得了恢复性增长。2014年9月的统计显示，可供川外2012级本科全校英语专业和中文专业1607名学生选择的语种课程共9门，选修人数和比例如下：法语577人（35.91%），西班牙语327人（20.35%），日语265人（16.49%），朝鲜语142人（8.84%），德语86人（5.35%），意大利语59人（3.67%），泰语59人（3.67%），葡萄牙语59人（3.67%），俄语33人（2.05%）。

2014年川外英语专业和中文专业1607名学生选修二外语种人数比例

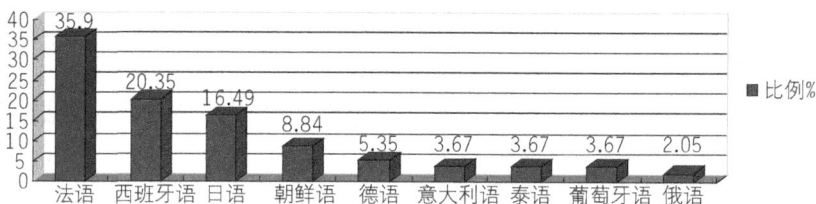

从以上统计数据可以看出，二外俄语教学改革确实也起到了一定的作用，在可选语种增加的情况下，选择俄语的学生数量同比增长了65%。我们对此也曾欢欣鼓舞，但经过理性思考，我们清醒地认识到，这种增长幅度是因为基数太低的缘故，且是不可持续的。在所有语种中选择俄语的人数依然是最低的，仅有西班牙语的十分之一。一个具有世界影响力的主流语种还远远不及意大利语、泰国语这些应用并不太广泛的语种。这种状况让人难以理解。在西南地区唯一的外国语大学1.4万余名学生中，二外俄语只有区区53人，其实大学俄语仍然处于被淘汰的边缘。我们新一代俄语人对此心急如焚，因为我们知道，俄罗斯是综合国力排名世界前列的国家，俄语是世界语言活力排名第四的语言，而现在俄罗斯对我们国家"一路一带"倡议也给予积极的回应，中俄贸易量有望持续增加，俄语的作用会越来越重要。俄语具有那么多的优势和潜力可待挖掘。美国社会学家布莱克曾指出："俄语作为一种科学的语言将和德语、法语并驾齐驱。"（布莱克，汤姆森1959：148）但目前的种种迹象表明，这不会是一蹴而就的，可能要经历一段漫长的恢复过程。大学俄语无论如何不应该这样持续低迷下去。目前川外大学俄语教育确实存在一些问题，但每一个问题都未必是导致生源萎缩的直接原因。大学俄语教育积重难返，或许它需要等待一个有利的时机，是主动地去改变现状还是被动地等待，我们必须做出选择。

三、改革大学俄语教育现状的对策

我们正处于一个飞速发展的信息时代，全球经济一体化进程和我国"一路一带"倡议的实施，给大学俄语教学提供了难得的机遇和广阔的发展空间。但这仅仅是一种可能，要把它变为现实，还需要我们大胆的创新思维和不断的身体力行。经过反复调查研究，我们认为俄语不受学生欢迎除了前面说过的之外还有以下几个重要原因：

一是学生普遍认为俄语同法语、西语等语种相比发音较难、语法也更复杂，作为毫无基础的学生，面对高难度的俄语，他们觉得在有限的时间内不易掌握。正是这个原因导致了学生在对比其他语种以后，觉得选择二外俄语"性价比"不高。

另一个原因是高校外语院系选修二外俄语的学生中的一部分学生是为了考研，但现在研究生教育招收俄语二外考生的院校较少，学习俄语就等于失去了广泛的选择机会，而且各个学校考研所用的二外俄语教材各不相同，即使学生另找时间和精力去研习考研所需的教材也苦于合适的俄语学习资源缺乏而不容易找到。况且这要耗费大量的时间，而时间对他们"考研一族"来说是非常珍贵的。

还有一个原因是俄语缺乏法语、西语和德语那样的"美誉度"。有些学生非常在意这一点，似乎觉得学习俄语不如其他语种"有面子"。形成这种状况的原因是复杂的，其中包括一些媒体的片面报道让人觉得俄罗斯很贫穷，其实俄罗斯2014年人均国民生产总值为16 375.34美元。但在许多人的潜意识中认为俄罗斯是个在经济上濒临崩溃的穷国，当然不如学习发达国家的语言有前途、有面子。

最后一个原因就是二外俄语口碑不佳所形成的恶性循环，越是选修的人数少，学生越是不愿意选报，以至于川外2013年二外俄语沦落到了几乎无人选修、无法开班的惨状。我们应该警醒的是，大学俄语（甚至包括整个俄语专业）长期得不到优秀生源的补充，已经明显地被边缘化了。它的危害将在若干年后显现出来，致使我国俄语的教育和科研水平在整个外国语领域处于弱势状态。

由于学习二外俄语的人数少，在教学资源的配置上也难以达到优化的效果，同学之间缺乏你追我赶的竞争力，各种课堂活动都受到人数的制约。大学俄语严峻的现实呼唤我们进行有力度的教学改革，我们川外人为此付出了大量的心血。在一次调查研究的过程中我们注意到，现在的大学生智能手机人手一部，平板电脑也较为普及，难怪有人指出："对于现代教育信息技术的掌握，教师们永远落后于学生……学生早已步入2.0时代而教师还停留在1.0。"（程云艳2014：45）我们从所调查的情况中受到了启发：是否有一种方法，使我们稍加投入，就可以把学生手中的庞大资源利用起来，让那些智能手机和电脑成为俄语教学的网络终端。于是我们对于影响大学俄语教学的多种因素进行了对比分析，结合对学生的问卷调查结果，找出解决这些问题的一个突破口，采取以点带面的方法，使整个大学俄语教学活跃起来。在继续原有改革举措的同时，针对上述所有问题中最具关键性同时又最具可行性的问题进行教学模式的改革。

川外大学俄语课程学生问卷调查结果（部分）

	影响大学俄语建设和发展的原因	选择人数	比例%
1	培养方向不适应社会需求，知识不对口，影响就业	23	43.4
2	教学模式呆板单一，教材过于陈旧，内容没有吸引力	27	50.9
3	相比其他语种俄语较难，短时间内不易掌握	32	60.4
4	俄语作为二外考研的院校很少，选择机会受限	19	35.8
5	缺乏美誉度和认同感，对俄语没有兴趣	41	77.4

调查总数为53人

在上述问卷调查结果中，我们特别关注了过半数以上的学生所共同关注的问题，即（1）对俄语缺乏美誉度和认同感，没有学习兴趣；

（2）相比其他语种俄语较难，短时间内不易掌握；（3）教学模式呆板单一，教材过于陈旧，内容没有吸引力。为解决上述问题，我们一次又一次寻求一种富有时代特色既通俗易懂又具有吸引力的大学俄语教学模式，而最终把目标锁定在互联网+3D虚拟情境教学上。为了这个选择，我们进行了反复的论证。首先，在应用价值上，采用3D虚拟情境教学使俄语对话不再枯燥无味，而声情并茂；课文的讲解不再是老师对学生的单向灌输，而变成了学生主动汲取。学生学习俄语不再会只停留在记单词、背语法和写作文上，而是在实际的操作中让口语和听力同时得到锻炼，从而能使学生快速地掌握俄语。再者，基于3D虚拟情境的二外俄语教学改革研究与实践顺应了时代发展的大趋势，抢占了网络化教学的先机，把三维（3D）数字化成果应用于俄语教学实践，能够对西南地区乃至全国的俄语教学产生重要的影响。最后，我们对进行这项教学改革的基础和阻力做了充分的预计，基于川外已经建设了3D虚拟情境教学相关硬件设备，而Blackboard网络平台也在积极筹划组建当中，具备了相关理论研究的基础和技术支撑；俄语教师以及相关人员也多次接受3D虚拟情境课堂技术的培训。川外大学俄语课程的老师们带着背水一战的决心，愿意自觉推进这项创新性的教学改革与实践。

四、3D虚拟情境的教学模式改革

3D虚拟情境教学是一项领先国际的教学技术，也是目前高端的视觉教学技术，由于教学成本和信息化水平的制约，此项技术目前在俄罗斯的教学中并没有得到运用，而我国高校在物理几何图形方面的教学已经有过尝试，但语言教学方面也仍处于最初级阶段。目前，川外通过"中央财政支持地方高校发展专项资金项目"已经建设了3D虚拟录播实验室及情景虚拟化教学应用系统，并率先在大学外语教学中进行了试点性的应用和推广。3D虚拟情境是通过功能强且随意性高的制作软件生成教学所需要的逼真场景，将三维教学技术和普遍的多媒体教学以及二维的单词图片和书本文字相结合，既有三维立体语境画面，又有生动准确的俄语发音。学生可以在瞬间看到全新的学习环境和可感触的立体画面影像，从而改变枯燥的机械式学习，达到快速提高俄语兴趣的效果。

　　大学俄语课程教学在3D虚拟录播实验室中进行。我们的教学设备系统设计共分为三个部分——教学区、情景对话演练录制区和设备技术控制与后期处理区。三个区域同在一间大教室里隔段处理而完成。（如下图所示）

四川外国语大学3D虚拟录播实验室结构图

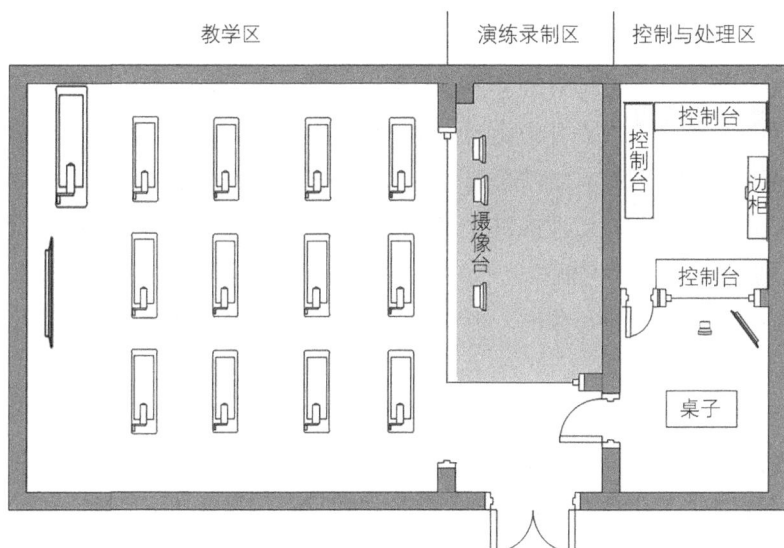

　　教师的板书出现在教学区讲台位置的触摸屏幕上，同时也出现在学生面前的电脑网络终端上。上课过程中，进行对话或课文情景讲解的学生进入演练录制区进行语音训练，同时用摄像机采集学生操练的内容，经系统设备处理添加至课前准备好的场景中，通过专有的色键技术，将前景的人和物在专用电脑上与三维高清数字场景或高清数字图片进行合成（设备技术控制与后期处理区），从而形成完整的3D虚拟情境对话。最终把经合成的视频影像传递到讲台触摸屏幕和学生手中的平板电脑终端，供教师和学生演练和评判。同时也可以采用互联网+3D虚拟情境的形式，选取质量优秀的课堂视频资料上传至校园网络平台，供学生课下学习使用，从而实现3D技术应用于俄语语音训练或国情学习实践的全过程。

智能手机和平板电脑等设备是当代大学校园中已经普及的信息终端。今后，待该项教改研究趋于成熟，经过上述一系列复杂的前期和后期工作，学生即使不在课堂现场也可以进行自主学习。学生可以通过手中的多媒体设备在校园的任意角落进行学习，从而将老师上课讲解、学生下课作业的传统教学模式彻底颠覆。在这种三维立体教学进行一段时间取得教学经验之后，我们还可以逐步建设和完善blackboard网络技术平台，结合学生学习兴趣和教材内容，对教学进行补充讲解，并提供给学生更多练习作业机会，这样就可以引起更多学生对俄语的关注。学生在自己支配的时间里能够有选择性地对教材甚至教材以外的补充内容进行自主学习。这会使俄语学习具有充分的灵活性和自由度，课程的进度会同每一个学生的理解和掌握程度有机结合起来，不再是老师不论学生是否完全理解却只能按教学计划机械地推进，而是由学生按照自己的时间主动地自我调节。这样，学生学习俄语也不再会觉得那么困难了。大学生接受和掌握互联网的能力是超乎想象的，相信他们会在这个平台上充分发挥出自己的潜能。

3D技术与俄语教学具有许多客观上的契合点。首先对于俄语单词的记忆和词汇量的积累具有直接意义。"当某个生词能够和具体物体形象联系起来或者获得相应的视觉线索支撑时，词义习得将更加容易。"（范桦 2014：31）运用虚拟的实物去加深印象是符合记忆规律的。俄语借助于三维技术不仅在语音教学上，而且在语法教学上也有重要的应用意义，因为三维立体画面既可以塑造多种不同的语境，也可以通过动作表情来揭示人的心理状态，而引起某种心理状态的原因既可能是事物或动作的本身，也可能是对景物的直接感知。所以虚拟的语境可以加深对某些语法知识的理解。

在三维立体的虚拟环境中，学生可以看到万里之遥的俄罗斯风光，形象逼真，细致生动。例如：我们讲授课文Санкт-Петербург приглашает!（圣彼得堡欢迎您）如果应用传统的教学方法，靠机械地背熟课文后关于彼得堡景色的8个问题答案，在学生脑海中留下的只是文字而丝毫没有真实场景，既重复繁琐又难以取得好的记忆效果。更有可能的是，由于对语言描述的理解不同，在每个学生心中的白夜、东宫和夏园等可能与实际差别较大。然而采用3D虚拟圣彼得堡的美丽风光，学生仿佛置身于涅瓦河畔，在那由105座岛屿连接而成的城市里"亲自"游览久负盛名的"北方威尼斯"，"亲身"领略圣彼得堡白夜中黄昏未尽黎明已至的奇特景观。那虚拟的伊萨大教堂、彼得一世纪念碑和涅瓦河大桥，一幅幅梦幻般的情景充满浪漫色彩。课文所要记忆的内容就会融于这虚拟环境之中。而此时，教师或学生都可以置身在其中对课文内容进行讲解或阐述。这样的课堂给学生以强烈的视觉感官刺激。那兴致和激情投入使所学的知识能够留下难以磨灭的印象。

结语

3D虚拟情境教学给大学俄语教学带来了深刻的变革。这种三维立体的教学模式不但形成了开放的教学理念，而且使俄语知识的获得变得更加便利，来源也更加多元化。但是与任何新生事物一样，推广3D教学也存在一些制约因素，这主要表现在：（1）需要一定的教学硬件设备和资金投入，（2）需要录制操控和后期合成技术人员的协同配合，（3）前期需要制作一定数量的课堂虚拟情境课件以及俄语教师需要培训掌握信息化教学设备的操作技能等。针对上述不利因素我们认为：（1）目前学校已拥有相关的教学硬件配套设备，随着后续项目的展开和推广，会有更多的专业和学生充分利用该教学设备，提高设备利用率就意味着资金投入的成本将被摊薄。（2）可以对学生进行录制操控及合成技术培训，也给学生创造了实践锻炼的机会。（3）虚拟课件程序制作需请专业人员协助解决，但可以反复利用，且后续的程序也会趋于简单化和模式化。改革需要成本，改革更需要勇气，"随着物联网、云计算、大数据、移动通信等新一代信息技术的发展，数字教育正在转型，智慧教育的大门正缓缓开启，这必将助推信息技术与高等教育的深度融合"。（戴朝晖2015：78）面对日新月异的科技进步，虚拟现实已成为当代信息技术的应用前沿，俄语教学改革要求创新，日益紧迫，也对虚拟现实提出更多的期盼。我们新一代俄语人必须有更多的付出，必须承担起大学俄语教育改革的责任，也必须勇敢地接受互联网时代的挑战，使俄语教育事业薪火相传。

参考文献

［1］ 布莱克，汤姆森．关于美国的俄语教学［M］．印第安纳大学出版社，1959．

［2］ 程云艳．直面挑战"翻转"自我——新教育范式下大学外语教师的机遇与挑战［J］．外语电化教学，2014（3）．

［3］ 戴朝晖．MOOC热点研究问题探析——全国首届MOOC时代高等外语教学学术研讨会启示［J］．外语电化教学，2011（1）．

［4］ 范桦．关于原版视频语切分的实证研究［J］外语电化教学，2014（6）．

［5］ 姜宏．"质量工程"与综合性大学专业俄语教学改革［A］．//继往开来——中国俄语教育300年学术研讨会论文集［C］．上海：上海外语教育出版社，2011．

高校电子商务俄语的开设：现状与前瞻[①]

哈尔滨师范大学　张金忠

引言

最近一些年来，随着计算机技术的发展和互联网等信息工艺的普及，电子商务几乎遍布商业的全部领域。电子商务运作得以成功、有效，其前提之一就是高级电子商务人才的加盟。高校作为培养高级人才的重要基地，在这方面也不甘示弱。一些高校在设置教学课程时纷纷推出电子商务课程，或者设置电子商务专业或方向。截至2007年，我国已经有324所高校开设了电子商务本科专业，如果加上大专以及高职院校，国内开设电子商务专业的各类学校近千所。（邓洪涛，赵彦2007：9）

中俄两国是世界上有重要影响的大国，两国在经济、贸易、人文等诸多方面均有着密切的交往。随着中俄两国战略协作伙伴关系的进一步发展，两国在各个层面的交流还将继续拓宽。电子商务俄语（专业方向或课程）的开设就是为两国便捷交流培养高级俄语人才的途径之一。该课程或方向必将成为中俄两国间贸易交往的助推剂。本文将探讨的几个问题包括什么是电子商务、高校电子商务俄语开设的现状如何、该课程（专业或方向）的教学包括哪些内容及有何发展前景等问题。

一、什么是电子商务

电子商务是利用计算机技术、网络技术和远程通信技术，实现整个商务过程中的电子化、数字化和网络化。电子商务的组成部分包括计算机网络、电子商务用户、认证中心、配送中心、网上银行以及管理机构。（徐

---

① 本文系哈尔滨师范大学国家一流专业建设点（俄语专业）、黑龙江省经济社会发展重点研究课题（外语学科专项）一般课题"俄语专业翻译类课程思政理论与实践路径研究"（编号：WY2021035-B）、哈尔滨师范大学俄语专业"一流人才培养质量保障体系和质量文化的研究与实践"（编号：XJGYF2021040）的成果。

洪智，张彬连2011：108）

电子商务涵盖的内容十分广泛，包括电子货币交换、供应链管理、电子交易市场、网络营销、在线事务处理、电子数据交换（EDI）、存货管理和自动数据收集系统。在这个过程中，电子商务依托的信息技术包括互联网、外联网、电子邮件、数据库、电子目录和移动电话。按照电子商务实现的地域，可以划分出境内电子商务和境外电子商务两类。本文的研究将主要涉及对俄电子商务方面。

二、高校电子商务俄语开设的现状

高校俄语教学领域，在设立电子商务俄语专业之前，一些院校一度开设过商务俄语课程或设立商务俄语专业，如黑龙江省的黑河学院等学校。（甘海泉2012：95-96）

较早设立电子商务俄语专业的是东北师范大学。2009年该校便捷足先登，首先设立俄语电子商务专业。该校电子商务俄语专业当时把培养目标确定为：培养德智体美全面发展，具有扎实的俄语语言基础知识、较强的俄语语言应用能力、较高的人文综合素质，且富有创新精神和俄语教学实践能力的优秀俄语基础教育骨干教师及教学管理者。开设的主干课程有基础俄语、中级俄语、高级俄语、俄语视听说、俄语阅读、俄语写作、俄语语法、俄罗斯国情、俄罗斯文学、俄汉翻译、交际俄语、新闻俄语及第二外国语等专业类课程，俄语学科教学论、俄语教材分析、俄语微格教学、信息技术俄语教学应用等教育类课程。设计的就业方向为基础教育俄语师资及其他教育工作者。

可以看出，一方面，该校相关教学管理人员在电子商务发展领域很有前瞻意识，能够与时俱进。另一方面，因受到教学条件和信息技术等多方面因素的限制，这个专业当时开设的课程与提出的就业方向带有时代局限性烙印。

国内有一些高校，如哈尔滨师范大学等，正在积极筹备开设电子商务俄语专业或者设置电子商务俄语课程。

三、社会上俄语电子商务发展的前景

目前，境外电子商务的发展如火如荼，方兴未艾。国内很多机构不断推出境外电子商务平台。与电子商务俄语相关的平台也如雨后春笋般涌现。例如：

1. 2013年底，哈尔滨市牵手敦煌网，联手打造对俄电子商务运营中心，目前已经开始运营。（吴天飞2014-02-18）

2. 黑龙江省对俄重要的边境城市绥芬河市的邮政国际电子商务局也开办了俄语电子商务业务，需要俄语电子商务人才。

3. 软岛科技（重庆）有限公司业务范围内也有对俄的电子商务业务。

4. 际豪（上海）国际贸易有限公司网罗电子商务俄语人才，开办对俄语国家的电子商务业务。

5. 广东凤凰高科电子商务有限公司招募电子商务俄语人才，实现对俄电子商务。

6. 新疆—中亚在线也是目前比较活跃的电子商务网站。该网站是为中俄跨境贸易提供信息和交易服务的第三方电子商务平台，由新疆润宇电子科技有限公司开发运营；针对开展中亚贸易的需求，分别建有俄文、中文电子商务交易平台以及相应移动电子商务网站；是以立足新疆、面向中亚、辐射全国为目标的中俄文及英文等多语种B2B电子商务平台。有中俄英互联网平台及移动互联网的手机浏览网站。主要业务包括：

（1）网上洽谈、交易、支付；

（2）国外信息推介、翻译、撮合、贸易代理等一站式电子商务综合服务；

（3）提供服务器、空间、域名、政务邮箱、域名备案、网站建设、淘里淘外B2C网上商城建设等服务，是阿里巴巴旗下中国万网新疆地区授权服务中心；

（4）为中国企业提供在俄罗斯最大的搜索引擎（YANDEX）上的推广服务，是俄罗斯YANDEX中国区合作伙伴。

随着共建丝绸之路经济带倡议的提出及实施，中国与中亚的几个通用俄语的国家经贸往来将会更加升温，电子商务发展的前景将会更加广阔。电子商务俄语专业毕业生在广阔的天地中将会大有可为。

可以说，目前开通电子商务的商业机构和贸易公司仍在以惊人的速度不断增加。这些电子商务平台的建立，需要大批精通俄语，尤其是电子商务俄语的专业人士加盟。可以说，电子商务平台为电子商务俄语专业的毕业生提供了就业良机。总体上看，俄语电子商务工作对从业者的素质有如下几个要求：

第一，要求从业人员要"科班出身"，要有俄语专业本科以上学历。精通俄语，有较强的俄语翻译和口语表达能力；俄文基础扎实，打字速度快，能和俄罗斯人在线交流、处理各种订单及洽谈业务；能够独立完成词组、文章的俄译汉和汉译俄工作，并能上传至网站。

第二，能够比较熟练操作电子商务的英文平台。

第三，有独立操作网站的经验。熟悉俄语互联网，熟悉俄罗斯市场和语言环境。

第四，对互联网媒体有较深的理解，对电子商务感兴趣，有网络购物体验。

第五，能够熟练操作计算机，熟练使用OFFICE系列软件。

此外，很多用人单位还对员工的其他方面提出了要求，如思维活跃、做事细心、吃苦耐劳、工作责任心强、耐心细致、具有团队合作精神。

四、电子商务俄语的内容

瞄准电子商务发展的新趋势，为适应社会对电子商务俄语人才的需求，开设电子商务俄语（专业、方向或课程）应本着实用、高效的原则，合理设置专业必修课和选修课等课程。

如果仅仅作为一门课程开设的话，其内容大致应该包括如下几个方面：1. 电子商务的概念，2. 电子商务的功能，3. 电子商务的应用领域，4. 电子商务的实践，5. 电子商务发展等。该课程应该安排在第5学期（三年级上学期），在学生已经具备一定的俄语基础之后，使用的教材最好是俄文原版或是国内编写的专业俄文教材。

如果作为一个专业方向或专业设立的话，那么应该考虑下列情况：

电子商务俄语工作者归根结底依靠的是俄语专业的相关知识。因此，本专业（方向）的基础课程应该是俄语，学生首先应该掌握俄语的基础知识，包括基本的语法、日常口语、笔语的基本技能，否则无法胜任相关俄语电子商务的工作。为此，在基础阶段，应该为学生开设的课程有基础俄语、基础俄语口语、俄语听力、俄文打字课等。此外，可以使用中文教材为学生开设电子商务的基础课程，如电子商务概论等，以及市场营销等相关课程1—2门，让学生掌握电子商务的基本原理。在高级阶段，第5—6学期为学习本专业或方向的学生开设高级俄语、高级俄语口语、高级俄语听力等课程。此外，还应该开设电子商务实战与应用课程，使学生掌握电子商务的基本技能。同时，在第7学期，可以安排学生到商业机构进行电子商务俄语的专业实习。以上课程可以看作是电子商务俄语专业（方向）的必修课程。

除了上面的系列必修课程之外，也要为学生开设一些相关的选修课程，包括俄罗斯国情（地理、历史、政治、文化、外交等方面）、俄语言语礼节、俄语写作等课程。鉴于当前英语仍然是很多网站以及商务活动的通用语言之一，电子商务俄语专业的学生应该具有二外英语的基础，能够浏览简单的英文网页，读懂通用的菜单。为此，有必要设置二外英语课程。可安排在2—5学期，每周4学时，每学期72学时左右，开设4个学期。

结语

科技发展日新月异。我国改革开放的步伐不断加快。随着中俄两国战略伙伴关系的深入发展，特别是俄罗斯全面实施远东大开发战略，我国实施东北振兴和沿边开发开放战略以及共建丝绸之路经济带倡议的提出，为深化中俄经贸合作、实现中俄经贸合作创新发展与转型升级带来诸多机遇，俄语电子商务有着巨大的发展空间。高校俄语专业应该不失时机地抓住机遇，更好地服务社会，适度开设电子商务俄语专业（方向），有计划地培养现代社会所需的合格的电子商务俄语人才。

参考文献

［1］ 邓洪涛，赵彦. 关于高校电子商务专业课程设置的思考［J］. 电子商务，2007（9）.

［2］ 徐洪智，张彬连. 电子商务专业人才培养模式探讨［J］. 信息系统工程，2011（7）.

［3］ 甘海泉. 以区域经济市场需要建构应用型商务俄语专业人才培养模式［J］. 吉林省教育学院学报（下旬），2012（3）.

［4］ 吴天飞. 哈尔滨对俄电子商务运营中心上线［N］. 哈尔滨日报，2014-02-18.

零基础俄语专业学生俄语学情调查
——以广东外语外贸大学俄语系2017级学生为例

广东外语外贸大学　黄天德

引言

"随着中俄战略伙伴关系全面深化，2015年俄语人才市场需求急剧扩大，所涉及行业范围明显增多，如国家各大部委、新闻出版、各大企业、安全部门、航空航天、科技、教育、艺术、经贸、电子商务等。"（赵秋野2016：1）因此，培养符合国家需求的高级俄语专门人才十分迫切。

广东外语外贸大学（以下简称广外）作为中国八大外语院校之一，其俄语语言文学学科创建历史悠久，包括本科、硕士及博士三个层次，培养了一批又一批具有国际视野、掌握跨文化交际的应用型、科研型人才。广外俄语专业创办于1970年，是广东省级重点专业，在华南地区具有极大影响力，俄语学子在广交会、中小企业博览会、世界大学生运动会、亚运会等各项重要活动中用俄语服务社会，获得广泛好评。

我们选取广外俄语系2017级大一学生作为研究对象，进行有关专业志愿选择原因、大学前接触俄语情况、了解俄罗斯的意愿、俄语学习方法、喜欢的授课模式、职业规划及俄语学习成绩等问题的问卷调查，旨在全面了解大一学生的整体情况，为师生间的互动及教师教学方式的转变提供参考数据，以培养出优秀的俄语专业毕业生，为我国俄语教学的持续良好发展添砖加瓦。

一、问卷调查过程

（一）问卷设计

调查问卷由个人基本信息、志愿选择原因、了解俄罗斯的意愿、学习方法及授课模式、职业规划四个主要部分构成。个人信息包括姓名、性别、参加高考省份；专业志愿选择包括：①为什么选择俄语作为专业志愿？②上大学前对俄语有什么了解？了解俄罗斯的意愿包括：①有想了解俄罗斯文化的意愿吗？②如有去俄罗斯高校交换学习的机会，您是否会去？俄语学习方法及授课模式包括：①有哪些好的俄语学习方法？②喜欢什么样的授课方式？职业选择为将来想从事什么职业。考试成绩通过教务网导出，以2018年7月大一学年结束时基础俄语期末考试成绩为依据。

（二）调查对象

选取广外俄语系2017级大一两个班级共50名学生作为调查对象，其中男生9人（18%），女生41人（82%）（见图1）；广东省生源43人（86%），外省生源7人（14%）：安徽省、黑龙江省、河北省、四川省、广西壮族自治区、河南省、湖北省各1人（见图2）。

性别

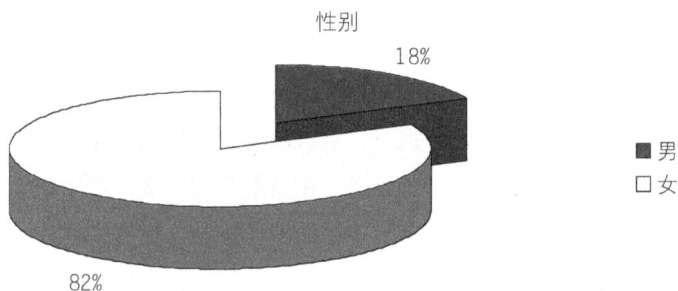

图1　2017级俄语专业学生性别比例

人数

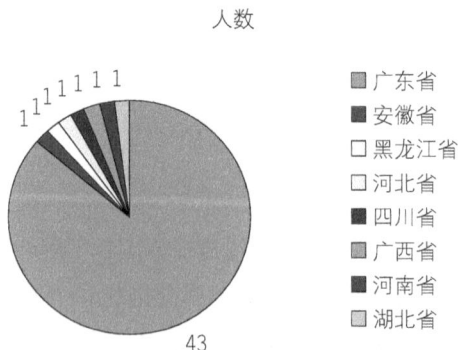

图2　2017级俄语专业学生高考生源省份人数分布

（三）调查时间及地点

基于大一新生上学期仍处于俄语学习摸索阶段的考虑，调查于2018年3月即下学期初在教室进行。

二、调查结果分析

（一）专业志愿选择

超过半数学生（31人，62%）将俄语作为第一志愿报考，其中女生27人，男生4人；10人（20%）将俄语作为第二志愿，其中女生8人，男生2人；5人（8%）将俄语作为第三志愿，其中女生3人，男生2人；4人（10%）将俄语作为第四志愿，其中女生3人，男生1人（见图3）。所有俄语专业学生前四个志愿中均有俄语，即没有出现未填报俄语而被俄语专业录取的情况。

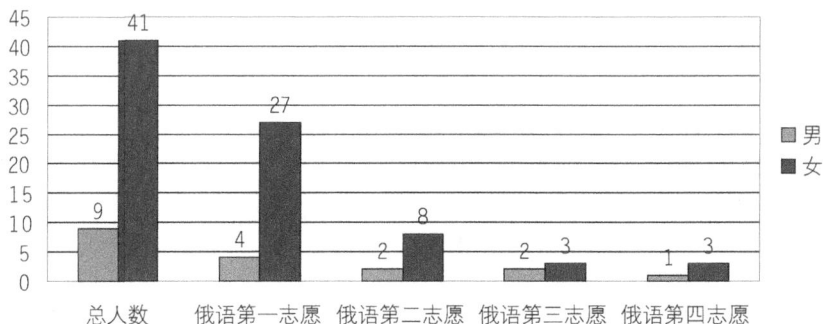

图3 俄语在2017级俄语专业学生志愿中排序

数据表明，俄语是大多数学生的首选志愿，大部分学生以第一专业志愿被录取。

选择非俄语作为第一志愿学生共19人，其中法语4人，德语3人，英语3人，西班牙语2人，高翻2人，葡萄牙语1人，4人未填报（见图4）。

以上数据显示，除4名未填报的学生，其余46名学生都以外语类专业为第一志愿，很大程度上表明俄语系2017级所有学生均是基于学习外语动机而报考广外。除俄语外，法语最热门；德语、英语紧随其后；西班牙语、高翻和葡萄牙语次之。

第一志愿人数

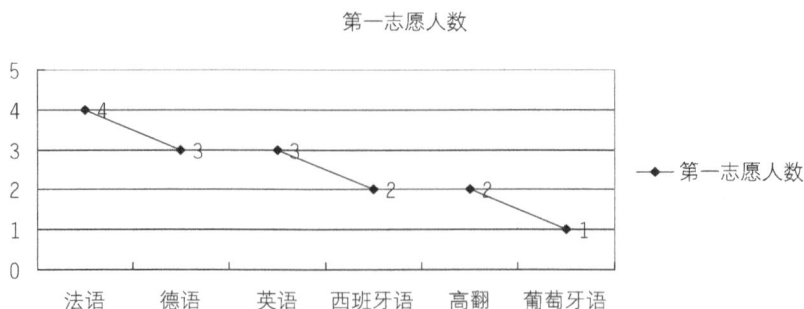

图4　2017级俄语专业学生非俄语第一志愿选择

　　我们将选择俄语作为专业原因的问卷答案进行范畴归类统计，结果显示：21人出于对语言的喜爱，且高考成绩分数合适而报考俄语专业；7人因喜欢俄语、喜欢俄罗斯文化而选择俄语；4人主要考虑"一带一路"建设兴起，俄语就业需求量大；另外两人为长辈、父母推荐，其他未填写及无法归类（如"巧合"）16人（见表1）。

表1　选择俄语原因及对大学前对俄语的了解情况

选择俄语的原因	喜欢俄语，喜欢俄罗斯文化	喜欢语言，俄语专业分数刚好	"一带一路"建设兴起，好就业	长辈推荐	未填及其他
人数	7	21	4	2	16
大学前对俄语的了解	俄剧/俄语电影/俄语歌曲	俄罗斯文学/军事	基本没有	完全没有	
人数	6	1	29	14	

　　喜欢语言，高考成绩分数合适：喜欢语言，西班牙语和法语分数线太高，只能冲一冲俄语；分数能够达到，喜欢学外语；接近分数排名，俄语是联合国官方语言之一，而且中俄关系目前尚为良好；分数刚到，觉得俄语好听；分数合适，俄罗斯与中国外交关系良好；想学西方语言，俄语分数合适；四川只招俄语和日语，不想学日语，就报了俄语；因为喜欢发达国家语种，而法语和德语分数不够，故选择了俄语；根据录取成绩俄语专

业是较有希望考上的最好专业等。

喜欢俄语，喜欢俄罗斯文化：喜欢俄罗斯建筑，有高贵的气质，郊外的小屋很温馨；喜欢俄罗斯体操女队；喜欢俄罗斯文学作品；感觉俄语很特别，对俄罗斯战斗民族感兴趣；在美剧里听过俄语，感觉很酷；受一个俄语学姐的影响，对俄语产生兴趣等。

考虑俄语就业前景好：保送葡西俄，前景很好；看好俄语的发展前景；"一带一路"展开，小语种火热；"一带一路"兴起，俄语人才应该需求量很大。

上大学前近半数学生（58%，29人）对俄语基本没有了解，大多数回答为：听说俄语很难；知道这是一门语法比较复杂的语言；有听同学说过，家里有亲戚学过俄语，他们说俄语是个入门难，但越学越好学的学科；在东欧、中亚广泛使用，比较难；俄语是联合国六大官方语言之一；俄语非常"饶舌"；很难学，语言规则严谨，文化丰富多样；只知道字母与英语不同，看起来很好看，也很难学；只看过俄文字母，知道语法很复杂；只知道讲俄语的人数也很多；在美剧里听过一些，并没有其他接触等。而28%（14人）的学生完全不了解，也没有接触过。仅有14%（7人）的学生在选择俄语前有过专门了解，如看俄剧《战斗民族养成记》，觉得俄语很好听；看俄罗斯电影《他是龙》，每次看新闻都喜欢看普京；专门看过颤音的相关视频；读过俄罗斯文学，高中时对俄罗斯军事有过了解；看过俄语电影，在电视上听过俄语，觉得俄语语速快；曾经听过俄语歌曲，感觉俄语很独特。

综上，因对俄罗斯文化感兴趣、对俄语有较深了解、真正喜欢俄语而选择俄语的学生非常少，大部分学生是在完全没有了解或仅有些许了解的情况下选择俄语作为专业。

（二）了解俄罗斯的意愿

100%的学生都有进一步了解俄罗斯的意愿，这说明所有学生都有学习动力和继续了解俄罗斯的意愿，仅在程度上各有不同。对是否愿意前往俄罗斯进行交换学习，46人（92%）表示有意愿，3人（6%）表示要根据家庭经济条件及俄罗斯国家社会稳定情况来定，1人（2%）表示不愿意去俄罗斯进行交换学习。见表2。

表2　了解俄罗斯的意愿

是否有了解俄罗斯的意愿	是	否	不一定
人数	50	0	0
是否愿意去俄罗斯交换学习	是	否	不一定
人数	46	1	3

（三）学习方法及授课方式

在学习方法的调查中，我们发现近半数学生（24人，48%）认为最好的学习方法是多听、多读、多说、多写、多练、多模仿这样简单而不断反复刺激的练习过程；11人（22%）认为了解文化、激发兴趣是最主要的学习方法；8人（16%）认为最好的学习方式是在语言环境中进行学习，如有学生说要自己创造俄语语言环境，看俄剧，到俄语国家去学习及生活，多和母语人士交流；而3人（6%）强调词汇的学习，其他4人（8%）认为仍未找到适合自己的学习方式。见表3。

表3　学习方法及授课方式

有哪些好的学习方法	语言环境	多听，多读，多说，多写，多练，多模仿	了解文化，激发兴趣	强调词汇学习	其他
人数	8	24	11	3	4
喜欢什么样的授课方式	轻松愉悦，生动有趣	互动	结合国情讲解	多举例，多练习，多总结方法	其他
人数	22	6	3	8	11

近半数的学生（22人，44%）希望教学课堂轻松愉悦、生动有趣；16%的学生希望课堂上教师能够多举例子、多练习、多总结方法，12%的学生喜欢互动的教学方式，6%的学生则希望课堂上结合俄罗斯国情讲解。

（四）职业规划

翻译17人（34%），外贸6人（12%），口译/同传5人（10%），教师3人（6%），俄语专业相关3人（6%），自由职业2人（4%），外交1人（2%），旅游1人（2%），记者1人（2%），对未来从事的职业没有清晰的规划8人（16%），未填写3人（6%）。详见图5。

（五）考试成绩分布

2017级俄语学生考试成绩分布呈现"两端低，中间高"的状况，高分段及低分段人数比较少，主要集中在中间分数段，女生成绩整体与此趋同，男生则高分极少，人数从高分到低分呈增长型，男生分数整体低于女生（见图6）；省外学生总体优于省内，排名前三的学生分别来自湖北省、

人数

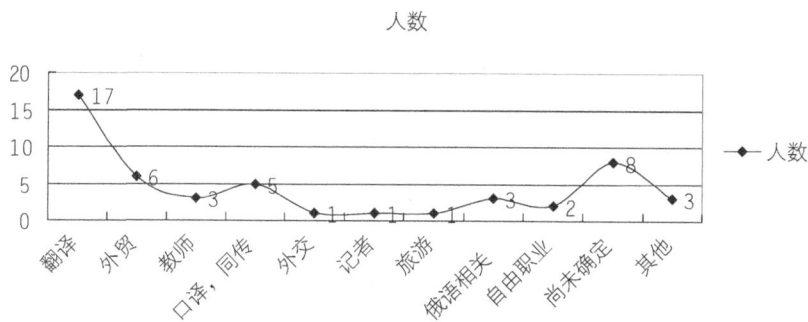

图5　2017级俄语专业学生职业规划情况

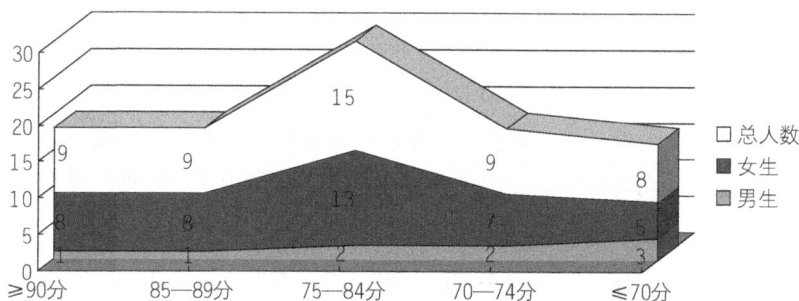

图6　2017级俄语专业学生考试成绩分布

安徽省和黑龙江省，余下省外学生排名依次是河北省（排名第21）、河南省（第27）、广西壮族自治区（第30）、四川省（第31），所有省外学生成绩均在中上层。这应该是广外主要面向省内招生，而省外招生比例小，分数要求相对更高的原因，即省外生源所占比例小，但质优，高考成绩在一定程度上与大学学习成绩成正相关。

三、结论与建议

基于上述分析，针对存在的问题我们给出下列建议供参考。

1. 广外俄语系2017级几乎全部学生都是因为喜爱外语而报考俄语，而大部分学生并未在报考前对俄语有过了解，因此中学应根据学生兴趣开设选修课程，如外语多语种课程，让学生了解不同语言文化，如果没有师资，可从大学邀请不同专业教师定期举办讲座。不具备开设多语种课程条件的学校，教师可积极引导学生利用网络了解、学习相关专业的知识构成、就业领域和前景等，还可邀请本校考入大学的学生回校举行专业及大学学习生活分享交流会。这样，在很大程度上可避免高考后学生仅根据分数随意选择报考专业的情况发生。中学阶段学校及教师要积极为学生创建良好的课外知识交流氛围、扩大学生的视野，要积极培养学生专业选择的意识。

2. 全部学生都有了解俄罗斯的意愿，基本上所有学生都愿意去俄罗斯交换学习，仅个别学生有家庭经济条件及俄罗斯国家稳定性的顾虑。因此，学校应创造机会，加强国际交流与合作，让学生们有机会去俄罗斯交换学习。广外与莫斯科语言大学、乌拉尔联邦大学、莫斯科国立大学、俄罗斯新大学、俄罗斯总统直属经济管理学院彼得堡分院等俄罗斯高校保持密切交往，2008年与乌拉尔联邦大学共建的孔子学院落户叶卡捷琳堡，2011年俄罗斯俄语世界基金会资助的俄语中心在广外成立。学生也被派往莫斯科国立大学、普希金俄语学院、莫斯科语言大学、俄罗斯人民友谊大学等多所俄罗斯著名院校学习。但国内不少高校由于缺少资金支持、缺乏国际合作视野及经验而未能与国外院校开展良好合作，导致教师与学生没有机会到国外学习、深造。我国学者何红梅指出，不少高校俄语教研室因资金匮乏，俄语教师没有机会到国外进修提高，他们缺乏对俄罗斯语言、文化、艺术的亲身体验和感受，其知识结构日趋老化，不能给学生提供足够的关于当代俄罗斯的信息，也在一定程度上影响俄语教学质量。（何红梅等2017：102）因此，无论是学生还是教师都需要学校的大力支持，才能相互推动、共同进步，国际交流与合作长效机制的建立无论在教师教学还是学生自身发展上都具有积极、重要的作用。

3. 大部分学生认为好的学习方法为多听、多读、多说、多写、多练、多模仿；了解文化、激发兴趣次之，也就是说大多数学生的认识还是停留在最基本的语言反复刺激操练上，没有结合文化国情等进行语言深度学习的意识。我国学者赵秋野强调，俄语人才培养不应只关注工具性，应重视人文性，重视学生人文素养教育及区域国别问题研究能力的培养。（赵秋野2016：1）因此，学生不应将语言学习停留在表层，而应更多地去关注语言背后的知识，去阅读国情文化等方面的书籍，感受该语言对象国的文化和艺术魅力，提高人文素养。

4. 近半数学生喜欢的授课方式为轻松愉悦、生动有趣、多互动、多练习、能够结合国情知识进行讲解。我们应有意识地改变原来单一枯燥传授语言知识的教学方法。何红梅教授认为，应创建轻松愉快的教学氛围，变传授理论知识教学为实践技能教学，从单纯的知识传授教学转变为培养学生获取知识、运用知识和创造知识的能力的教学方式。教师在授课过程中，要积极介绍文化背景、社会习俗等国情知识，重视语言运用是否恰当，使学生逐步获得社会语言学方面的知识。编写新的教材，增加话题类型，并注重实用性，力求与时代同步、内容生活化和口语化；重视口语训练，多开口语实践课，改变以往的"哑巴"俄语现象；充分利用现代化设备，如多媒体、计算机和网络等新的教学手段，通过丰富的图形、图像、视频、音乐等形式表现教学内容，调动学生的积极性和主动性，把俄语学习延伸到课外。（何红梅等2017：103）学者王琪也给出了具体的建议：教师可以通过给学生播放俄罗斯歌曲、有关俄罗斯节日的相关视频等，增强学生学习俄语的兴趣，课堂教学上应采用新颖、生动、有趣、富有美感和吸引力的教学方式，满足学生对俄语的好奇心，由此创建一个和谐、轻松、活泼的课堂教学氛围，用充满活力的教学吸引学生，从而更好地提升学生学习俄语的兴趣。（王琪2018：25）因此，近年来不断探讨的微课、慕课等教学尤显重要，在很大程度上增强上课堂教学形式及内容的多样性、生动性和趣味性。

5. 大部分学生将翻译作为职业规划，仍有不少学生对职业没有明晰的规划。随着人工智能发展，未来大部分领域翻译工作将被机器取代。因此，我们需要思考"俄语+特色专业"教学模式的可能性：在大学选择其他优势特色专业与俄语专业相结合，如"俄语+法律""俄语+经贸""俄语+会计"，同时还可与俄罗斯师资较强的高校进行实质性合作，建设"中俄学院"，引进俄罗斯优质教育资源，培养既懂俄语又有专业的复合型人才。对仍未有清晰职业规划的学生，教师应加以积极引导，如班级实行导师制，由教师进行相关的职业指导；邀请已就业学生回校进行针对性的真人面对面；学校积极与社会企业联系，创建各类实习基地，让学生有机会实习，提前了解不同就业岗位等。

6. 整个年级的成绩呈现"两端低，中间高"，男生总体成绩偏低。这就要求教师积极关注男生群体，找出男生学习困难及成绩偏低的原因，采取积极的应对措施，如充分利用网络技术资源，进行生动丰富的教学，培养其学习俄语的兴趣，增强其自信心；课上多与其进行互动，多提问，更多地让男生及低分数段的学生参与进来。

结语

我们以广外俄语系2017级学生为调查对象，对其俄语学习相关情况数据统计分析，通过数据量化在一定程度上反映国内院校俄语专业学生存在的一些共性问题，并据此提出具体的教学建议，希望能以小窥大，给国内院校提供可行的参考、借鉴，推动我国外语教育，包括俄语教育不断向纵深发展。

参考文献

［1］ 何红梅，马步宁，武晓霞. 中国大学俄语教学：历史与发展［J］. 外语学刊，2017（2）.

［2］ 王琪. 影响学生学习俄语的因素及对策［J］. 黑河教育，2018（2）.

［3］ 赵秋野. 重视俄语人才培养服务对俄全面合作［N］. 黑龙江日报，2016-02-03-006.

Практика обучения китайских студентов говорению на русском языке: проблемы и пути их решения

Муданцзянский педагогический университет
Мэн Линся, Ван Синхуа, Н.А. Ларионенко

История преподавания русского языка в учебных заведениях Китая имеет многовековую традицию. Вот уже более 300 лет интерес китайской нации к русскому языку, истории и культуре России не угасает. В последние годы интерес к русскому языку значительно вырос, что объясняется расширением границ дипломатических отношений между Китаем и Россией в различных отраслях (политика и экономика, бизнес и торговля и др.), в том числе и науки. На рынке труда увеличивается спрос на профессиональных переводчиков, предпринимателей, работающих в тесном контакте с русскоязычными партнерами. Система высшего образования нуждается в высококвалифицированных педагогах, способных осуществлять обучение не только на родном языке, но и иностранном, в данном случае русском.

Методика преподавания русского языка в вузах Китая на протяжении длительного отрезка времени претерпела большие изменения. Бесценный опыт, накопленный тремя столетиями, изучается и анализируется современной наукой, продолжаются поиски подходов к обучению русскому языку, вырабатываются новые наиболее эффективные методы и приемы, направленные на достижение результатов более высокого уровня. Осмыслению не только перечисленных, но и других аспектов, влияющих на качество и уровень преподавания русского языка в системе школьного и высшего образования, посвящены научные труды китайских исследователей-современников (Чжао Шифэн 2012: 200–201; Гао Фэнлань 2016: 41–45; Ло Сяося 2015: 18–23 и др.).

Но, даже не смотря на колоссальный опыт, накопленный китайскими исследователями в течение трех столетий, на современном этапе обучения русскому языку по-прежнему остаются актуальными вопросы, связанные с формированием и развитием навыков и умений говорения на русском языке. Речь идет о следующем. Как показывает многолетняя практика работы в вузе, знания грамматики и лексики русского языка, результаты экзаменационных испытаний выше среднего уровня не позволяют китайским студентам свободно вступать в коммуникацию с инофонами (т.е. носителями русского языка), в произвольной форме вести с ними диалог на различные темы, строить собственное монологическое высказывание на заданную тему. В настоящее время проблема «слабого говорения на русском языке» не является редкостью, более того, она становится распространенной. Какие причины лежат в основе данного явления? Существуют ли пути преодоления трудностей, с которыми сталкиваются китайские учащиеся при изучении русского языка? В нашем исследовании мы попытаемся ответить на данные вопросы. Данная работа является попыткой собственного осмысления и анализа вопросов, связанных с обучением разговорной речи (говорению) на практических занятиях по русскому языку.

1. Актуальные проблемы обучения русскому языку

1.1. Традиционные модели обучения русскому языку

С целью повышения качества образования учебные заведения Китая сегодня оснащаются всеми необходимыми средствами обучения: начиная с основной учебной литературы по изучаемым дисциплинам и заканчивая разнообразными интерактивными средствами мультимедиа. Современная учебная аудитория уже не мыслима без многофункциональной интерактивной доски и доступа к сети интернет.

Но, как гласит пословица, у каждой монеты две стороны. Несмотря на использование различных мультимедийных средств обучения, призванных не только разнообразить процесс обучения, сделать его более интересным, а самое главное максимально эффективным, сегодня по-прежнему лидирующие позиции сохраняются за традиционным подходом к обучению. При таком подходе речевая деятельность преподавателя на занятии остается доминирующей, в то время как студент превращается в пассивного слушателя, задача которого фиксация излагаемой педагогом информации. Речевая деятельность студента на занятии минимизирована. В подобной форме проводится большинство занятий китайскими педагогами. К тому же каждое занятие ограничено временными рамками, количеством часов, которое отводится на изучение конкретной темы. Вышеперечисленные факторы, несомненно, оказывают влияние на сам процесс обучения. Во-первых, пассивная роль слушателя нередко приводит к тому, что внимание студента постепенно снижается, а может и вовсе переключиться на другое более интересное занятие. Студент «будто бы выпадает» из самого процесса обучения. Во-вторых, побуждение студента к речевой деятельности сопровождается значительными трудностями, которые, как отмечают и сами студенты, связаны с нехваткой практики говорения, с нехваткой времени для отработки фонетических, лексико-грамматических, синтаксических и других подводных камней русского языка. Время для практики говорения сводится к минимуму, поэтому китайскому студенту необходимо гораздо больше сил и времени для формирования навыков говорения на русском языке. В-третьих, отметим снижение мотивации и интереса студента к постижению русского языка. Тематика занятий от урока к уроку становится разнообразней, грамматический материал наслаивается и усложняется, увеличиваются объемы текстового материала, а также списки лексического минимума. Требуется гораздо больше времени для постижения и усвоения предлагаемого материала. Одним из контрольных показателей освоения учебного материала выступает практика речи, то есть уровень владения изучаемого языка в аспекте говорения. Таким образом, в рамках традиционной модели обучения «пассивная» роль китайского студента в учебном процессе вызывает значительное снижение интереса студенческой аудитории к русскому языку, и даже ее неудовлетворение.

В последние годы наблюдается значительный рост численности китайских студентов факультета русского языка. В результате в вузы поступает разнородная по уровню языковой подготовки масса студентов, что создает определенные трудности при их обучении. В особую категорию следует отнести студентов, которые поступают на факультет русского языка по желанию родителей. Ранее в средней школе русский язык не изучался ими, а потому и не представляет особого интереса для данной категории учащихся. Учитывая этот фактор, а также анализируя собственный многолетний опыт работы, отметим следующее: если сегодня в университете в качестве основной модели обучения оставить традиционную, то это отрицательно скажется на уровне и качестве подготовки высококвалифицированных кадров со знанием русского языка. Иными словами, по окончании университета китайские студенты не будут соответствовать требованиям и уровню владения русским языком, который определен вузовской программой обучения.

1.2. Слабое звено – разговорная речь

Обучение русскому языку, как и любому другому иностранному языку, осуществляется в аспекте формирования, развития и совершенствования навыков всех видов речевой деятельности – чтение, письмо, аудирование (слушание) и говорение. Именно аспект говорения вызывает у китайских учащихся наибольшее количество трудностей и сложностей. Это объясняется многими причинами, часть из которых была обозначена нами выше. Но главная причина «слабого» и несвободного умения говорить на русском языке, на наш взгляд, может быть выражена следующей ключевой фразой: «Я знаю слова, но не знаю, что с ними делать?» Действительно, китайские студенты владеют определенным набором лексических единиц, но не умеют им пользоваться грамотно и правильно. Отсюда возникают разного рода ошибки в речи, как, например: *я можно читать* (вместо: *я могу читать); он нравится читает* (вместо: *ему нравится читать); я заказал Еду на дом (вместо: я заказал едУ на дом); это дорОго стоит (вместо: это дОрого стоит) или это дорого стоИт (вместо: это дорого стОит) и др.* Пополнение собственного словарного запаса активной (т.е. часто употребительной, актуальной) лексикой является одним из важнейших условий освоения иностранного языка, в нашем случае русского. Но расширение словарного запаса активной лексики не должно, по нашему мнению, сводиться только к его количественному признаку. Важным критерием постижения новой лексики выступает качество ее усвоения путем разнообразных видов заданий: осмысленное **многократное** повторение, вдумчивое составление **собственных** словосочетаний, фраз и предложений с последующим воспроизведением их в письменной и устной формах, выполнение различного рода лексико-грамматических упражнений и др.

Безусловно, научить китайского студента свободно говорить по-русски, не развивая при этом навыки аудирования, не представляется возможным. Говорение, как вид речевой деятельности, является неким синтезом, сочетающим в себе результаты освоения лексики и грамматики изучаемого языка, результатом правильного и грамотного сложения лексических единиц в **собственные** словосочетания и предложения с учетом правил грамматики русского языка, а также умения **услышать** и распознать в речи собеседника уже знакомые лексические единицы.

Основной учебной литературой на занятиях служат учебники, рекомендованные Министерством образования КНР для студентов филологических факультетов. Однако уровень подготовки китайских студентов, определенный вузовской программой, заставляет педагогов-словесников самостоятельно искать пути повышения грамотности студентов. Так как часов, которые отводятся программой на изучение основных тем по дисциплине «Практический русский язык», недостаточно, преподаватели прибегают к помощи Интернет-ресурсов, осуществляя поиск дополнительных учебных материалов. Они самостоятельно составляют и дополняют уже имеющиеся списки лексического минимума, которые включают в себя наиболее употребительную разговорную лексику русского языка, в том числе и различной стилистической направленности. «Педагогические находки» и разработки дополнительных учебных материалов используются не только в рамках учебных занятий, но и при самостоятельной работе китайских студентов.

Результат многолетней практики работы со студентами-русистами показывает, что до сих пор для китайских студентов умение говорить по-русски чисто, правильно и грамотно – это камень преткновения или так называемая ахиллесова пята. Весь процесс обучения русскому языку в вузе подчинен одной главной цели – овладеть способностью общения на русском языке с носителями данного языка, уметь поддерживать диалог с русскими в различных ситуациях общения (начиная от бытовой сферы и заканчивая сферой официально-делового общения), научиться «понимать на слух» устную речь русскоязычного населения.

Умение слышать, говорить, читать и писать – это основа, фундамент, на котором базируется изучение любого иностранного языка, и русский язык не является исключением. Контрольные задания в системе единого государственного тестирования четвертого и восьмого уровней направлены на проверку уровня владения русским языком во всех его аспектах речевой деятельности – говорение, аудирование, чтение и письмо. Следует отметить, что подобные тесты не всегда и не в полной мере дают представление об уровне владения языком. Речь идет о том, что китайские студенты, освоив значительный пласт лексики, не могут пользоваться им в ситуации общения с носителями языка. Значение многих устойчивых фраз, механически заученных наизусть, так и остается недосягаемо для китайских учащихся в плане понимания. Употребление многих речевых конструкций и клише в собственной речи по-прежнему вызывают большие сложности у китайских студентов.

Особенно наглядно эта картина проявляется в условиях

неподготовленного, спонтанного, непринужденного общения. Бесспорно, в процессе коммуникации, когда собеседники могут видеть друг друга, положительным фактором является возможность использования участниками процесса общения мимики и жестов как средства передачи информации. Иная ситуация обстоит с дистантной формой коммуникации, то есть речь идет о «разговорах на расстоянии», например, разговор по телефону. В таком случае используется лишь один канал связи – слуховой.

Таким образом, чтобы в дальнейшем будущие выпускники китайских вузов успешно справлялись со своей будущей работой, сегодня преподаватели русского языка должны уделить особое внимание формированию, развитию и совершенствованию навыков и умений в аспекте говорения и аудирования.

1.3. Небольшой / ограниченный словарный запас

Большинство китайских студентов, выбравших своей специальностью русский язык, ранее не изучали его в школе. Их первое знакомство с русским языком происходит в стенах вуза «с нуля». Обучения русскому языку как иностранному «с нуля» ставит преподавателя перед необходимостью начинать работу на занятии в первую очередь с освоения иностранной лексики. В течение первых двух лет обучения педагоги-словесники делают упор на интенсивное расширение словарного запаса, его максимальное пополнение с целью формирования прочной базы, фундамента для постижения русского языка на более продвинутых этапах обучения. В этой ситуации занятия по дисциплине «Практический русский язык» направлены на достижение следующих основных задач: максимально обогатить словарный запас активной лексики китайских студентов с целью ее дальнейшего максимального использования в собственной речи; систематизировать знания в области лексики русского языка, как его раздела; сформировать навыки и умения грамотной, правильной устной речи с учетом уже изученных правил грамматики и фонетики русского языка. Обогащению собственного словарного запаса способствует и чтение различных книг на русском языке. Поэтому преподаватели рекомендуют студентам читать произведения русской литературы.

Безусловно, лексика изучаемого языка должна постоянно обогащаться. Хочется отметить, что приоритетным остается качество расширения словарного запаса, а не его количество. Важно понимать значение конкретного слова или устойчивой фразы, их использование в разговорной речи, а не механическое заучивание слов и фраз наизусть без должного осмысления.

Отметим, начальный этап обучения русскому языку «с нуля» сопровождается рядом значительных трудностей, которые нередко кажутся китайскому студенту непреодолимыми. «Встреча» с подобными препятствиями, как правило, вызывает у студента отрицательную реакцию, которая может сопровождаться различными эмоциями и снижением интереса к изучаемому языку. Разом приходится осваивать и фонетику, и графику, и письменность, и грамматику, и лексику русского языка. Освоение новой лексики осложняется рядом причин. Списки лексического минимума от урока к уроку увеличиваются в размерах, усложняются и сопровождаются разного рода комментариями. Довольно часто лексический минимум представлен разнородной группой слов, которые не объединены по смысловому признаку. Так, например, стипендия (奖学金；助学金), сливочный (奶油制的), романтический (浪漫主义的；理想的；幻想的) и др. В этом случае в качестве рекомендации отметим, более эффективному усвоению новой лексики способствует ее объединение в тематические группы, например, одежда (брюки, юбка, блузка и др.), эмоции и чувства (радость, радостный, грусть, грустный, одинокий, одиночество, злость, злой, обида, обидный и др.), посуда (ложка, вилка, тарелка, чашка и др.); запоминание слов парой антонимов (быстро – долго, легкий – трудный, тяжелый; черный – белый, зима – лето и др.); запоминание слов синонимов (симпатичный – привлекательный, очаровательный, хорошенький, милый и др.). Таким образом, лексический минимум, представленный в учебнике, китайскому студенту освоить гораздо легче при условии, если работа с данным минимумом будет организована правильно и продуманно.

1.4. Влияние родного языка при освоении русского языка

Самой серьезной ошибкой при построении фразы на русском языке является попытка построить ее по аналогии с родным, то есть с китайским языком. Речь идет о том, когда китайский студент сначала строит предложение на китайском языке, а затем делает его дословный перевод на русский язык. Этот подход, на наш взгляд, заранее неверный и не принесет желаемых положительных результатов. Мы предлагаем сфокусировать внимание на лексико-семантической интерференции, которая представляет собой сближение слов двух языков на основе их формального или семантического сходства, а также переход лексики из одного языка в другой. Проявляется лексико-семантическая интерференция двояко: в плане содержания (значения) и в плане выражения (звукового). Для правильного понимания и дальнейшего рассмотрения взаимовлияния языков следует подойти с точки зрения анализа слов русского и родного языков, имеющих большие расхождения в семантическом поле. Для того, чтобы китайские студенты овладели умением грамотно строить речевые конструкции на русском языке, на занятии преподавателю необходимо обращать особое внимание учащихся на употребление тех самых речевых оборотов в контексте и в правильном варианте. Таким образом, у студентов будет формироваться умение выражать собственную мысль именно при помощи конструкций, которые свойственны русскому языку. Постепенно манера «говорить по-русски китайскими словами» трансформируется в необходимость «говорить по-русски русскими словами», то есть грамотно и правильно.

2. Пути решения проблем

2.1. Поиск и выбор наиболее эффективной методики обучения русскому языку

Колоссальная разница между китайским и русским языком очевидна. Оба языка абсолютно полярны друг другу, различий между ними гораздо больше, чем сходств. Тому есть ряд весомых причин. Во-первых, оба языка имеют отношение к разным языковым семьям, которые никак не связаны друг с другом. Так китайский язык относится к китайско-тибетской языковой семье с иероглифической письменностью, в то время как русский – к индоевропейской языковой семье и имеет звукобуквенную систему письма. Звукобуквенное письмо сочетает в себе и произношение, и интонацию, и значение слов. Основой для распознавания слов является «цельность звукобуквенного облика слова и его значения. В целом распознавание китайских иероглифов также зависит от формы и значения иероглифа, но для них более важна контурная конструкция, которая сильнее влияет на значение иероглифов, чем их произношение». (Гао Фэнлань 2016: 43) Таким образом, русский и китайский языки имеют существенные различия как в устной, так и в письменной речи. Все это приводит к тому, что при изучении русского языка китайские студенты сталкиваются с большим количеством трудностей, в число которых входит и психологический барьер восприятия русского языка, особенно на слух. Во-вторых, китайский язык относится к языкам изолирующего типа, а русский – флективного типа. Во флективных языках доминирует словоизменение при помощи флексий, которые могут сочетать в себе сразу несколько значений. Например, окончание -и у глагола «читали» является показателем категорий третьего лица, множественного числа, а суффикс -л- указывает на прошедшее время; или у существительного «сестры» окончание -ы говорит о том, что данное существительное употребляется в форме женского рода, единственного числа, родительного падежа. Безусловно, овладеть сложной системой словоизменения и грамматических категорий русского языка китайским студентам нелегко. Но эти трудности преодолимы путем постоянных интенсивных тренировок, цель которых заключается не только в отработке и закреплении полученных знаний, но и в умении применить эти знания, когда необходимо выразить собственную мысль в устной форме.

Итак, очевидная разница между русским и китайским языками, а также требования к знаниям и умениям китайских студентов-русистов, которые определены вузовской программой обучения, все более и более побуждают педагогов искать пути повышения уровня знаний и умений по русскому языку у китайских студентов. Каким методам и приемам обучения стоит отдавать предпочтение во время проведения занятий по дисциплине «Практический русский язык» с целью повышения уровня компетенций в области аудирования, говорения, чтения и перевода? Типичное практическое занятие по русскому языку включает в себя разговорную практику, грамматику, чтение и письмо на всех этапах обучения в вузе.

На протяжении многих лет при обучении китайских студентов русскому языку был распространен грамматико-переводной метод. Собственный многолетний опыт преподавания русского языка китайским студентам-русистам показал, что методика, в основе которой лежит данный метод, доказала свою эффективность, глубоко «проникая» в сам процесс обучения. Сознательный выбор и практическая реализация данного метода в качестве основного может гарантировать успешное освоение русского языка в той или иной степени. В последние годы в научной и методической литературе Китая широко обсуждается вопрос о коммуникативной направленности обучения русскому языку, исследователи экспериментальным путем доказывают актуальность и необходимость применения коммуникативного метода.

В соответствии с требованиями общеобразовательной программы вуза к умениям и навыкам будущих специалистов-русистов, приемы обучения русскому языку становятся более разнообразными. Реализуется это путем практических заданий, в перечень которых включены ролевые игры, работа в парах или малых группах. Дискуссии и обсуждения проблемных вопросов, пересказы текстов учебного материала ведутся на основе чтения текстов различной тематической направленности, в рамках изученных ранее и освоении новых грамматических явлений русского языка. Несомненно, у каждого педагога есть собственные педагогические «находки», способы, направленные на повышение уровня разговорной речи учащихся. И преподаватели Муданцзянского педагогического университета не являются исключением. В настоящее время нами реализуется следующий подход к обучению китайских студентов с разной степенью владения русским языком. В основе нашего подхода лежат следующие принципы: активное участие студентов в процессе обучения, их совместная работа на групповых занятиях. Наш метод обучения направлен на развитие основных языковых навыков в процессе живого и непринужденного общения. Главная цель – научить китайских студентов свободно общаться на русском языке, не используя при этом родной язык в качестве промежуточного, а также приучить не терять времени на обдумывание каждой фразы, осуществляя при этом перевод мыслей с одного языка на другой, выработать привычку только в случае крайней необходимости обращаться к словарям и т.п., то есть речь идет о мгновенной реакции на происходящее. Для достижения данной цели лексика и грамматика русского языка «подаются» студентам в контексте реальных, эмоционально окрашенных ситуаций, которые способствуют более быстрому и крепкому запоминанию материала.

Большое внимание на занятиях уделяется нами работе в парах и мини-группах. Студентам предлагаются конкретные темы или вопросы для обсуждения, в рамках которых учащиеся пробуют свои силы в ситуации реального общения. При этом студенту необходимо максимально сфокусироваться на речи собеседника, чтобы впоследствии самостоятельно уметь исправить ошибки в речи, допущенные собеседником. При этом участники дискуссии/обсуждения должны стараться строить собственные фразы максимально четко, ясно и понятно. Приветствуется взаимопомощь при попытке оформить собственные мысли и рассуждения в словесной форме. Важную роль в заданиях подобного типа играет творческий подход, а также самостоятельная познавательная деятельность учащихся и их фантазия. Именно живые, реальные ситуации общения, безграничная фантазия учащихся и творческий подход вкупе способствуют лучшему запоминанию и усвоению изучаемого материала.

В ролевых играх, сценках и даже небольших спектаклях обучаемые обыгрывают обыденные ситуации, требующие применения языковых навыков. Главное – найти логическое решение поставленной задачи, пользуясь исключительно лексикой русского языка, и, разумеется, невербальными средствами общения. С помощью таких заданий преподаватель старается максимально приблизить участников занятий к условиям реального общения. Нередко на продвинутых этапах изучения языка, студенты успешно инсценируют хорошо известные сказки или спектакли.

В процессе обучения велика роль коллективных дискуссий, или так называемых дискуссионных игр. Перед студентами выдвигается проблема, по поводу которой каждый должен высказать собственное мнение. Преподаватель раскрывает тему все больше и глубже, делится собственными соображениями, задает наводящие вопросы. Такого рода занятия позволяют студентам преодолеть стеснение и говорить более свободно. Подобная форма общения снимает психологический страх, напряжение и застенчивость, учащиеся начинают выражать свои мысли яснее и грамотнее. Задания постепенно усложняются, темы для обсуждения требуют вдумчивости, игры – внимания к деталям.

Профессионализм педагога выражается не только в умении правильно распределить время и задания между учащимися, его первоочередная задача состоит в том, чтобы научить студентов грамотно использовать выученные языковые конструкции. Поэтому, кроме живого общения, на занятиях практикуется выполнение письменных упражнений, контрольных работ, заданий из учебника и подготовленных преподавателем материалов разного характера.

2.2. Пути развития и совершенствования уровня практической грамотности учащихся

Говорение на русском языке – довольно сложный вид речевой деятельности. Для того, чтобы говорить на иностранном языке свободно, запас активной лексики должен быть довольно разнообразным, а для этого необходимо запоминать огромное количество новых слов и устойчивых сочетаний, различных предложений-моделей и речевых клише. При этом важным условием остается умение использовать лексику автоматически и именно в той форме, которую требует высказывание. Это касается важнейшего аспекта – расширение и обогащение словарного запаса учащихся. Конечно, при грамотном подходе к преподаванию языка, можно натренировать китайского студента бегло говорить, используя достаточно ограниченный словарный запас, но если подходить к вопросу овладения языком в более глобальном масштабе, то, безусловно, постоянное повышение лексического уровня является неотъемлемой частью комплексной методики. Словарный запас в нашей памяти подразделяется на две категории – пассивная и активная лексика. К пассивной лексике относятся слова, которые мы знаем, но не употребляем в речи, а узнаем только лишь в тексте или когда слышим. К активной лексике относятся те слова, которые мы свободно употребляем в общении. По-прежнему в обучении приоритетным для нас, педагогов русского языка Муданцзянского педагогического университета, остается требование к нашим китайским студентам запоминать активную лексику и различные конструкции, на основе которых они могут составить собственные примеры, сформулировать и выразить мнение по какому-либо вопросу.

2.2.1. Чтение произведений русской литературы. Прием догадки.

Нам кажется, что одним из наиболее эффективных способов активного обогащения словарного запаса учащихся является чтение художественных произведений русской литературы с захватывающим, динамичным сюжетом. По этой причине мы довольно часто рекомендуем студентам читать забавные рассказы и сказки. Но при выборе текстов данных жанров, и других жанров русской литературы в том числе, необходимо учитывать одно немаловажное условие – сюжет произведения должен, прежде всего, быть интересен читателю. Именно занимательный, захватывающий, динамичный сюжет позволит студенту дочитать литературное произведение до конца, даже если оно насыщено обилием новых слов и выражений. Но для достижения данной цели, безусловно, необходимо сформировать, заложить прочную базу знаний, которая позволит китайскому студенту «ухватить» контекст, догадаться о значении новых слов и выражений, не прибегая к помощи словаря.

Догадка, на наш взгляд, может способствовать активному расширению словарного запаса, его обогащению. Поэтому приемом догадки мы рекомендуем пользоваться настолько, насколько это может быть возможно вообще. При чтении текстов довольно часто встречаются незнакомые слова, определить значение которых без помощи словаря, не представляется возможным. В этом случае мы предлагаем студентам «включить» собственную интуицию и обратить внимание на следующее: насколько незнание перевода какого-либо слова влияет на общее понимание содержания текста. Если студент «чувствует», что это «непонимание» не оказывает особого влияния на усвоение сути сюжета, возможно, данное слово не столь важно, и его можно пропустить. Но, если это слово является принципиально важным, то весьма вероятно оно может встретиться еще раз, и тогда у читателя появится шанс догадаться о его значении. Необходимо «вживаться» в контекст и пробовать догадаться, что могло бы или должно значить конкретное слово. Если все-таки какие-либо слова и выражения затрудняют понимание содержания текста, если невозможно догадаться об их значении, в таком случае следует обратиться к словарю. Суть приема догадки в том, чтобы попытаться максимально, насколько это возможно, уловить суть текста, но при этом сократить количество собственных обращений к словарю. Если каждый раз при встрече с незнакомым словом или выражением искать их перевод в словаре, то шансы на успешное прочтение текста, а также расширение собственной лексической базы будут весьма незначительными. Использование приема догадки в собственной практике показало, чтение произведений русской литературы, как постепенно формирующаяся привычка, способствует обогащению собственного словарного запаса.

2.2.2. Пересказ

Пересказ – это тренировочное упражнение, выполнение которого в процессе обучения русскому языку создает базу для развития умений строить монологическую речь. Преподавательская практика показывает, что пересказ может способствовать развитию таких качеств монологической речи, как логичность, стройность, связность и цельность высказывания.

На начальном этапе изучения русского языка пересказ текстов вслух следует включать в процесс обучения. Но при этом важно учитывать следующее: сложность текстов должна постепенно нарастать. Формирование и развитие у китайских студентов навыков связной речи – одна из главных задач обучения на практических занятиях русского языка. Особое внимание при пересказе уделяется передаче основного содержания текста, его сути собственными словами, но желательно как можно ближе к тексту. Личный опыт доказал, что пересказ, как прием работы, способствует развитию монологической речи учащихся, особенно у старшекурсников.

Предлагаемый для пересказа текст отбирается с учетом следующих параметров: максимальная доступность содержания, актуальность темы, ее близость к жизненному опыту учащихся. Последний параметр напрямую связан с умением студента выразить личное отношение к событию, которое отражено в конкретном тексте.

Важно не путать пересказ с зазубриванием текстов наизусть, когда в полной мере функционирует лишь один механизм – механизм памяти. Наиболее полезен пересказ с варьируемыми коммуникативными задачами, который должен шире применяться в процессе обучения говорению, вследствие чего навык построения монологической речи станет более зрелым, гибким, совершенным.

Реализуя индивидуальный подход при обучении иностранному языку, в данном случае русскому, от преподавателя-словесника требуется не только высокий профессионализм и глубокое знание своего предмета, но и высокий уровень мастерства. В данном случае речь идет об умении педагога подойти к учебному процессу творчески. Безусловно, преподавателем должны учитываться реальные условия, которые складываются в группе, и, конечно, возможности каждого студента.

Результаты эффективного обучения русскому языку во многом зависят от способностей обучаемых, их отношения к изучаемому предмету, от степени интереса к русскому языку. Вот некоторые рекомендации, которые, как показывает собственная практика преподавания, могут помочь в повышении уровня владения русским языком: 1) помните, что научиться говорить по-русски можно лишь в процессе говорения; 2) упражняйтесь в устной речи при любой возможности, а в идеальном варианте – каждый день; 3) описывайте то, что видите вокруг себя, рассказывайте то, что слышите, что собираетесь сделать, о чем хотели бы поведать окружающим и т.п.; 4) по возможности разговаривайте с собою вслух, приучите себя к постоянным монологам; 5) отбросив стеснение, общайтесь с теми, для кого изучаемый язык является родным; 6) не стесняйтесь просить носителей русского языка помочь исправить допущенные вами ошибки; 7) фиксируйте собственные ошибки (в том числе и в письменной форме) и упражняйтесь в их исправлении; 8) помните, что овладеть русским языком, как и любым другим иностранным языком, возможно, но для этого необходима постоянная систематическая работа. Возможность и желание научиться говорить по-русски в ваших руках.

Надеемся, наши размышления о методике обучения русскому языку китайских студентов будут интересны и полезны единомышленникам.

Литература

[1]   Чжао Шифэн. Преподавание русского языка в последние 15 лет в Китае[J]. Молодой ученый, 2012, № 9.

[2]   Гао Фэнлань. Особенности обучения русскому языку в китайских вузах[J]. Педагогическое образование в России, 2016, № 12.

[3]   Ло Сяося. Методика обучения русскому языку в Китае (история и перспективы)[J]. Научно-педагогическое обозрение, 2015, № 2.

新《课标》下高中俄语教材解析与教学设计[①]
——以《普通高中教科书俄语必修第二册》第一课为例

河南省周口市扶沟县县直高级中学　寇金路

华中师范大学马克思主义学院　李亚宁

哈尔滨师范大学俄语教育研究中心　李雅君

引言

《普通高中俄语课程标准》（2017年版，2020年修订；以下简称新《课标》）对中学一线教师的基本素质和专业水平提出了更高的要求。作为中学俄语教师，应树立新的教学理念，突破旧的传统教法，贯彻和落实课程标准提出的课程理念和要求，深入解读俄语课程标准，清楚地认识俄语课程标准与俄语教材的关系。这样，俄语教师才能够以俄语课程标准为依据制定教学目标、安排教学内容、进行教学设计和融入课程思政，以此提高俄语教学的效率和效果。

一、俄语课程标准与俄语教材的关系

高中课程标准是国家对基础教育课程的基本规范和质量要求，是教材编写、教学、评估和考试命题的依据，也是国家管理和评价课程的基础。课程计划规定了课程门类及课时分配，课程标准则根据课程计划来确定学生预期的学习结果。（钟启泉，崔允漷，张华2001：167）教材以课程标准为依据，以本阶段学生应掌握的学科知识为指导进行编写。教材连接着教师的教和学生的学。分析教材必不可少的一步就是，分析课程标准和教材之间的关系。

（一）俄语课程标准指导教材编写

新《课标》是由我国最高教育行政部门颁发的，是国家意志力的体

---

① 本文系2021年黑龙江省经济社会发展重点研究课题（外语学科专项）"高校俄语课程思政研究"的阶段成果，为教育部"国家级精品资源共享课""中学俄语课程标准与教学设计"及教育部"俄语（师范）专业虚拟教研室"的建设成果。

现，规定了俄语学科的课程性质、课程目标、教学建议等，同时也是立足于我国高中俄语教育的需要。新《课标》的制定更加明确了高中俄语课程的目标是培养学生社会责任感、理想信念等品质以及培养学生具备语言能力、文化意识、思维品质、学习能力的俄语学科核心素养。对于学生而言，课程标准是经过一段时间学习应达到的最基本标准，通过该课程的学习应具备的能力；对于教师而言，课程标准为开展教学提供了实施建议，提出了学习质量水平划分，便于教师开展评价。课程标准是教材编写的依据。在教材编写时，专家学者在深入了解课程标准基础上，根据新《课标》的要求选择素材，按照国家要求和学生该阶段的接受特点进行编写。

（二）俄语教材是课程标准的体现

课程标准将高中阶段作为一个整体，合理规划每单元的主题，教材是课程标准的主要载体和具体体现。中国大百科全书中，对教材有两种解释：（1）根据一定学科的任务，编选和组织具有一定范围和深度的知识技能体系，它一般以教科书的形式来具体反映；（2）教师指导学生学习的一切教学材料。（丁证霖，李一平1985：144）在本文中，所例示的教材是人民教育出版社（简称：人教版）的高中俄语教科书。高中俄语教材以主题划分为不同的单元。这种做法将学习语言贯穿在了解、思考、探讨当代现实生活中的各个问题过程中，有利于学习语言，有利于发展学生的交际能力。（李荫华2001：2-8）教材内容分为"人与自我、人与社会、人与自然"三大主题，题材的选择上贴近中学生的生活，反映当下社会热点，三大主题以培养和发展俄语学科核心素养为目标，对学生形成正确的世界观、人生观、价值观具有指导作用。每单元配置了大量的图画，生动的图片利于学生理解对话与课文，此外还有大量单词、句子等的练习，发展学生的俄语思维。

教材是现阶段学生用于学习、教师开展教学的主要依据，是学习的工具，也是重要的参考材料。新课程改革要求教师成为课程的开发者和建设者，而不仅仅是知识的传授者，要求教师树立"用教材教，不是教教材"的新观念。而教材又是课程标准的体现，全面细致地分析课程标准与教材是有效进行教学（即上好每堂课）的基础与前提，在新《课标》中要求改变传统的教学方法、学习方法，倡导活动教学，培养学生乐于学习、善于学习的好习惯。因此，在教授每单元的学习内容时，需要教师了解教材，根据学生实际情况分析、加工、组合课程内容，联系生活实际开展学生能接受的、有特色的俄语教学。

二、«Какая подруга лучше?»的案例分析

人教版高中俄语教科书《俄语必修第二册》第一课«Какая подруга лучше?»围绕人与自我展开，以友谊为主题，着重学习如何描述自己的朋友、交什么样的朋友、怎样建立友谊关系以及人与动物之间的关系等。我们以本课为个案分析基于课程标准如何理解和制定教学目标、安排教学内容、进行教学设计和融入课程思政。

（一）基于课程标准制定教学目标

教学目标是对学生学完某一门课程或者某一节课应达到高度的期望，高中俄语教材以主题为单元，每单元主题都与学生生活紧密相连。本单元是以友谊为主题，要求教师在开展教学活动时要有意识地主动挖掘主题中的育人价值，教给学生正确处理人际关系的方法，对学生的交友标准进行指导。

基于课程标准，本单元的教学目标是掌握与友谊相关的词汇和句式，学会描述朋友等的语言；能够运用所学语言知识和文化知识介绍自己的朋友，有正确的择友标准；能够提取语篇中的关键信息以及能够围绕友谊话题进行交流。

（二）基于课程标准安排教学内容

教学内容的分析关系到课程设计、课程实施、课程评价等，是实现教学目标必不可少的一步。新修订的课程标准旨在通过整合教学内容实现俄语学科的核心素养。该主题活动共分为三部分：课前活动、课堂活动、课内课外活动（选学），从整个课程安排来看，便于教师开展教学。根据克拉申的输入假设，输入是习得的基础，为达到预期的习得结果，首先要从输入的量入手，增加语言接触。（见戴运财，崔文琦2014：33）阅读是输入式的言语活动，大量的阅读文本有助于学生语言的输入。本课主题材料共安排了23页，内容丰富，扩充的阅读材料给学生提供了语言输入的条件。在教材分析中，先对整体有一个把握，弄清本节课处于教材的什么位

置、主题是什么，在此基础上教师可以搜集与本节课相关的视频、音频及文字资料。

基于课程标准，本单元的教学内容在语言知识方面，学生要学会与友谊相关的词汇、句子、语篇，形容词复合式比较级的语法知识；文化知识方面，了解普希金的诗«Няне»，了解俄罗斯国情文化，除了课文中的文化知识还应引导学生关注有关友谊的相关词语、熟语及俄罗斯交友的特点；言语技能方面，以对话、表演等方式开展教学，讲述如何交友、人与朋友之间的关系等，能够用俄语介绍自己的朋友；学习策略方面，培养学生自主学习的习惯、合作探究的意识。总的来说，要发展学生的言语技能，培养学生的学习能力。

（三）基于课程标准进行教学设计

教学设计是教师为完成教学任务开展的，具有计划性和目的性。按照新《课标》的要求，教学要以活动教学为主，围绕友谊主题创设情境，选择语篇，设定教学任务，激发学生学习的兴趣及探究合作的学习能力等。

课前活动从回忆已经学过的课文入手，引入本节课，然后通过创建回家路上学生和教师交谈的情境，拉近与学生的关系，将学生带入情境中，锻炼学生口语表达能力的同时复习已经学过的句式。情境是指具有一定情感氛围的生动具体的场景，包含时间、地点、人物、活动等要素。（中华人民共和国教育部2020：14）教学情境是开展语言教学的一个重要因素，创设情境具有较强的代入性，从而增强学生的积极性和参与意识，在情境模拟中，完成交际任务。在分析教材时，要求"瞻前顾后"，既要看到与已学过知识的联系，也要分析本单元与下一个单元之间的关系，进行结构分析。

每单元都是从复习已知入手，在已知基础上引入未知，开始课堂活动。本单元的语法是在掌握了形容词的基础上学习其比较级的用法。新《课标》强调"语法知识的学习不是外语学习的最终目的，外语学习最主要就是交际功能，教师要充分认识语法知识与语言运用之间的关系，树立语法教学语篇化的理念，在教学过程中把语法知识情境化、交际化，使学生在具体言语活动中理解和运用语法知识"。（中华人民共和国教育部2020：19）本单元的形容词复合式比较级用法立足于怎样交更好的朋友

（Какая подруга тебе больше нравится?），其次通过大量练习进行语法知识的学习。紧接着，在形容词最高级的基础上引出下一个语法知识——副词最高级，同样采用语法学习语篇化的方式，在创设情境实际应用中掌握语法知识。在教材内容的整个安排上，用了大量篇幅来练习形容词、副词的最高级的用法。因此，在授课过程中，教师应该根据学生的实际情况，将其作为重点和难点进行讲解。学习完语法规则后，教材以朋友为话题安排了对话、讨论，进而联系学生实际生活，关注高中时期学生对交友的态度，体现了课程标准的要求。

课程设计应为学生的全面发展、人生规划以及多元选择提供广阔的空间。因此，剖析教材，抓重点是进行教材分析很重要的一个方面。"重点"是指教材中最基本、最重要、最具现实意义的核心部分，在整个教材中有着重要的地位和作用。"难点"是现阶段教材中学生难以理解和接受的部分。（胡田庚2019：50）重点不局限于知识上的重点，还可以是思想上的重点，比如能够满足学生当下所需要的及成长生活所必备的知识。就本课而言，对友谊的态度应作为本课的重点进行渗透。教材中的选材语篇量大，包括对话、故事等。对于教师而言，要在理解意思的基础上引导学生学习语篇中的文化知识和语言知识，获得言语技能，同时也要关注语篇所体现的思想性。在教材分析中，要"由大及小"从篇章到每个词都应该成为教师分析的内容，从词汇的表层意思到蕴含的深层含义，分析重点和难点。

（四）基于课程标准融入课程思政

党中央始终把立德树人作为学校教育的根本任务。"人才培养一定是育人和育才相统一的过程，而育人是本。人无德不立，育人的根本在于立德。"（教育部课题组2019：49）因此，课程设计需遵循的第一条原则就是"充分体现俄语课程的育人功能，落实立德树人根本任务，将对学生世界观、人生观和价值观的培养与学科知识和技能的习得有机融合在一起"。（教育部基础教育课程教材专家工作委员会.刘娟，黄玫2018：25）新《课标》中再次明确了"教师在围绕主题开展教学活动时，应注意挖掘主题的育人价值，帮助学生树立正确的世界观、人生观、价值观"。（中华人民共和国教育部2020：13）例如：课文中的句子 Помощи у слабых не ищут.

Только сильный может помочь в минуту опасности. Человек в этом мире – самая большая сила.可以引导同学们做一个有能力帮助他人的人，相信自己的力量。在讨论 Какая подруга тебе больше нравится?时，分析同学们选择 Радость, Удача, Красота, Счастье, Доброта, Здоровье, Богатство 中的哪一个朋友的理由，引导学生树立正确的三观。在做22页第9题时，可以让学生们表达对 Старый друг лучше новых двух.的理解，也可以适当地加一些俗语和谚语，如：Друзья познаются в беде. (患难见知己。) Верному другу цены нет. (忠诚的朋友是无价之宝。) Не имей сто рублей, а имей сто друзей. (不要有100卢布，而要有100个朋友。) Человек без друзей – что дерево без корней. (人无朋友就像树无根。) Нет друга – ищи, нашел – береги. (没有朋友要去找，找到朋友要珍惜。) Дружбу за деньги не купишь. (金钱买不到友谊。) Один за всех, и все за одного. (我为人人，人人为我。) 这样，在讲解俄语知识的时候，融入正确的人生观和价值观，使同学们能够感受到朋友的重要及我们应该如何对待朋友。

结语

　　俄语学科核心素养是一个整体，是学生在积极的言语实践活动、真实的情境交际中构建出来的。新《课标》指出教材要以主题为引领，根据学生特点，进行活动教学改变学生的学习方式，提高学生的积极性、参与性，促进学生学习能力、思维品质的发展。有些俄语教师对中学俄语课程标准与俄语教材的解读不够重视，错误地认为教书就是教教材、分析课程标准就是脱离教材进行纯粹的文字分析等。因此，教师应在确定教学内容后，依据课程标准的要求，综合运用教育学、语言学等知识，结合学生的身心发展规律分析教材。厘清课程标准与教材之间的关系是实现课程目标的基础，新《课标》是指向学生学习结果的质量，即学生达到何种程度。因此，教师需要反复阅读和深入钻研俄语教材，宏观把握知识结构，弄清教材逻辑结构和编排体系、教材的重难点及广度深度等，为组织课堂教学提供依据。即先基于课程标准分析教材后进行教学设计，有理有据、灵活应用教材，开展特色俄语课堂教学，提高教学质量，实现培养中学生俄语学科核心素养的目标。

参考文献

［1］ 戴运财，崔文琦. 基于二语习得研究的外语教学十原则［J］. 解放军外国语学院学报，2014（6）.

［2］ 丁证霖，李一平. 教材［A］. //中国大百科全书编辑部. 教育［Z］. 北京：中国大百科全书出版社，1985.

［3］ 胡田庚. 新理念思想政治（品德）教学论［M］. 北京：北京大学出版社，2019.

［4］ 教育部基础教育课程教材专家工作委员会. 刘娟，黄玫. 普通高中俄语课程标准（2017年版）解读［M］. 北京：高等教育出版社，2018.

［5］ 教育部课题组. 深入学习习近平关于教育的重要论述［M］. 北京：人民出版社，2019.

［6］ 李荫华. 继承、借鉴与创新——关于《大学英语》系列教材（全新版）的编写［J］. 外语界，2001（5）.

［7］ 人民教育出版社课程教材研究所俄语课程教材研究开发中心. 普通高中教科书俄语必修第二册［Z］. 北京：人民教育出版社，2019.

［8］ 中华人民共和国教育部. 普通高中俄语课程标准（2017年版2020年修订）［M］. 北京：人民教育出版社，2020.

［9］ 钟启泉，崔允漷，张华. 为了中华民族的复兴，为了每一位学生的发展：《基础教育课程改革纲要（试行）》解读［M］. 上海：华东师范大学出版社，2001.

黑河市第一中学俄语特色教育的发展对策

黑河市第一中学　李秋健

引言

　　黑河市位于小兴安岭脚下的黑龙江畔，是中国首批沿边开放城市之一。黑河市毗邻俄罗斯，与俄罗斯远东第三大城市布拉戈维申斯克市（海兰泡）隔江相望（最近相隔800米）。黑河市以其物华天宝的自然环境、独具风格的地域优势享誉国内外。2019年5月31日，中俄界江黑龙江公路大桥成功合龙；8月26日中国（黑龙江）自由贸易试验区成功获批，黑河作为黑龙江自由贸易试验区三大片区之一，得到了国际、国内的高度关注。中俄首条跨境索道——黑河—布拉戈维申斯克（海兰泡）跨江索道已于2019年7月18日正式开工建设。这标志着中俄两国重大交通基础设施互联互通又取得了新进展。大桥和索道建成后，将彻底解决黑河口岸单一水路运输问题，打通以黑河和布拉戈维申斯克市（海兰泡）为枢纽、连接亚欧的国际物流大通道，实现从"隔江招手"到"跨江牵手"的历史性转变。2019年11月28日，中俄界江黑龙江公路大桥中方境内工程圆满交工，具备了通车条件，黑龙江公路大桥通车在望[①]。这些都给黑河发展注入强劲动力。

　　中俄两国战略协作伙伴关系和"一带一路"建设的推进，使具有中俄双文化背景的人才需求量急剧增加，俄语人才的缺口很大。在2017年金砖国家网络大学年会上，中俄两国政府计划到2020年互派留学生10万人，推动两国的文化交往和经济建设。随着中俄两国战略伙伴关系的建立和发展，两国之间的交往愈加密切，教育文化之间的交流与合作也呈现出良好的发展态势。黑河市第一中学（以下简称黑河一中）紧紧抓住中俄两国互利合作的有利契机，以实现学校的特色化、个性化发展。其中的关键是选准特色、丰富特色、光大特色、做强特色。正是基于这样的理性思考，我们把目光牢牢地聚焦于俄语教学，确立了学校教育教学的"六特色"发展

[①]　2022年6月10日，该公路大桥正式通车。

方向——发展俄语特色学科，搞好俄语特色教学，培养俄语特色名师，打造俄语特色品牌，创办俄语特色学校，培养高素质俄语特色人才。全方位、高起点做好对俄教育交流的各项工作，充分利用地缘优势发展学校俄语特色教学，初步探索出了一条边境学校创办优质俄语教育的特色化发展之路。

一、黑河一中俄语特色教育发展现状及所面临的困难

（一）黑河一中俄语特色教育发展现状

1. 开设俄语实验班，发展俄语特色学科建设

根据市委、市政府要求，黑河一中自2017年秋季学期开设文、理科"俄语实验班"，至今已有5年，共招收学生387名。

自开设俄语实验班以来，学校得到市委、市政府及教育主管部门的大力支持，每年得到专项资金扶持开展俄语教育教学工作。"俄语实验班"在办学形式、办学特色、教学策略、考试考核、奖励机制、管理措施上大力推进教学改革创新；在优生培养上、学困生提高上，大胆探索高效的管理模式和培养方法，形成了独具校本特色的教学管理模式。

2. 借势黑河地方高校，培养高素质俄语人才

为顺应市场经济对俄语人才的需求，培养更多适应全球化发展的应用型人才，黑河一中与黑河学院国际教育学院保持长期稳定合作关系，实现互惠互利，资源共享，联合办学培养俄语人才。

与地方高校共享外教资源，每周俄语生都有口语和听力课，学生在课堂上就能听到俄罗斯外教原汁原味的俄语课，大大提高了学生的俄语听、说、读、写实践能力。

（二）黑河一中俄语特色教育所取得的成绩

多年来，黑河一中的对俄教育交流与俄语教学工作取得可喜成绩。黑河一中2003年被命名为"黑龙江省俄语学科基地"，2007年被命名为国家级"汉语国际推广中小学基地校"。多年的研究实践，磨炼了教师队伍，提高了教师的业务水平和能力，尤其是在课堂驾驭能力和口语熟练程度上的进步，使俄语组屡屡获奖。黑河一中俄语组于2005年被评为全省普通中小学校优秀教研组，2007年被评为黑河市劳动模范集体，2008年被命名为

全国"巾帼建功立业标兵模范岗"。依据学校的地域优势和办学历史，经过初中和高中的有效衔接及探索，学校已经成为全市乃至全省俄语生源较多、具有办学特色的"边陲培养俄语人才的摇篮"。

（三）黑河一中俄语特色教育所面临的困难

在取得成绩的同时，我们也面临着以下困难：①俄语学生数量逐年下降，②学生整体素质普遍下降，③学生学力水平整体下降。

经过分析，我们认为，产生这些困难的主要原因如下：

（1）生源主要来自小学英语学习失败而初中选择俄语的学生或初中英语学习没跟上而高中改学俄语的学生，选择学俄语的大多是父母做生意或打工、单亲家庭或经济困难家庭的孩子；

（2）部分初、高中师资分配不均及各学校重视程度不够；

（3）部分高校招生限制语种。

二、黑河一中俄语特色教育的发展对策

（一）将"核心素养"贯穿俄语特色教育发展的始终

1. 核心素养

2014年，教育部启动了普通高中课程标准修订工作。这次修订总结了21世纪以来我国普通高中课程改革的宝贵经验，努力把课程标准修订成既符合我国实际情况又具有国际视野的纲领性文件，建构具有中国特色的普通高中课程体系。

教育部《关于全面深化课程改革，落实立德树人根本任务的意见》提出培养核心素养。该文件明确学生应具备的适应终生发展和社会发展需要的必备品格和关键能力，突出强调个人修养、社会关爱、家国情怀，更加注重自主发展、合作参与、创新实践。核心素养体系被置于深化课程改革、落实立德树人目标的基础地位，成为下一步深化工作的关键因素。

核心素养提出后，我们工作目标更明确，因为这些素养提得更鲜明。国家教育方针突出表现在培养核心素养上，我们可以在这个框架内更确切地定位学科教学。每个学科把这件事情做好，就可以更好地发挥学科课程的价值。

核心素养体系的建构，成为顺应国际教育改革趋势、增强国家核心竞

争力、提升我国人才培养质量的关键环节。

《普通高中俄语课程标准》（2017年版）明确俄语学科核心素养为语言能力、文化意识、思维品质、学习能力。

（1）语言能力：听、说、读、写、译的能力。

（2）文化意识：加深对俄罗斯民族、俄罗斯文化的认识和了解，了解中俄文化差异，增强全球意识，开阔国际视野；加深对祖国传统文化的理解、认识，增强民族自信，培养学生爱国情怀；教育学生将俄语学习与自身发展及国家建设紧密结合。

（3）思维品质：培养学生创造性思维能力、举一反三的能力、逻辑推理能力，根据同根词及上下文猜词的能力。

（4）学习能力：培养学生自学能力、小组合作探究能力、自我归纳总结能力。

回顾学校俄语教育教学的发展，可以自豪地说，多年来，无论课程如何改变，高考如何变化，学校俄语教学始终在践行核心素养。

2. 践行核心素养

俄语教学如何践行核心素养？

（1）狠抓学生语言基本功——借助外教纠正语音、语调（尤其是颤音、重音）等问题。

（2）狠抓学生书写规范——借助字帖和书法比赛。

（3）加大听、说、读的训练力度——借助外教强化口语课、听力课与语言交流课。

（4）重视文化意识的培养——借助地理、历史、政治、音乐、美术教师的帮助。

（5）重视学生语言综合实践能力的培养——借助中俄双方互访活动。以俄语教学活动为载体，延展语境实践教学的空间和时间。

我们在语境实践教学中，根据"室内与室外并重，课内与课外并举"的基本原则，尝试推行了多项教学活动，初步形成了俄语语境实践教学由室内向室外延伸、课内向课外发展、单学科向多学科渗透的发展格局，确保在培养学生的俄语综合语言运用能力方面，使他们"得法于课内，受益于课外"。实验证明，开展俄语语境实践教学实验，培养学生的创新意识与实践能力，仅靠课堂教学是不够的。课堂的方寸之地和有限时间在一定程度上制约着语境实践教学的深入发展，学生参与语境实践教学的人数受到限制，语境实践教学内容的单一性也难免使学生产生厌倦情绪。因此，我们将教学更多地定位在课内外衔接、多学科渗透的语境实践教学综合教育模式。

近些年学校共组织了14批次300余名的"小留学生"互访交流、两期70余名师生赴俄访学活动。在与俄罗斯师生交往中，中国学生不仅学习正确的语音、语调、语法等语言技能，而且深入地了解俄罗斯的历史、文化及风土人情。俄罗斯"小留学生"和中国学生开展丰富多彩的课外活动，如祭扫苏联红军烈士墓、参观气象台、打保龄球、师生联欢会、到中俄学生家做客、参观城市规划馆、中俄学生同场竞技、"中俄中学生夏令营"、"中俄知识竞赛"。还有对等"互派教师""互派留学生"等活动。两国师生在互助交流中从陌生到相识，彼此结成友对，增进了相互了解，增进了友谊。

实践证明，只有让学生在动中学，在用中学，才能巩固和提高实际运用语言的能力，真正使学生学有所获。

多年的教育实践中，我们注重为学生创设与俄罗斯人直接交往的机会。在面对面的语言交流中，学生克服了畏惧说俄语和直接与俄罗斯人对话的恐惧心理，学生敢说并开口说同龄人感兴趣的话题，学习热情高涨。在与俄罗斯学生开展的各种活动中，学生掌握了书本上不易学到的语言交流与沟通技巧，真正体会到学习语言的重要性，从而提升了学习外语的积极性。在启动思维、活跃灵性之后，我们发现，课堂之外还有一个更加丰富的大"课堂"。延伸语境实践教学激活了俄语课堂教学，改变了教师、学生过去只重视书本知识和考试成绩的现象，出现了重知识，更重语言运用能力的新气象。在保证完成正常的教学任务前提下，积极增加词汇量，充实俄罗斯文化背景知识，使学生更多地了解了俄罗斯的风土人情，了解俄罗斯的地理、历史、教育、戏剧、舞蹈、体育，了解俄罗斯的文化（如城市、作家、音乐家、天文学家、作曲家、航天员）等方面的知识，激发了学生了解俄罗斯国情的兴趣，增强了学习语言的信心。

（二）采取奖励和扶助俄语生的举措

为了稳定俄语生源，黑河市中考为每位初中升高中的俄语生加30分作为中考奖励；学校从实际出发，对特殊俄语生群体加大贫困帮扶补助力度，适当减免各种学习费用和生活费用；提高俄语班级班主任待遇，对俄语班任课教师在晋级、评模等方面采取特殊评价办法，以此调动教师工作积极性。

（三）关心俄语生的发展出路

为了稳定俄语生源，为了俄语教育可持续发展，为国家培养更多俄语人才，学校把俄语毕业生的出路问题摆在俄语发展的重中之重，使俄语生出路多样化。

1. 通过高考，选择心仪的国内大学，考取高校俄语专业，继续深造

随着"一带一路"建设的推进，我国俄语人才急缺，各高校陆续增招俄语考生。黑龙江省是对俄交流的前沿阵地，有着得天独厚的地缘优势，作为有着悠久俄语办学历史的省级示范性高中，学校抓住机遇，积极探索发展俄语教学的新途径，为高校输送了大批高素质俄语人才。自恢复高考以来，黑河一中共有近千名俄语毕业生考入国内多所高校俄语系，其中考入北京大学俄语系6人，中国人民大学俄语系3人，北京外国语大校俄语学院11人，北京第二外国语学院俄语专业15人，黑龙江大学俄语学院百余人。

2. 通过国家留学基金委公派赴俄留学项目出国深造

近年来，随着中俄高层次、宽领域战略伙伴关系不断发展，中俄双方在科技和教育领域合作交流逐步深入，黑河一中在国际化办学新途径、帮助学生多元化和个性化发展、实现高中教育多样化发展等方面进行了积极探索。2014年学校成为国家留学基金委首批选拔优秀高中毕业生公派赴俄留学项目单位。2014年至今，经国家留学基金委选拔，共派出51名优秀俄语学生赴俄罗斯著名高校留学。留学院校及专业包括俄罗斯国立普希金俄语学院、俄罗斯人民友谊大学、莫斯科鲍曼科技大学、国立高等经济大学、圣彼得堡国立大学、圣彼得堡理工大学、圣彼得堡国立信息技术机械与光学大学、圣彼得堡国立财经大学、圣彼得堡国立建筑大学、喀山大学等；专业涵盖经济、天然气开发、建筑学、法律、电子工程、计算机科学

与技术、光学与光信息学、工商管理、国际关系、俄罗斯语言与文学。国外学习期间学生享受减免学费、每生每月补贴一定数量生活费、并报销一次往返国际旅费等优惠待遇，满足了赴海外留学学生及家长的意愿，为学生提供了多元化、宽口径的发展渠道。

3. 通过与黑河地方高校及俄罗斯高校合作的项目，为俄语生打造自费赴俄留学直通车

为顺应市场经济对俄语人才的需求，培养更多适应全球化发展的应用型人才，黑河一中与黑河学院国际教育学院保持长期稳定合作关系，开展联合办学培养俄语人才，实现俄语学生赴俄罗斯求学，打造高中、预科、本科留学直通车。目前五届俄语实验班共有39名学生受益于此合作项目。

结语

多年来，黑河一中广大教师实实在在地为学生、学校、国家做了大量基础性工作，最大的受益者是我们的学生、他们的家庭。黑河一中会通过学校特色化建设这条路径，将俄语品牌做优、做大、做强，创办有鲜明地域特色的、人民满意的优质教育。

中俄基础教育交流的实践与探索

哈尔滨市第六中学校 张祥洲 王 宇

引言

在中俄两国携手迈向"守望相助、深度融通、开拓创新、普惠共赢"的新时代进程中，中俄人文交流各种活动丰富多彩，取得了非常显著的成绩，但在基础教育领域的交流活动层次浅，规模小。如何更好地加强中俄两国基础教育合作，如何充分发挥两国的教育优势，如何让两国青少年加强友谊，如何培养更多具有中俄文化背景的人才，是我们需要充分思考和实践的课题。2018年1月，哈尔滨市第六中学校（以下简称哈六中）与莫斯科1507学校共同发起成立了中俄基础教育领域第一个合作联盟——中俄中学联盟（ASRMS）。我们利用这个平台，开展了更多规模更大、更深入的合作交流活动。

中俄中学联盟是中俄两国普通中学在自愿基础上结成的非营利性组织，旨在推进中俄中学间的教育交流与合作，培养具有中俄文化背景的高素质人才。中俄中学联盟最初由哈六中与莫斯科1507学校共同发起，成员单位包括19所中方学校与19所俄方学校。中方学校基本囊括了教育部批准的具有高考保送资格且开设俄语课程的外国语学校，俄方学校是来自莫斯科、圣彼得堡等9个城市的优质学校。中俄中学联盟致力于共同探索学校交流的新途径，拓展学生留学的新渠道，为两国学生进入优秀大学奠定基础。中俄中学联盟成员就预科教育、双语教学、教材使用、教师互派任教、与中俄著名大学合作等问题展开研讨与交流，定期举行冬、夏令营和短期游学活动，深化两国中学间的实质性合作，推广和传播中俄文化。

中俄中学联盟从人才培养规模、人才培养途径和人才培养理念三个层面开展理论研究和探索，在青少年文化交流、师资力量调研和培训、学校领导教育理念提升等方面，开展多角度、多层次活动，推进和加强中俄教育交流。

一、整合教育资源，合力促进中学俄语教育，助力培养更多优秀俄语人才

目前我国开设俄语的学校规模都比较小，除了少部分省份的外语学校外，极少有省级重点中学开设俄语，生源数量较少，质量不高。随着研究和探索的深入，中俄中学联盟秘书处（设在哈六中留学部）对联盟所有成员单位和部分观察员单位进行了俄语教学情况的调查。

调查涉及全国13个省级行政区的27所高中学校和18所初中学校。就高中学校而言，2020年俄语生总数（包含在校的所有年级）为8279人，占学生总数的16.48%，其中规模最大的山东省单县第五中学俄语生人数占学生总人数的50%，而其他多数学校不足10%。例如：哈六中2020年6月学生在校总人数为2467人，其中俄语生183人，占总人数的7.42%。

除外语学校外，其他20所普通高中2019年共有1417名俄语毕业生，高考一本录取人数为129人，占9.1%；二本录取人数为376人，占26.5%。可以看出，俄语生源的整体质量不高。从高一、高二、高三学年的统计情况看，高中起点（初中未学过俄语）学生每年约占95%，也就是说各地区初中的俄语生源较少。

从师资情况看，所统计学校的俄语教师共128名，其中硕士学历41人，占32%，专科及以下学历1人，占0.7%，有境外留学或学习经历的达60人，占46.9%，整体师资力量相对较强。

我国目前急需高质量的俄语人才，但是从基础教育俄语人才培养状况上看不容乐观，俄语学生数量少、质量差，后续的人才培养跟不上。因此，中俄中学联盟有义务整合教育资源，促进中学俄语教育的长足发展。

作为中俄中学联盟的中方发起学校，哈六中目前是哈尔滨市唯一招收俄语学生的省级重点中学，学校俄语办学历史悠久，早在建国初期就有苏联外教在学校任教。哈六中是国家留学基金委俄罗斯公派留学项目单位，和俄罗斯高校联合会签署协议，享有包括莫斯科国立罗蒙诺索夫大学（简称莫斯科国立大学）和俄罗斯国立普希金俄语学院等在内的600多所高校的优质资源。学校与莫斯科1507学校、圣彼得堡376学校、叶卡捷琳堡第二学校、雅库茨克人民高中等学校建立密切联系，具有深厚友谊。近年来，哈六中以俄语特色化办学为先导，整体发展态势突飞猛进，学业质量逐年攀升，凭借着良好的教学、多元的课程和细腻的管理赢得了广泛的社会赞誉。中俄中学联盟的中方学校目前囊括了一大部分开设俄语的外语学校，实力雄厚。中俄中学联盟还广泛联系北京师范大学外文学院、黑龙江大学俄语学院、哈尔滨师范大学斯拉夫语学院、哈尔滨工业大学国际教育学院等国内高校，联系俄罗斯莫斯科国立大学俄语文化学院、圣彼得堡帝国理工大学、喀山联邦大学、东北联邦大学等俄罗斯高校，与中俄工科大学联盟（ASRTU）、中俄医科大学联盟等高校联盟组织建立联系，与莫斯科国立大学俄语文化学院、黑龙江大学俄语学院共同开设赴俄预科教育，为整体促进中学俄语教育发展，为培养更多优秀俄语人才提供助力和保障。

二、开展丰富多彩的教师培训及教育活动，促进俄语教师的进步与成长

师资队伍建设是关系人才培养的重点工作。尽管目前中俄中学联盟成员单位的俄语教师学历水平较高，但仍然参差不齐，而且能够参加的培训活动很少，彼此交流的机会少，教辅资源更少。因此，中俄中学联盟将俄语教师的培训和教育作为联盟活动的一条主线开展研讨活动，以促进俄语教师的进步和成长，助力培养更多优秀的俄语人才。

中俄中学联盟秘书处对全国中学俄语教师的培训已经连续进行了三次，均邀请了俄罗斯莫斯科国立大学俄语文化学院最顶尖的俄语教授，以及北京师范大学外文学院和黑龙江大学俄语学院的著名专家授课。即便在新冠疫情期间，仍然在线上开展了专业培训，取得了非常好的效果，不仅受到中学俄语教师的欢迎，更受到来自教育部国际司、国家留学基金委的充分肯定。

2018年8月20—24日，中俄中学联盟在哈尔滨伏尔加庄园举办了中俄中学联盟首届全国中学俄语教师培训会，来自全国11个省（自治区、直辖市）31所中学的65名俄语教师参加了培训。此次培训会邀请莫斯科国立大学俄语语言与文化学院院长瓦列里·弗拉基米罗维奇·恰斯内赫教授为来自全国不同省份的中学俄语教师进行了俄语语言培训，邀请教育部"普通高中俄语课程标准"修订组组长、北京师范大学外文学院党委书记刘娟教授为老师们解读新课程标准，还邀请黑龙江大学高翻学院院长赵为教授、

黑龙江大学俄语学院院长孙超教授和党总支书记黄东晶教授等就俄语教学的热点问题进行讲解。对全体培训学员来说,这是一次学术的盛宴。本次培训会不仅注重语言、教学法,更注重文化内涵,依托伏尔加庄园的俄罗斯文化背景,给老师提供了丰富的俄罗斯文化体验。学员们在培训之余欣赏美景,参观伏特加酒堡。伏尔加庄园更暖心地为大家准备了俄式西餐、俄罗斯歌舞表演,与俄罗斯朋友一起在篝火旁起舞。老师们沉浸在俄罗斯文化氛围当中,所有的学员都表示不虚此行,收获颇丰。

2019年7月16—20日,中俄中学联盟第二届全国中学俄语教师培训暨俄语教学研讨会在包头市第六中学隆重举行。会议得到内蒙古自治区教育厅、内蒙古自治区教育学会以及包头市政府、包头市教育局和包头市昆都仑区教育局的大力支持,国家留学基金委副秘书长王胜刚、教育部国际司欧亚处处长刘剑青、俄罗斯驻华大使馆文化参赞奥丽嘉·梅丽尼科娃、内蒙古自治区教育厅对外交流处调研员赵晓芳、包头市人民政府副市长武二斌等参加会议并致词。来自全国十余个省份三十余所学校的领导和俄语教师参加了本次活动。本次活动邀请莫斯科国立大学俄语语言与文化学院副院长维克多·米哈伊拉维奇教授,莫斯科国立大学科教中心列伊拉·尤努斯卡泽教授,北京师范大学外文学院党委书记、教育部高中俄语课标修订组组长刘娟,黑龙江大学俄语学院院长孙超,北京师范大学外文学院教授、俄语教师联合发展中心专家杨衍春,北京师范大学外文学院俄文系主任、俄语教师联合发展中心专家穆新华等中俄专家为与会教师授课。本次活动期间,教育部国际司欧亚处处长刘剑青、国家留学基金委副秘书长王胜刚组织与会各单位校长、学校代表进行了俄语公派留学项目及各学校俄语办学情况的座谈。包头市第六中学于琳琳老师、二连浩特第一中学王欣茹老师和包头市第六中学外教阿尔乔姆为大家呈现了精彩的俄语教学展示。此次活动的成功举办推动了全国中学俄语教师队伍建设,促进了中俄中学联盟的进一步发展。

2020年,由于新冠疫情的影响,中俄中学联盟第三届全国中口师培训会采用线上形式。联盟秘书处邀请北京师范大学外文口杨衍春老师就部分易错词进行了细致讲解,邀请黑龙江大口薇老师就中学生俄语作文的常见问题进行了详细剖析。

培训会的老师也受益匪浅。

除了全国性的俄语教师培训外，哈六中作为哈尔滨市乃至全国的俄语龙头学校，充分发挥引领示范作用和辐射带动作用，积极帮助其他学校，携手兄弟学校共同发展。为了提高哈尔滨市的俄语教学水平，以哈六中俄语组组长李伟老师为核心，哈六中牵头成立了哈尔滨市俄语教学联盟。该联盟在中俄中学联盟框架下，以哈六中俄语组为核心成员，吸纳了哈尔滨市全部的初、高中学校俄语教师，定期开展教研活动，为哈尔滨市的俄语教师队伍建设做出了积极贡献。

此外，哈尔滨市和黑龙江省外的兄弟学校也经常来取经。例如：黑龙江省肇州市实验高中、内蒙古自治区赤峰市乌丹二中、山西大同外语学校等单位曾来到哈六中进行观摩学习，或者邀请我们的俄语教师参与他们的集体备课，共同研究俄语教学，交流教学经验。这不仅促进了兄弟学校的整体俄语教学水平的提高，也促进了哈六中的俄语教研能力的提升，实现了双赢。

三、获得国家留学基金委的大力支持，将中俄中学联盟成员单位全部纳入国家留学基金委公派教师培训和公派俄罗斯留学项目

国家留学基金委"优秀高中毕业生赴俄罗斯留学支持计划"始于2015年，每年在高三毕业生中遴选优秀俄语生在高考后赴俄罗斯公派留学，每年全国90—100名额不等。留学人员享受俄方提供的政府奖学金，国家留学基金委提供一次往返国际旅费及在外留学期间的奖学金和生活费补贴。

中俄中学联盟的工作得到了国家留学基金委的大力支持。国家留学基金委将整个中俄中学联盟成员单位均纳入公派俄罗斯留学项目，每个成员学校每年可以推荐1名学生参加公派留学项目。目前已经有多所联盟学校的学生通过这个项目成功留学俄罗斯。此外，国家留学基金委每年还会选派俄语教师赴俄罗斯普希金俄语学院公派培训，中俄中学联盟的成员学校均可参加该项目，为提高教师水平提供很好的机会。

教师能够公派出国培训，学生能够公派到俄罗斯留学。这样的机会大大提高了俄语学校对学生的吸引力，对俄语人才的培养和学校的俄语教学发展都起到极大的推动作用。例如：黑龙江省肇州实验高中是当地的一所

普通高中，俄语在校人数约600人。学校有了推荐赴俄公派留学的机会，在俄语学生中引起巨大反响，也对来年俄语招生起到了积极促进作用。

四、举办各种会议和活动，凝聚智慧，共同探讨人才培养的途径、方法以及未来发展方向，最大限度整合资源，促进人才培养

中俄中学联盟成立的宗旨是加强合作交流，培养更多具有中俄文化背景的高水平人才。为了更好地完成使命，需要凝聚智慧，需要各单位领导、教师共同探讨培养途径、方法。因此，中俄中学联盟需要为大家提供机会和平台，一起商讨大计。

为加强中俄中学青少年交流，探索中俄国际化的人才培养模式，中俄中学联盟举办了"中俄中学联盟框架下国际化人才培养高峰论坛""中俄中学联盟2019年年会暨国际化办学校长论坛"等活动。近年来，中俄中学联盟先后组织了国际艺术节和体育文化夏令营等特色活动，推进文化、体育、艺术交流；优化整合俄语教学资源，举办了三期中俄中学联盟教师培训，探讨俄语教学新模式；加大与中俄各高校合作，与莫斯科国立大学等俄罗斯高校签署合作协议，建立友好合作关系，发展中俄双向预科教育；密切与政府和官方联系，中俄中学联盟已被教育部正式纳入国家中俄人文交流机制，被国家留学基金委正式纳入公派教师赴俄培训项目，开拓更广阔的发展空间。中俄中学联盟将在促进高中办学多样化、特色化、人才培养国际化，推动中外合作办学示范校建设以及加快中学俄语国际化发展进程等方面互相交流学习。

五、加强合作，为更多学生提供便捷留学通道，促进留学生数量增加、质量提高，从而培养更多优质人才

在培养具有中俄文化背景的高素质人才中，语言互通是重要基础。因此，中俄中学联盟致力于输送更多人才进入俄罗斯高校就读（未来还将吸引俄罗斯人才进入中国高校深造）。为了更好地为赴俄学生提供预科教育服务，中俄中学联盟联系中俄两国俄语教育的顶尖学院——黑龙江大学俄语学院和莫斯科国立大学俄语文化学院，联合打造中俄中学联盟俄语预科班。第一批7名学生（哈六中、包头六中等学校的学生）于2019年8月进入

黑龙江大学俄语学院就读，有的课程与黑龙江大学俄语学院的学生一起学习，有的课程由俄语学院的教授单独授课，2020年2月赴莫斯科国立大学俄语文化学院继续预科学习，目前均已成为莫斯科国立大学的正式本科学生。第二批14名学生（肇州实验高中的学生）于2019年11月2日进入黑龙江大学俄语学院学习，这是中俄中学联盟为他们单独设计和打造的语言预科课程，学生本应于2020年9月进入俄罗斯东北联邦大学就读，因受新冠疫情的影响，推迟到2021年3月。第三批20名学生于2020年3月进入黑龙江大学俄语学院学习，由黑龙江大学俄语学院的老师们为同学们线上授课。由黑龙江大学和莫斯科国立大学共同打造的俄语预科，真正地提升了学生的俄语水平，成为打造高质量俄语人才的保证，也为中俄中学联盟人才培养创下良好的口碑。

六、在各级政府的支持下不断扩大俄语人才培养规模，提高人才培养质量

中俄中学联盟自成立之初，就得到了哈尔滨市教育局、哈尔滨市政府、黑龙江省教育厅、国家留学基金委、教育部的大力支持。2018年教育部国际司为中俄中学联盟提供了10万元活动经费，2019年提供了20万元经费；2018年黑龙江省教育厅国际处提供了15万元经费，2019年提供了10万元经费。中俄中学联盟的许多活动得到了哈尔滨市教育局的经费支持。国家留学基金委将中俄中学联盟单位的教师纳入公派俄罗斯培训项目，为中俄中学联盟所有学校俄语学生提供公派俄罗斯留学的机会，2019年每个中俄中学联盟学校都有两个推荐公派留学的名额，2020年都有一个推荐名额。中俄中学联盟在2020年年末，大量扩大了成员规模，使联盟工作普及到全国俄语中学。中俄中学联盟也将成为教育部国际司支持的基础教育联盟。

七、加强与中俄高校及中俄高校联盟的联系与合作，拓宽人才培养的渠道

哈尔滨市第六中学校与莫斯科国立大学俄语文化学院签署合作协议，成为莫斯科国立大学的生源基地。已有多名学生前往莫斯科国立大学俄语文化学院就读。中俄中学联盟与俄罗斯雅库特共和国汉语教学联盟签署合作协议，其中雅库特汉语教学联盟的核心支持学校东北联邦大学为中俄中学联盟学校的学生减免一半学费。中俄中学联盟还与圣彼得堡理工大学上海办事处、喀山大学上海办事处保持密切联系，中国学生进入这两所大学就读非常顺利，近几年已有几十名学生前往这两所大学就读。中俄中学联盟还与中俄工科大学联盟、中俄医科大学联盟签署合作协议，与俄罗斯高校联合会签署合作协议（俄罗斯高校联合会有600所会员学校）。这些都为我们学生提供重要的深造资源。

此外，国内方面，中俄中学联盟与哈尔滨工业大学、黑龙江大学、哈尔滨工程大学、哈尔滨师范大学以及北京师范大学联系密切，在活动开展、人才培养方面展开合作。

八、与中俄两国使领馆积极联系与沟通，从官方渠道获得支持

中俄中学联盟目前与中国驻俄罗斯大使馆、驻圣彼得堡总领事馆、驻哈巴罗夫斯克（伯力）总领事馆以及俄罗斯驻沈阳总领事馆、驻哈尔滨总领事馆建立了联系。在联盟成立大会上，时任俄罗斯驻沈阳总领事馆总领事谢尔盖·波德别列兹科先生参加会议并致词。在中俄中学联盟2019年莫斯科年会上，中国驻俄罗斯大使馆曹世海公参出席会议并致词。中俄中学联盟赴哈巴罗夫斯克（伯力）参加友好协会庆典时，受邀参观了中国驻哈巴罗夫斯克（伯力）总领事馆，受到崔国杰总领事的亲切接见。

结语

当前，在开展新课程新教材实施和高考综合改革的过程中，为学生创造多样的机会，促使学生张扬个性、发挥特长、释放潜能成为普通高中的一个重要办学追求，同时教育评价改革总体方案引领我们要把更多的注意力放到学生综合能力提升与健康、全面发展上面。所有这些都为我们开展中俄基础教育交流创造了更好的条件，促使我们进一步做好中俄中学联盟活动和俄语教学研究工作，让老师有更多的交流机会，让学生有更大的锻炼平台，让学校有更广的发展空间。

中学外语教学评价的探索与实践

哈尔滨市嵩山中学校 王 冬

引言

教学评价是教师评价中的一个重要组成部分，是以教师的课堂教学行为及学生的课下学习活动为研究对象，依据一定的方法和标准对教与学的过程和效果做出客观的衡量和判断的过程。

有效的教学评价能促进教师对教学内在规律的探讨，提高外语教学水平，促进教师树立正确的教学观念，促进教师教学水平的提高，形成正确的教学行为，有利于促进学生更好的发展，有利于丰富和完善相关理论的研究，并且服从和服务于当前课程改革与教学改革。

一、外语课堂教学评价的方法

要想成为一名优秀的教师，必须对教学评价进行研究。回望我近二十年的从教经历，在教学中对学生进行评价也有近十年了，下面结合我对教学评价理论的理解，和大家分享一下在教学实践中我的一些具体的做法，也希望得到俄语界同行的批评与指正。

（一）小组评价，激发课堂教学活力

小组评价是以小组为单位的评价方法。我在课堂教学中采用分组教学策略，把全班学生分成四个小组，以小组为单位开展学习活动。小组评价重点是培养学生的团队精神，让学生学会合作，学会关心，学会以集体的力量去竞争。这样的评价，对于形成学生的集体观念和与伙伴合作学习的习惯是很有效的。

1. 根据学生学习情况编学号，按号进行得失分管理

重视学生的整体发展，并尊重学生的个体差异和个性发展，一切以学生为中心，以快乐为根本。从培养学生主体性的角度看，教师的评价要注重价值引导，以帮助学生自主建构为目的。由上述理论作引导，我通过一段时间的教学，逐步了解学生的学习情况，对不同层次的学生有大致的了

解后，根据学生平时以及大考的成绩，给学生编学号。学习成绩好的编为1号，以下依此类推，编到8号为止。我们学校实行小班授课，我所教的两个班级每班32人。学号即为学生在参与课堂教学活动时的得分。每节课在黑板的右侧画一个简易的评分栏，目的是使评价的方法具有简便性和可观察性，利于观察到评价的结果，从而使课堂教学评价具有实效性。

根据学生上课的表现以及问题的准确度给学生计分，记录各个小组成员上课的得分情况，难一些的问题自然由小号同学来回答，中等难度的问题会由中间号的同学来主动回答，比较简单的问题由大号学生来抢着回答，这样小组内每个学生都有表现的机会，尤其是7、8号学生，没有一丝一毫的自卑感，相反他还会觉得我也能回答问题，我也能为小组的高分做出我的贡献，每节课下来，脸上都会有满意的笑容。长时间积累下来，这样的学生不但没有被边缘化，而且还会受到老师和同学的重视。学习好的学生为了小组能取得好的成绩，在课下也会积极地去教这些学生。这种方式的小组评价，无疑带动了学生课下学习的积极性，使全班掀起了学习外语的热潮。

2. 明确小组课堂活动的评分标准，对小组活动进行有效评价

现在我所教的班级为六年级。影响学生课堂小组活动的评价因素有：上课伊始学生进入状态的速度，小组整体的团结和谐程度，小组整体朗读、小组组织纪律情况，在活动进行转换时的速度、组内两人对话、小组单位时间内根据语言知识点编对话的数量。

对学生整体情况的评分以5分为单位，各组在小组整体的团结和谐程度、小组整体朗读、小组组织纪律，在活动进行转换时的速度、上课伊始学生进入状态的速度等方面的差别不会太大。分组的目的是为了让学生快速地进入状态，其形式以小组评分进行，学生虽然很少会受到批评，但是我们却达到了很好地教育学生的目的，可谓事半功倍。

在组内两人对话以及小组单位时间内计算根据语言知识点编对话的数量时，也就是说在考查整个小组对知识点的灵活运用时，多半以1分为单位记录小组的得分情况，操作起来简便又快捷。

在给小组规定时间后，通过抽签抽出一人或多人到教室的前边，由其他的同学来进行考查。这种形式多半按学生的学号来计分，几号就得几

分，按学生答对几个问题或几个单词来积分。各个小组学生的得分会有差别。这种评分方式既促进小组内每个学生会在课上活动时不分心地认真准备，学生也会以极大的热情去帮助学习稍弱的同学，因为他们得分的分值高，小组也出现了空前团结的局面，不仅如此，还会促使学生课下主动地努力学习。外语课堂教学通过听、说、读、写等活动使学生获得语言知识和掌握语言技能，评价要看学生在课堂教学中的参与形式、参与状态和参与效果。在这种评价方式下，学生自始至终以饱满的热情、浓厚的兴趣参与语言实践活动。学生的自主学习要贯穿于教学的全过程，使课堂成为最有活力的地方。这也体现出高效课堂的理念：在师生的共同努力下，使课堂真正变为知识的超市。

3. 教学评价由课内延伸到课外，建立"一条龙"评价服务体系

我所采取的教学活动评价，以课堂为主线，兼顾到学生课后的一些学习活动，基本上采取学号得分的办法。下面把我的做法简单介绍给大家。

对课后作业我是这样处理的：作业书写准确，没有涂抹，书写规范，加1分；作业书写较之以前有进步，加2分；对于学困生，认真写作业，准确率高，书写规范，通常就会提高加分的力度，提到5—10分。所有这些加分会和上课的分值加到一起。正因为有了这样的加分制度，学生写俄语作业最积极，也最认真。自习课上，学生首先会拿出俄语作业来写，而且还挺认真。我从不担心我这一学科会有学生不交作业。

另外在每个小组内部，我都根据学生学力的强弱程度结成互相帮扶的对子。我现在教的学生相对来说比较多，靠我一己之力显然是力不从心的。此项评分以此帮扶对子的分值总和来记分，即被帮的孩子为7号，帮别人的孩子为1号，则他们两个人每次完成当天的考核内容后得8分。此外，我还会加强小组及全班学生干部的评价管理。每个小组都会找出两人来负责本组学生完成改听写、改作业，一人负责一项。简言之，这是对所负责各项工作的评价，每人5分，共计10分。这样，在各个小组内部形成了互相帮扶的风气。学生责权进一步明确，由专人强化管理，班上大家积极互相帮助，在组间也实现了良性竞争。

4. 加强对学生评分结果的管理，强化各项评价的效果

素质教育要求教学评价以科学目标为向导，以评价结果反馈为手段，

促使教学工作的改进。评分结果与学生的作业挂钩，赢的小组作业减半。众所周知，作业与每个学生都是息息相关的，国家一直在倡导减负。在我的教学活动中，我向来倡导提高课堂学习的效率，提高在校期间学习及工作的积极主动性。如果哪个小组课堂上表现积极主动，在课后能够按照老师的要求圆满完成老师布置的各项任务，我就一定会给学生减轻他们的课业负担，最突出的形式是作业减半。

经过近一年的探索与实践，学生及小组按学号进行评分管理，促进教学评价，取得了很好的效果。学生始终处于积极学习状态中，课堂上非常积极活跃，课下也会互相帮扶，想方设法加强自己小组的管理，主动找老师解决问题，商讨改进评价的方法，别的老师常常会很奇怪地问我："你是怎么把你的学生弄成这样的，学你的俄语简直到了疯狂的程度。"此时，我的心里也是非常高兴，成就感油然而生。

（二）用鼓励性评价，激发学生的学习动力

学生需要教师的激励，激励能激发人的潜能，能使人心智开启，灵感涌动。教学评价工作应爱护学生的好奇心和求知欲，让学生看到成功，尝到甜头。因此，应通过教学评价，鼓励学生积极主动参与外语学习活动，激发和培养学生学习外语的兴趣，树立学习外语的自信心，体验学习外语的成就感，促进学生健康人格的发展，从而形成积极的学习态度。

鼓励性评价是日常教学活动中常用的一种评价方法，是激发学生内在潜能的重要手段，也是形成学生持续性、发展性能力的重要途径。教师只要尊重每一位学生，对他们进行表扬和鼓励，这些表扬和鼓励就会像"兴奋剂"使学生精神振奋，学习信心高涨，也像一股暖流让他们感受到教师的温暖，满足他们的成就感，使课堂气氛更热烈。例如：在学生进行个人或小组活动比较成功的时候，我从不吝惜我的赞赏，绞尽脑汁用恰如其分的语言去评价他们。有一次刚开学时，我非常偶然地在一节课上发现初一年级一个叫李洋的男生俄语字母书写非常认真，也很漂亮。这个学生学习并不是很好。我说："大家看看，李洋字母写得既整齐又漂亮，丝毫不逊色于女生，下课同学们来欣赏欣赏吧。"当时，这个男生美得不得了，小脸笑开了花。从此以后，他开始疯狂地学习俄语，每到下课都会拿来没学过的内容给我读，并说"老师，你看，这个我都会读了"，然后读给我听。他经常会有一些问题来问我。我的心里也很高兴。这个学生真的是学进去了俄语。就我个人的理解而言，俄语他是发自内心主动去学，而其他学科他是被动学习。这个班的数学老师说："肯定是你的那句话刺激到他的那根神经了，不然怎会如此疯狂。"我当时努力回忆起了刚才我描述的场景，心想或许是我的那句出自真心的表扬话起了作用吧。在我到北京培训的十多天当中，他不但自己努力学习俄语这科，还教其他的孩子发颤音，有一天下午竟然把嗓子都"教"哑了。可见，教师不经意间的一句表扬话对于一位孩子来说是多么重要。所以我们说，表扬要恰如其分。在表扬孩子时，给他指出下一个通过适当努力可以实现的目标，使他产生前进的动力，明确前进的方向。鼓励评价法是课堂教学中不可缺少的。

（三）用别样的方式进行批评评价，达到良好的教育效果

新课程改革提倡激励学生，帮助学生树立自信心。激励不全等同于表扬。诚然，表扬是维护学生自尊心、树立学生自信心的重要方法。批评指正有时比表扬显得更为珍贵，有时让孩子体会失败也绝非全是一件坏事。在教育过程中，我们要心平气和地直面学生的不足和失误，采用学生乐于接受的教育方法，帮其改正错误，促其不断进步。表扬和批评犹如天平上的两个托盘，缺少任何一方，教育的天平就会失衡。

在我上文提到的给学生编学号，并按学号进行奖励得分的同时，孩子们在课堂上、在课后作业中、在作业修改中犯了错误，学生中的小领导由于贪玩没有完成工作任务等情况下，同样也会酌情按学号扣分。被扣分就会影响到小组整体得分。多数情况下无论哪个学生犯了错，本组的同学就会集体对这个学生进行批评教育。迫于集体的压力，很多孩子就会自觉主动减少犯错误的次数。因此在平时的教学中很少看到我批评学生，学生会把自己的事情做得相对来说比较好。这就是我所说的别样的批评，不漏痕迹却达到了意想不到的效果。如果我设计的评价标准中只有加分没有减分的话，我想效果可能就会大不一样了。

回望所走过的路，我在理性的反思后得到以下认识：对学生的评价应该有鼓励、肯定和表扬，同样也应该有有效的引导、善意的批评乃至恰当的惩罚。

二、教学评价中需要改进的几个方面

（一）强化学生自我评价和互相评价以及教师的总结性评价

学生进行自我评价是对自身提高的反思，同时在与对组竞争的同时更要反思有哪些地方是值得去学习和借鉴的。教师要多看到学生的优点，少盯着不足之处抓住不放，培养学生对自己的正确认识，让学生既看到自身的优点，也知道自己的不足，朝正确的方向发展，为学生今后的人生之路树立很好的坐标。另外，每节课老师都要留出一点时间对各个小组在合作过程中好的表现加以表扬，强化学生的团结合作意识，为学生将来的发展奠定基础。

（二）进一步完善小组团队建设

学生往往会找竞争组的毛病，而忽视自己小组的团队建设。这是我下一步工作中需要改进的地方。通过对学生表现的观察分析，对学生在创新能力、实践能力、与人合作的能力以及健康的情感、积极的态度、正确的价值观等方面的发展情况给予方向性的评价。

（三）实行新旧评价方式有机融合

重视运用好的传统的评价方式，如点头和微笑与眼神鼓励相配合、口头与书面评价结合、当众与个别评价相结合。在新课程改革的过程中，还要注重研究新的评价方式。但是，好的传统的评价方式不能丢，仍要沿用。要做到新旧结合，多种评价方式融合到一起，巧妙地运用，取得更好的评价效果。

结语

总而言之，教学评价的终极目标是为了学生的成长和教师的发展。其核心是让学生体验到生命成长的过程和知识的力量。好的教学评价既培养了学生学习的自主性和自信心及合作精神，又提高了运用语言的能力，激发了学生的兴趣，引导他们将兴趣转化为学习动机，调动其学习积极性。这种"教学相长"的教学方法使师生得到了共同的发展，也带动了教师教学改革。在今后的教学实践中我还会继续努力前行，成为一名优秀的教师，成为引导孩子们健康与快乐成长的人师，在课改的道路上奋勇前进，为国家的教育改革做出应有的贡献！

下编

域外篇

О методике аудирования на занятиях по РКИ в рамках концепции продуктивно-ориентированной парадигмы иноязычного образования

Институт славянских языков ХГПУ, Россия

Е.В. Широкова

Методический комплекс для занятий по аудированию РКИ в вузе иностранного государства заметно отличается от методического комплекса для занятий с группами иностранных студентов в стране изучаемого языка. Это обусловлено 1) разницей государственных стандартов дисциплины, 2) национальной спецификой учебных занятий, 3) профильной ориентацией вуза и факультета, 4) разницей в учебных планах, 5) составом сформированных студенческих групп, 6) языковой средой.

В вузе иностранного государства формирование комплекса методических принципов и способов обучения РКИ на занятиях по аудированию дифференцируется в зависимости от следующих объективных и субъективных факторов:

• профиля вуза (гуманитарный, технический);

• специализации студенческой группы (филологическая, переводческая, экономическая и др.);

• курса, года обучения (1–4);

• уровня языковой компетенции учащихся (элементарный (ТЭУ/ А1); базовый (ТБУ/А2); первый (ТРКИ-1/В1); второй (ТРКИ-II/В2); третий (ТРКИ-III/С1); четвертый (ТРКИ-IV/С2);

• наличия / отсутствия необходимых ТСО (технических средств обучения);

• индивидуальных психологических особенностей учащихся.

Термин «Аудирование» в данной работе используется в широком и узком пониманиях: во-первых, как процесс, особый вид мыслительной и мнемической деятельности, во-вторых, как особая дисциплина при обучении иностранному языку. В конкретизации и раскрытии нуждается термин в его широком понимании: «аудирование как процесс, особый вид деятельности». Наиболее полные определения понятия «Аудирование» представлены в научно-методических работах таких современных ученых, как Г.В. Рогова, И.Н. Верещагина, Н.Д. Гальскова, Н.И. Гез.

Г.В. Рогова и И.Н. Верещагина определяют аудирование как «…понимание воспринимаемой на слух речи. Оно представляет собой перцептивную, мыслительную, мнемическую деятельность. **Перцептивную** – потому что осуществляется восприятие, рецепция, перцепция; **мыслительную** – потому что ее выполнение связано с основными мыслительными операциями: анализом, синтезом, индукцией, дедукцией, сравнением, абстрагированием, конкретизацией и др.; **мнемическую** – потому что имеет место выделение и усвоение информативных признаков, формирование образа, узнавание, опознавание в результате сличения с эталоном, хранящимся в памяти» . (Рогова 1997: 23)

Н.Д. Гальскова и Н.И. Гез характеризуют аудирование как «сложную рецептивную мыслительно-мнемическую деятельность, связанную с восприятием, пониманием и активной переработкой информации, содержащейся в устном речевом сообщении» . (Гальскова 2006: 161) Первое определение раскрывает психологические стороны процесса аудирования, второе – его психологические и коммуникативные аспекты.

Методический комплекс, рассматриваемый в данной статье, синкретичного характера: учитывает особенности профиля педагогического вуза, рассчитан на студентов-гуманитариев 2 года обучения филологическим и экономическим специальностям. В связи с этим ведущий преподаватель разработал программу, содержащую следующие необходимые компоненты:

1) цели освоения дисциплины,

2) требования к преподаванию дисциплины,

3) уровни овладений дисциплиной.

1. Цели освоения дисциплины – успешное формирование навыков восприятия, узнавания и понимания речи на русском языке

– обеспечение визуального и аудиального представления о ситуации путем наблюдения за артикуляцией произносимых звуков;

– погружение в языковую среду, способствующее более успешному развитию навыков речевого общения и помогающее снять языковой барьер.

2. Требования к преподаванию дисциплины

Преподаваемая дисциплина предполагает работу учащихся со следующими типами текстов: аудио-, видео-, письменными. Дисциплина «Аудирование» направлена на формирование следующих умений:

– воспринимать на слух и комплексно аудио-, аудио-визуальные и письменные тексты различных функциональных стилей – художественного, разговорного, публицистического;

– ориентироваться в формально-смысловой устроенности и коммуникативной направленности всего текста (частей текста): 1) вычленять вступление, основную часть, заключение; 2) вычленять в содержательных блоках главную и дополнительную информацию.

3. Уровни овладений дисциплиной

Уровень знания. В области репродуктивной монологической речи при опоре на просмотренный, прочитанный или воспринятый на слух текст студент должен уметь:

– построить устный монолог с необходимой коммуникативно заданной переработкой исходного текста;

– передать в устной форме содержание аудио- (видео-) текста, производя в нем необходимые преобразования;

– передать содержание чужой речи с разной степенью точности и полноты, с элементами оценки, со ссылками на первоисточник;

– выборочно репродуцировать необходимую часть воспринятого на слух монологического высказывания.

Уровень понимания. В результате обучения в области репродуктивной письменной речи иностранный студент с опорой на прочитанный или прослушанный текст должен понимать:

— необходимую информацию, используя компрессию на всех уровнях: текст, абзац, предложение;

— аудио и видеоматериал;

— устные монологические и диалогические высказывания с необходимой коммуникативно заданной переработкой.

Прикладной уровень. В результате работы с аудио- и видеотекстами студент должен уметь:

— передавать содержание чужой речи с разной степенью точности и полноты, с элементами оценки, ссылаться на источник информации;

— производить содержательно-оценочную переработку аудио- и видеоматериала, то есть формулировать свою точку зрения и давать оценку содержания текста с этих позиций; обобщать информацию двух или более текстов;

— составлять устные пересказы, резюме;

— строить собственные речевые произведения по типу сообщения, повествования, рассуждения или смешанного типа.

Любая языковая дисциплина, изучаемая в рамках РКИ, не должна преподаваться изолированно, без учета других языковых дисциплин, зафиксированных Госстандартом и запланированных учебным планом для определенного факультета и курса. «Аудирование и говорение» в педагогическом вузе объединяет и результативно реализует базовые знания, полученные студентами в ходе изучения предметов «Основной курс русского языка», «Устная речь», «Письменная речь», «Лингвострановедение». В рамках учебных занятий по аудированию и говорению студенты показывают уровень усвоения всех разделов русского языка – фонетики, графики, орфографии, орфоэпии, лексики, грамматики. Данные разделы интегрируются в памяти студента, перерабатываются им и затем практически применяются для решения учебных задач с различной коммуникативной направленностью.

В русской методической системе выделяют три основных уровня аудирования – уровень восприятия, уровень узнавания, уровень понимания. Ученый-методист Л.И. Ярица, исследуя психологические факторы восприятия аудиоинформации, пишет о том, что «аудиосообщение подвергается реципиентом следующей обработке: сигнификативной (декодирование буквального значения высказывания), пресуппозиционной (привлечение экстралингвистических и социокультурных знаний), интенциональной (распознавание слушающим интенции), коннотативной (понимание оценочно-эмоционального характера информации), когнитивной (выведение адекватного смысла сообщения)».(Ярица http:// rcro.tomsk.ru/wp-content/uploads/2012/02/Metod.-rekomendatsii.-Obuchenie-audirovaniyu_YAritsa-L.I..pdf. 2011-02-23)

Одним из главных условий достижения учебных целей и задач в рамках концепции продуктивно-ориентированной парадигмы является использование качественного аудио- и видеоматериала, соответствующего основным признакам валидности текста. Российский методист И. А. Гончар выделяет следующие параметры валидности текста: «1) аутентичность; 2) соответствие уровню обучения; 3) привлекательность; 4) наличие жанровых характеристик; 5) отражение программной тематики; 6) правдоподобие (только для смоделированных текстов); 7) этичность; 8) эстетичность; 9) качество записи и воспроизведения» . (Гончар 2011: 27)

Среди качественных учебных пособий, нацеленных на развитие навыков аудирования, можно выделить следующие: «Слушать и услышать» В.С. Ермаченковой, «Послушайте!» И.А. Гончар, «Слушаем живую русскую речь» Н.Б. Каравановой, «Базовый аудиовизуальный курс русского языка» И.В. Таюрской.

В нашей работе предполагается проанализировать некоторые

упражнения из учебного пособия И.В. Таюрской применительно к реализации учебно-методических целей, задач, требований с учетом психологических процессов восприятия информации студентами в рамках концепции продуктивно-ориентированной парадигмы иноязычного образования. Рассмотрим комплекс заданий к диалогу «Где ты это купила?» из урока 11 на тему «В магазине» .(Таюрская 2011: 34–36) Текст диалога, на наш взгляд, отвечает всем параметрам валидности, поэтому является вполне адекватным для лингвометодического анализа.

1.В учебном пособии И.В. Таюрской основные упражнения тематического урока предваряет комплексное задание на прослушивание, повторение и декодирование новых слов темы (*распродажа, интернет-магазин, скидка, великолепный, симпатичный* и других). Это задание последовательно реализует фонетический, акцентологический, орфоэпический и лексический уровни языка. Лексический элемент задания представляет собой выбор одного из нескольких предложенных лексических значений или толкований слова. При этом студент вынужден самостоятельно декодировать отдельные лексические элементы темы. Данный вид учебной деятельности имеет преимущества по сравнению с традиционной словарной работой: он дает возможность активизировать мыслительные процессы студента, тогда как привычная словарная деятельность предполагает только поиск и выделение готовой информации.

2. Второй комплекс упражнений направлен на работу с аудиодиалогом. Во время прослушивания диалога включается механизм осмысливания иноязычной речи через такие действия, как 1) внутреннее проговаривание, 2) сегментация, членение речевых отрезков, 3) идентификация слов, услышанных в диалоге и слов из первого задания, переведенных и декодированных.

3. После прослушивания диалога следует задание ответить на вопросы. Мы решили усложнить его требованием дать полные ответы

на вопросы. Таким образом, выяснилось, что упражнение на уровне *знания* определяет способность студента а) передавать в устной форме содержание фрагмента текста, б) производить в нем необходимые преобразования (изменения грамматических форм слов, употребление синонимичных слов); на уровне *умения* формирует способность а) передавать содержание чужой речи с разной степенью точности и полноты, б) оценивать речевое поведение участников диалога.

4. Далее предлагается прослушать диалог еще раз и повторить вслед за диктором каждое предложение. При этом на репродуктивном уровне отрабатываются фонетические, орфоэпические *навыки.*

5. Следующее задание предлагает заполнить пропуски в письменном тексте диалога. На данном этапе происходит процесс идентификации услышанного слова с его графическим и орфографическим оформлением. Учебная информация интегрируется и усваивается по двум речевым каналам – устному и письменному.

6. Следующее задание по данному диалогу предлагает оценить высказывание словами «да» и «нет» и при отрицательном ответе исправить ложное суждение. Студенты при выполнении этого упражнения показывают такие *умения*, как способность а) производить содержательно-оценочную переработку аудиоматериала; б) формулировать свою точку зрения на истинность или ложность печатного текста по отношению к услышанному; б) вербально выразить объективную оценку содержания печатного текста.

7. В последнем задании предлагается разыграть диалог по схожим ситуациям в пределах заданной темы (работа в паре). В помощь студенту страница иллюстрирована картинками, которые сопровождаются речевыми моделями типа *Я купила...; Где ты купила...?* и номинациями типа *рынок, супермаркет, отдел, магазин* и другими. Это задание, в отличие от предыдущих, направлено на формирование *навыков* а) составления устных разговорных фраз по отработанной модели, б) построения

собственных речевых произведений по типу сообщения, рассуждения и смешанного типа. При выполнении данного задания студенты включают экстралингвистические и социокультурные знания, приобретенные в процессе изучения других дисциплин курса.

Рассмотренные фрагменты учебного пособия по аудированию И. В. Таюрской отвечают целям, задачам и методическим требованиям направления РКИ, предъявляемым к учебной литературе для студентов второго семестра второго года обучения педагогического вуза. В процессе занятий по данному учебному пособию выявился его комплексный, системный подход к изучению русского языка с использованием всех разделов. Апробация уроков по аудированию и говорению с заданиями, проанализированными ранее, обнаружила у большинства студентов конкретные знания, умения и навыки, заявленные в учебной программе для второго курса. Использование подобных заданий в контрольных работах и экзаменационных билетах показало высокие итоговые результаты, доказало продуктивность упражнений подобного типа, их соответствие уровню второго курса и в целом ориентированность на современные стандарты педагогического образования.

Литература

[1]　Гальскова Н.Д., Гез Н.И. Теория обучения иностранным языкам. Лингводидактика и методика: учеб. пособие для студ. лингв. ун-тов и фак. ин. яз. высш. пед. учеб. Заведений. 3-е изд., стер.[Z]. М.: Издательский центр «Академия», 2006.

[2]　Гончар И.А. Звучащий текст как объект методики в аспекте РКИ[J]. Русский язык за рубежом, 2011, № 2.

[3]　Рогова Г.В. Повышение эффективности обучения иностранным языкам за счет улучшения психологического климата на уроке[J]. Иностранные языки в школе, 1997, № 5.

[4]　Таюрская И.В. Базовый аудиовизуальный курс русского языка.

Учебное пособие, 2 часть[Z]. Пекин: изд-во Пекинского ун-та, 2011.

[5] Ярица Л.И. Методические рекомендации. Обучение аудированию на занятиях по РКИ на подготовительном этапе[A/OL]. http://rcro. tomsk.ru/wp-content/uploads/2012/02/Metod.-rekomendatsii.-Obuchenie-audirovaniyu_YAritsa-L.I.pdf. 2011-02-23.

Портал «Образование на русском»: новое решение вопросов дистанционного обучения

Государственный институт русского языка им. А.С. Пушкина, Россия

М.Н. Русецкая

С каждым годом российско-китайское сотрудничество в политической, торгово-экономической и культурной сферах стремительно укрепляется. Взаимная поддержка на мировой арене, совместное участие в международных и региональных организациях (ШОС, БРИКС) определяют перспективность развития отношений между двумя государствами. В связи с этим чрезвычайно актуальным становится вопрос качественной подготовки китайских специалистов по русскому языку.

В настоящий момент русский язык занимает важное положение в системе китайского образования. По данным журнала «Русский мир», около 83 тыс. детей изучают русский язык как иностранный в школах, более 40 тыс. человек – в вузах, для 6,5 тыс. студентов русский язык является основной специальностью. (Русский язык в Китае. Русский мир http://www.russkiymir.ru/media/magazines/article/141756/) Очевидно, что при таком спросе на обучение русскому языку невозможно обеспечить языковую стажировку в России для всех желающих. В этой ситуации может помочь опыт других стран в популяризации иностранного языка. Цзян Ин утверждает, что общедоступность информационных и образовательных технологий привела к существенному росту присутствия английского языка в Китае. (Цзян Ин 2013, № 10. http://cyberleninka.ru/article/n/russkiy-yazyk-kak-inostrannyy-v-sovremennom-kitae-na-materiale-russkogo-yazyka-v-g-heyhe-provintsiya-heyluntszyan) На основании этого можно предполагать, что применение дистанционных технологий позволит компенсировать отсутствие языковой среды и повысить мотивацию студентов к изучению русского языка.

Создание и развитие программ дистанционного образования в настоящий момент является одним из самых мощных средств поддержки и продвижения русского (и любого другого) языка в мире. Однако, несмотря на очевидную актуальность данного направления, многие методисты сомневаются в возможности дистанционных курсов давать слушателям образование, по качеству и эффективности соответствующее полученному при контактном обучении.Основным недостатком дистанционного образования считается отсутствие прямого контакта между преподавателем и учащимся, в связи с чем возникают такие проблемы, как затрудненная предварительная диагностика уровня учащихся, ограниченные возможности для контроля и обратной связи, а также неравномерное распределение учебного материала по видам речевой деятельности. Тем не менее, мы считаем, что технологии дистанционного обучения – важный шаг в сторону образования будущего, именно поэтому необходимо бросить вызов существующим трудностям, связать воедино достижения традиционной методики и свежие идеи в области педагогических технологий и даже пересмотреть ряд традиционных взглядов на языковое образование в целом. (Калинина 2014: 100–105; Кошелев 2003: 27–41)

Первый вопрос, с которым мы сталкиваемся при разработке дистанционного образовательного продукта – вопрос о применимости традиционных моделей обучения в рамках нового курса. Обычно в основу контактного обучения положен аспектирующий принцип. Аспектирующая модель преподавания языка характеризуется, прежде всего, концентрацией на одном (необходимом в данный момент) компоненте коммуникативной компетенции, будь то усвоение учащимся лексики определенной тематики, улучшение произношения либо совершенствование грамматических навыков, усвоение норм национального речевого этикета и т. д. Ориентация на определенный уровень владения языком, когда образовательный продукт выстраивается как звено в цепи перехода с одного уровня владения на другой, более высокий, также является отражением аспектирующего принципа. Однако все эти подходы, хорошо зарекомендовавшие себя в очном обучении, не могут столь же успешно реализоваться дистанционно. (Девель 2011: 135)

С чем это связано? Основная причина состоит том, что этап предварительной диагностики уровня обучающегося в привычном виде отсутствует. При контактном обучении проблема набора группы для освоения конкретной образовательной программы имеет традиционное решение: преподаватель или рекрутор в ходе наблюдения, личной беседы, тестирования определяет способности и ожидания учащегося. В таком формате хорошо работают методики личностно-ориентированного обучения. При дистанционном же обучении формирование целевой аудитории проблематично. Даже если четко сформулировать задачи курса и требования к уровню предварительной подготовки, нельзя быть уверенным, что все слушатели, выбравшие данный курс, соответствуют предъявляемым требованиям, поскольку навык оценки собственной компетенции сформирован далеко не у всех потенциальных пользователей.

Следующая трудность, закономерно возникающая при дистанционном обучении – соблюдение требований к комплексности обучения. В силу технических причин, обычно в рамках дистанционного обучения развиваются одни навыки и умения (чаще всего рецептивные виды речевой деятельности: чтение, аудирование, а также лексические и грамматические навыки, чаще всего в отрыве от реальной коммуникации) в ущерб продуктивным. В связи с этим качество образования, полученного дистанционно, зачастую ставится под сомнение.

Особая проблема дистанционного образования – система контроля. Если итоговый контроль в большинстве дистанционных образовательных ресурсов достаточно хорошо разработан, то промежуточный контроль (в частности, проверка понимания) в данных онлайн-курсах практически не представлен. Это может привести не только к недостаточному усвоению материалов курса, но и существенно снизить уровень мотивации студентов к дальнейшему обучению: при отсутствии необходимой поддержки большинство обучающихся не справляются с трудностями и бросают курс.

В связи с этим перед любым создателем площадки дистанционного образования стоит задача сделать продукт, характеризующийся такими важными качествами, как комплексность, гибкость, динамичность и интерактивность. Таким образом, с уверенностью можно говорить, что будущее за образовательными площадками синтезирующего типа. (Постников 2013: 380–383) Одна из таких площадок создается на базе Института Пушкина.

С 2014 года Институт выполняет функцию информационно-аналитического центра по реализации «Программы продвижения русского языка и образования на русском языке» под руководством Совета по русскому языку при Правительстве Российской Федерации. Ключевое направление Программы – создание портала «Образование на русском» (адрес в сети Интернет: pushkininstitute.ru). Данный проект развивается по трем основным направлениям: обучение русскому языку как иностранному, профессиональная поддержка преподавателей и обучение школьников 1–11 классов по программам основного и дополнительного образования.

Актуальность проекта состоит в том, что в настоящее время отсутствует ресурс полного цикла дистанционного обучения русскому языку, базирующийся на современных разработках отечественных и зарубежных методистов. Потребность в создании подобного ресурса очевидна и связана с несколькими факторами. Во-первых, развитие межгосударственных торгово-экономических связей и международного бизнеса требует отлаженных форм коммуникации. Во-вторых, для большого количества соотечественников, проживающих за рубежом, необходим ресурс, помогающий сохранять русский язык в семье, прививать знание языка и культуры в условиях отрыва от полноценной языковой среды. Кроме того, проект создан с целью популяризации образования на русском языке в мире средствами передовых онлайн-технологий и мобильного интерактивного обучения. Таким образом, портал «Образование на русском» призван решить ряд важных социально-политических, культурно-образовательных задач в формате комплексной площадки единого дистанционного доступа к различным образовательным продуктам. При разработке данного образовательного ресурса были учтены наиболее типичные недостатки других дистанционных курсов по обучению иностранным языкам. Концепция построения курса предполагает сочетание проверенных временем традиций обучения русскому языку и новаторских образовательных технологий, доказавших свою эффективность на примере опыта других стран.

Ресурс по обучению русскому языку как иностранному, который создает Институт Пушкина, является фундаментальным академическим ресурсом. Обучение не ограничивается исключительно овладением лексики по определенным темам и развитием отдельных коммуникативных компетенций для бытового общения. Задача создателей заключается в том, чтобы сформировать у пользователей ресурса комплекс знаний, умений и навыков во всех четырех видах речевой деятельности. В рамках портала «Образование на русском» уделяется большое внимание развитию у обучающихся навыков владения продуктивными видами речевой деятельности, к которым относится говорение и письмо. Более того, в учебный процесс включается ряд компетенций, связанных со всеми уровнями языковой системы: фонетикой, морфемикой и словообразованием, лексической и грамматикой, а также прагматикой. Все вышеперечисленное обеспечивает комплексность обучения русскому языку в рамках дистанционного курса.

На портале «Образование на русском» созданы курсы для обучения русскому как иностранному на всех 6 уровнях владения языком (от А1 до С2). Как мы полагаем, при условии полного освоения учебных программ пользователи получают необходимый комплекс компетенций, позволяющий им успешно пройти сертификационное тестирование по системе ТРКИ.

В основе системы обучения на портале лежит концентрический принцип, при котором каждый следующий модуль расширяет знания, полученные обучающимся на предыдущих уровнях. По это причине каждый модуль, за исключением, разумеется, модуля А1, начинается с диагностического тестирования, которое позволяет пользователю системы выявить пробелы в знаниях. Если обучающийся допускает ошибки, ему предлагаются ссылки на разделы предыдущего модуля, а также статьи справочника для восполнения этих пробелов. Это позволит решить не только проблему предварительной оценки уровня учащихся, но и осуществлять промежуточный контроль, позволяющий студенту адекватно оценить свой прогресс. По завершении каждого модуля слушателю снова предстоит пройти тестирование, на этот раз итоговое.

Ощущение систематического контроля, создаваемое при помощи системы регулярного тестирования, сближает онлайн-курс с очным обучением по таким параметрам, как наличие четкой траектории обучения, последовательность прохождения материла, а также возможность учета индивидуальных особенностей обучающихся. Ведь разные пользователи с разной скоростью приобретают навыки и умения в различных видах речевой деятельности (что может зависеть как от личных качеств и способностей слушателя, так и от его национальности). По этой причине в дистанционном обучении необходимо, с одной стороны, направить обучающегося по правильной траектории, мотивировать его к последовательному изучению материалов курса, с другой стороны, оставить одновременный доступ к различным частям языкового курса, не перегружая пользователя однотипными упражнениями и помогая ему справиться с заданиями, представляющими для него определенные сложности.

Отметим также, что оба вида контроля, реализуемые в рамках курса (промежуточный и итоговый), знакомят пользователя с форматом сертификационного тестирования по системе ТРКИ, что представляется весьма важным, особенно в контексте общей тенденции к государственной стандартизации системы обучения русскому языку как иностранному и сертификации знания русского языка.

При разработке алгоритма обучения, функциональных возможностей системы и ее контента группа разработчиков опиралась как на коммуникативный, так и на сознательно-практический методы обучения. Коммуникативный метод наиболее ярко представлен в интенсивных и основных курсах, характерной чертой которых является опора на тексты, которые делятся по уровням сложности, ситуациям общения, а на продвинутых уровнях также по типам и жанрам. Соблюдаются этапы работы с текстом: предтекстовые задания знакомят обучающегося с новой лексикой и незнакомыми культурными реалиями, притекстовые дают установку на прочтение или прослушивание текста, приближая учебную ситуацию к условиям реального общения, послетекстовые задания направлены на закрепление полученных лексических и грамматических навыков, а также на проверку понимания содержания и смысла текста.

Другой метод, активно используемый при создании данного дистанционного курса, – сознательно-практический. Его суть заключается в том, что пользователь учится не просто «запоминать», но и «понимать» язык, его логику и особенности организации, что позволяет ему впоследствии не только воспроизводить, но и успешно производить речевые единицы, используя известные ему возможности языковой системы и учитывая особенности коммуникативной ситуации. Основная область применения сознательно-практического метода – разработка справочно-систематизирующих курсов по фонетике и грамматике.

Известно, что для обучающихся некоторых национальностей (например, для немцев и китайцев) курс, не содержащий системного описания грамматики, не представляет ценности и не воспринимается серьезно. По всей видимости, это связано с такими этноспецифическими факторами, как особенность национальной образовательной культуры, а также глубина типологических различий между языком учащегося и русским языком. В связи с этим в процессе обучения нам представляется целесообразным сочетание коммуникативного и сознательно-практического методов.

Говоря о конструктивных особенностях внедряемого нами онлайн-курса, мы считаем необходимым отметить следующие его черты:

— в рамках курса разработан алгоритм последовательного прохождения материалов в интенсивных и основных курсах, включая систему мотивации: пользователь не получает баллы за непоследовательное выполнение заданий;

— в справочно-систематизирующих курсах пользователь имеет возможность зайти в любой раздел курса и повторить наиболее сложные темы;

— система обучения отвечает принципу минимизации материала и принципу сознательности: пользователь получает достаточный минимум заданий для обязательного выполнения и освоения блока, однако при желании обучающийся может получить расширенную базу заданий и иллюстративного материала;

— система содержит разнообразный инструментарий, позволяющий пользователю самостоятельно оценивать свой прогресс в изучении языка, используя различные виды статистики, которая отображается в виде «прогресс-баров» и диаграмм.

Отдельно стоит упомянуть справочные курсы по фонетике. В дистанционном формате проблема преподавания фонетического курса стоит намного острее, по сравнению с очным обучением. Поскольку у нашего типового пользователя в большинстве случаев не сформирован фонематический слух (например, навыки дифференциации согласных по твердости / мягкости), слушателю необходимо объяснить «механику» артикуляции. Простым повторением за образцом, как правило, ограничиться невозможно. В этом случае более оправданным видится использование аналитико-имитативного метода обучения фонетике. В связи с этим дистанционный фонетический курс был снабжен виртуальным лингафонным кабинетом. Преимущество данного инструмента очевидно: пользователи практикуются в произношении звуков, а система позволяет им наблюдать, как они постепенно приближаются к эталонному варианту. Для облегчения задачи используются специальные анимированные схемы работы речевого аппарата, а также подробное описание фаз артикуляции, которые могут субъективно ощущаться и контролироваться говорящим. Таким образом, решение проблем обучения фонетике возможно только путем интеграции инструментария лингафонного кабинета в систему обучения, в частности инструмента для сопоставления характеристик звука, порождаемых обучающимся, и эталонного звука с последующей выдачей комментариев и рекомендаций.

Необходимым инструментом обеспечения комплексности и интерактивности обучения является система тьюторства. В процессе обучения тьютор выступает в роли собеседника и адресата письменных работ. Более того, в рамках портала «Образование на русском» предполагается возможность оказания тьютором методической поддержки. Для удобства пользователей разработчиками введен ряд организационных инструментов, к которым относятся возможность подбора тьютора, занесение информации о предстоящем вебинаре в календарь, отображение времени проведения вебинара с учетом часовых поясов в стране пользователя.

Важно отметить, что задача создателей портала заключается не просто в развитии у пользователей необходимого набора коммуникативных компетенций, но и в формировании иноязычной языковой личности, приобщенной к русской культуре. Для этого в учебные курсы включаются аутентичные тексты страноведческой и культурологической направленности, паремия, идиоматика, а также видеоматериалы, среди которых представлены учебные фильмы и аутентичные фильмы, новостные сюжеты, сюжеты из популярных познавательных телепрограмм, видеоклипы.

Еще одним немаловажным направлением работы над дистанционным курсом русского языка является программа профессиональной переподготовки педагогов. Она станет первым опытом внедрения дистанционных технологий в программы педагогической переподготовки и будет реализована на платной основе с обязательной синхронной поддержкой преподавателей Государственного института русского языка им. А.С. Пушкина. В рамках «Школы профессиональной поддержки» преподавателям впервые будет представлена возможность пройти полноценный курс профессиональной переподготовки по программе «Преподавание русского языка как иностранного» в онлайн-формате. При условии успешной сдачи контрольного испытания по всей программе в очной форме, которое включает в себя экзамен и защиту выпускной квалификационной работы, слушатели получают диплом, дающий право на преподавание РКИ. Это, в свою очередь, дает преподавателям возможность стать тьюторами программы и обучать в онлайн-формате на портале «Образование на русском». Для преподавателей, уже обладающих необходимой квалификацией и желающих получить возможность оказывать консультационные услуги на портале, будет предложено пройти программу повышения квалификации по теме «Информационно-коммуникационные технологии и мобильные приложения в преподавании РКИ».

В 2015 году на портале запланировано открытие следующих образовательных программ: курс повышения квалификации «ИКТ в преподавании РКИ», курс повышения квалификации «Мобильные технологии в преподавании РКИ»; курс повышения квалификации по подготовке тьюторов к работе с ресурсами портала «Образование на русском; программа профессиональной переподготовки «Методика преподавания РКИ». Участниками пилотного курса, начавшего свою работу 1 сентября 2014 года, стали около 3000 человек из 20 стран. Все программы повышения квалификации реализуются по принципу бесплатного доступа к контенту с платной сертификацией.

Таким образом, портал «Образование на русском» призван решить проблемы дистанционного обучения, ранее считавшиеся непреодолимыми. Благодаря усилиям экспертов в области лингвистики, методики преподавания русского языка как иностранного, инновационной педагогики и психологии удалось создать продукт, обеспечивающий комплексное овладение русским языком. Открытость, доступность, динамичность курса, гибкость по отношению к возможностям и способностям обучающихся позволяет назвать портал «Образование на русском» эффективным средством усиления присутствия русского языка в мире.

Литература

[1] Девель Л.А. Англо-русский учебный словарь. Лингводидактические проблемы использования в информационном поиске и дистанционном обучении в непрерывном образовании[Z]. СПб.: КультИнформПресс, 2011.

[2] Постников М.В. Кроссплатформенные системы управления дистанционным обучением[J].Ученые записки института социальных и гуманитарных знаний, 2013, № 1.

[3] Русский язык в Китае[A/OL]. Русский мир http://www.russkiymir.ru/ media/magazines/article/141756/.

[4] Среди работ, посвященных данной проблеме, см. Калинина А.И. Дистанционное обучение как часть системы непрерывного образования и роль самообразования в дистанционном обучении[J]. Вестник Московского университета. Серия 20: Педагогическое образование, 2014, № 1.; Кошелев А. Мультимедиа и комуникации в системе дистанционного обучения dls.net[J]. *Computer sciences and*

telecommunications, 2003, № 1.

[5] Цзян Ин. Русский язык как иностранный в современном Китае (на материале русского языка в городе Хэйхэ провинция Хэйлунцзян)[A/OL]// Слово: фольклорно-диалектологический альманах[C/OL]. 2013, № 10. http://cyberleninka.ru/article/n/russkiy-yazyk-kak-inostrannyy-v-sovremennom-kitae-na-materiale-russkogo-yazyka-v-g-heyhe-provintsiya-heyluntszyan.

Изучение лирики М.Ю. Лермонтова иностранными студентами-филологами
(на примере стихотворений «Парус», «Тучи», «На севере диком стоит одиноко...»)

Амурский гуманитарно-педагогический
государственный университет, Россия
Е.Е. Жарикова

Студенты из Китая обучаются в ФГБОУ ВПО «Амурский гуманитарно-педагогический государственный университет» по направлениям 050300.62 «Филологическое образование» (профиль «Русский язык и литература») и 050100.62 «Педагогическое образование» (профиль «Русский язык»), а также проходят одногодичную стажировку по русскому языку.

Главная дисциплина учебного плана бакалавров и стажеров – русская литература. Ее цели – знакомство учащихся со специальными литературоведческими терминами, которые нужны для анализа художественного текста. А также ознакомление иностранных студентов с историей русской литературы в хронологической последовательности: от фольклора до современной литературы, с творчеством отдельных писателей / поэтов, которые являются наиболее яркими представителями различных литературных стилей и направлений.

Одним из интересных периодов русской литературы для китайских студентов является XIX век. «Золотой век» российской словесности вошел в историю отечественной литературы как особый период творчества А.С. Пушкина, М. Ю. Лермонтова, Н.В. Гоголя, И.С. Тургенева, Ф.М. Достоевского, Л.Н. Толстого, А.П. Чехова и многих других великих писателей. Именно с этого века начинается новый этап в истории русской литературы, которая представляет собой часть мирового литературного процесса.

При выборе поэтических и прозаических текстов учитываются рекомендации государственных образовательных стандартов для направлений 050300.62 «Филологическое образование» и 050100.62 «Педагогическое образование»: «Русская литература и культура XIX века. Мировое значение русской литературы XIX века. Литературное наследие А.С. Пушкина. Художественные открытия М.Ю. Лермонтова, Н.В. Гоголя. История русской литературы II половины XIX века и мировой литературный процесс. Роман II половины XIX века». (Государственный образовательный стандарт высшего профессионального образования по направлению 540300 Филологическое образование 2005: 12 https://rudocs. exdat.com/docs/index-400960.html. 2022-02-24)

Изучая русскую литературу XIX века на втором и третьем курсах, иностранные студенты сравнивают ее с китайской литературой «Золотого века» (эпоха династии Тан, 600–900 гг. н.э.), когда писали свои стихотворения Ли Бай (Ли Бо), Ду Фу, Ду Му, Ван Вэй и другие.

В процессе обучения учащиеся знакомятся с лучшими произведениями русской классики, а также с русскими культурно-историческими реалиями. Чтение и анализ известных произведений дают иностранцам представление об особенностях философско-эстетических взглядов русских поэтов и писателей XIX века. Студенты из Китая узнают специфику творчества того или иного русского художника слова, приобщаются к основам русской культуры и русского языка.

Творческим методом многих поэтов и писателей XIX века был сначала романтизм. Студенты-иностранцы получают теоретические сведения об этой художественной системе I половины XIX века еще на втором курсе. В дальнейшем они знакомятся с русскими художниками слова, которые в своем творчестве обращались к романтическим традициям:

– В.А. Жуковский – русский поэт, основоположник русского романтизма;

– А.С. Пушкин – русский поэт и писатель, родоначальник новой русской литературы, создатель русского литературного языка. Творчество А.С. Пушкина прошло путь от романтизма к реализму.

Иностранные студенты читают и анализируют романтические баллады В.А. Жуковского «Людмила», «Светлана», «южные поэмы» А.С. Пушкина «Кавказский пленник», «Бахчисарайский фонтан», «Цыганы».

Интерес у китайских учащихся вызывает творчество М.Ю. Лермонтова, который является гениальным преемником А.С. Пушкина. На всех этапах своего творчества Михаил Юрьевич выступает и как романтик, и как реалист, с преобладанием в ранний период романтизма, в зрелый – реализма.

Знакомство иностранцев с романтической лирикой Михаила Юрьевича начинается с предварительного чтения адаптированного текста о творческой биографии поэта. Цель – рассказать студентам о личности поэта, условиях, в которых формировался его характер.

«Михаил Юрьевич Лермонтов – известный русский поэт XIX века. После смерти матери воспитанием юного Миши, которому исполнилось два года, занялась бабушка. В ее имении Тарханы прошло его детство. В роду Лермонтовых были замечательные офицеры. Главное событие XIX века – Отечественная война 1812 года. Наиболее яркие впечатления об Отечественной войне мальчик получил из рассказов простых солдат в имении Тарханы. Среди крепостных были те, кто был ее участником. Впоследствии М.Ю. Лермонтов посвятит им свое стихотворение «Бородино».

Михаил Юрьевич получил домашнее воспитание и образование, владел французским и немецким языками, рано стал интересоваться литературой и обратился к поэтическому творчеству. В 1828–1829 гг. он написал поэмы «Корсар», «Преступник», «Олег», «Два брата». В середине 1830-х годов в Петербурге он познакомился со многими известными литераторами. В этот период он создал драму «Маскарад», поэмы «Сашка», «Боярин Орша», лирику.

Его стихотворение «Смерть поэта» выразило глубокое потрясение от смерти А.С. Пушкина. Это стихотворение сделало молодого поэта продолжателем пушкинских традиций в русской литературе. Оно принесло ему огромную известность, но в 1837 году Лермонтов был арестован и переведен на Кавказ. В Пятигорске и Ставрополе поэт познакомился с находящимися в ссылке декабристами.

В начале 1838 года, благодаря помощи своей бабушки, Михаил Юрьевич вернулся в Москву. Это время стало расцветом его творчества. Поэт закончил поэмы «Демон», «Мцыри», роман «Герой нашего времени». В начале 1840-го года к Лермонтову пришла слава, в центральных журналах печаталась его лирика. Он хотел получить отставку и погрузиться в литературную работу. Однако в 1841 году у горы Машук под Пятигорском он был убит на дуэли Мартыновым. Похоронен Михаил Юрьевич в Тарханах». (Жарикова 2011: 10)

После текста преподаватель задает вопросы, которые выявляют степень понимания прочитанного студентами:

– кто воспитывал М.Ю. Лермонтова?

– как называется имение, где прошло детство и юность поэта?

– кому было посвящено стихотворение М.Ю. Лермонтова, из-за которого поэта отправили в ссылку?

– куда был сослан в ссылку Лермонтов?

– кто убил М.Ю. Лермонтова на дуэли?

– какие произведения написал М.Ю. Лермонтов?

Затем учащиеся знакомятся с рубрикой «Своеобразие романтического творчества поэта». Из нее они узнают, что «сначала лирика Михаила Юрьевича имела подражательный характер. Лермонтов много учился у своих предшественников и современников: Пушкина, Жуковского, Батюшкова, Веневитинова, Рылеева, Байрона, Шиллера, Гете. Но Михаил Юрьевич не покорно следовал сложившимся традициям, а старался сам многое переосмыслить. В лирике М.Ю. Лермонтова есть социальная, философская, любовная, творческая темы. Ранние стихотворения поэта романтические. Главная особенность романтизма – это конфликт идеала с реальной жизнью, добра и зла. Поэтому во многих стихотворениях Лермонтова раннего периода есть мотивы мятежа, бунта, бури, возвышения личности, которая борется с судьбой. Душа лирического героя Михаила Юрьевича тоскует, ищет свободу. Его лирический герой – романтик, который стремится к идеалу, гармонии. Ему не нравится несовершенная, скучная, однообразная реальность. Примером служит стихотворение «Парус»». (Жарикова 2011: 11–12)

Стихотворение «Парус» выбрано для анализа не случайно. Цель – дать студентам первое представление о своеобразии ранней лирики М.Ю. Лермонтова, продолжить работать над анализом стихотворения, выразительным чтением. «Парус» носит дискуссионный характер, несмотря на то, что этот текст из двенадцати стихов создал восемнадцатилетний юноша.

Перед анализом текста преподаватель проводит словарную работу, объясняет значение новых слов («мятежный», «покой», «лазурь», «гармония», «мачта»).

После выразительного чтения стихотворения преподаватель задает вопросы, которые выявляют степень понимания прочитанного студентами и помогают почувствовать философский смысл стихотворения «Парус».

– все ли понятно в этом стихотворении?

– какие картины вызывает стихотворение в вашем воображении?

– какое настроение возникает в связи с этим произведением?

– какой образ в стихотворении главный?

– какое чувство вызывает парус у самого поэта?

– что такое буря?

– всегда ли буря несет разрушение?

– что символизирует море?

– каким предстает море перед нами?

В ходе беседы преподаватель ведет анализ художественных особенностей, изобразительных и выразительных средств.

«Жанр стихотворения «Парус» – лирическая новелла. Это произведение можно отнести к философской лирике. В стихотворении присутствует романтический пейзаж, вольная морская стихия:

Белеет парус одинокой

В тумане моря голубом.

Пейзаж очень краткий: красивый голубой цвет, солнце, движение и звуки. Показана красота моря, неба, но парус отстранен от радостных красок. Он ищет свою «далекую страну» – свой идеал. В стихотворении есть риторические вопросы:

Что ищет он в стране далекой?

Что кинул он в краю родном?

На них нет ответа.

Играют волны, ветер свищет,

И мачта гнется и скрипит.

В этих строках есть что-то опасное, страшное. Состояние природы помогает показать мысли и чувства лирического героя. В конце стихотворения мы читаем:

Увы, он счастия не ищет

И не от счастия бежит.

В стихотворении «Парус» М.Ю. Лермонтов использует много выразительных средств: *эпитеты* («одинокий», «золотой», «мятежный»); *олицетворения* («что ищет он», «что кинул он», «играют волны», «ветер свищет», «он бежит», «просит бури»); *метафору* («струя светлей лазури»), *инверсию* («парус одинокий», «в тумане моря голубом», «в стране далекой», «в краю родном», «луч солнца золотой»); *антитезу* («в стране далекой – в краю родном»). Эти художественные средства помогают автору передать главную идею стихотворения.

Романтический идеал М.Ю. Лермонтова – это одинокая личность, которой не нравится спокойная жизнь. Она хочет «бури» и «свободы». (Жарикова 2011: 11–12)

В конце беседы иностранным студентам предлагается выразительно прочитать стихотворение «Парус» и еще раз ответить на обобщающие вопросы о теме и идее лирического произведения, о средствах, с помощью которых автор формирует чувства и мысли читателей, их суждения о характере лирического героя:

– о чем это стихотворение?

– или о ком?

– что такое «пейзаж души»?

Потом учащимся предлагается выучить стихотворение наизусть.

На следующих занятиях по творчеству М.Ю. Лермонтова иностранные студенты-филологи знакомятся со стихотворениями «Тучи», «На севере диком стоит одиноко...». Цель – показать учащимся специфику лирики Лермонтова II половины 30-х – начала 40-х годов. В этот период лирический герой не отказывается от прежних идеалов, но его чувства и эмоции сменяются на глубокие философские раздумья о жизни, о человеческом одиночестве.

Преподаватель заранее дает индивидуальное задание студенту подготовить сообщение об истории создания стихотворения «Тучи»: «Оно было написано М.Ю. Лермонтовым перед второй ссылкой на Кавказ. Поэт уже был в изгнании и хорошо понимал, что его ждет. В этом стихотворении нашли свое выражение чувства, которые он испытал при расставании с Родиной и друзьями. За стихотворение «Смерть поэта» (Лермонтов посвятил его гибели великого А.С. Пушкина и переживал ее, как смерть самого близкого человека) Михаил Юрьевич был отправлен на Кавказ к новому месту службы. На самом деле это была настоящая ссылка. Благодаря хлопотам бабушки и помощи самого Бенкендорфа, поэт вернулся в Петербург. Здесь он провел два года и написал лучшие свои произведения. Однако в скором времени за дуэль с сыном французского посла Э. Брантом вновь последовало наказание. Друзья поэта понимали, что это лишь повод отправить опального поэта из столицы. Лермонтов тосковал при мысли о скором расставании с друзьями и Родиной. Он чувствовал, что ему уже никогда не придется вернуться назад. В стихотворении «Тучи» лирический герой ведет воображаемый диалог с тучами, которые плывут по небу». (Жарикова 2011:14)

Затем преподаватель задает вопросы студентам на понимание информации:

– Когда было написано стихотворение «Тучи»?

– Куда царь отправил поэта?

– Кто помог Лермонтову вернуться в Петербург?

– С кем ведет диалог Лермонтов в стихотворении «Тучи»?

После того, как студенты прослушали сообщение об истории создания этого стихотворения и ответили на вопросы, преподаватель проводит словарную работу, объясняет значение новых слов («туча», «странник», «изгнанник», «мчаться», «клевета», «ядовитый», «преступление», «зависть»).

В ходе беседы преподаватель обращает внимание студентов на то, что лирический герой видит себя одиноким странником, который идет по дорогам своей судьбы:

Тучки небесные, вечные странники!

Степью лазурною, цепью жемчужною

Мчитесь вы, будто как я же изгнанники,

С милого севера в сторону южную.

Преподаватель объясняет учащимся, что по свидетельству современников М.Ю. Лермонтова, образ одинокой плывущей по небу тучи был выбран им не случайно. Ведь именно этот образ полностью отвечает настроению лирического героя. Тучки – это действительно «вечные странники»: гонимые ветром, они мчатся по небу, и нет такой силы, которая могла бы их остановить. Стихотворение написано в тот период творчества, когда поэт стремился преодолеть отчуждение между личностью и окружающим ее миром.

В поэзии Михаила Юрьевича Лермонтова II половины 30-х - начала 40-х годов остро звучат мотивы одиночества, неприкаянности, отсутствия душевного покоя. Лирический герой завидует тучкам, которые странствуют по своей воле:

Кто же вас гонит: судьбы ли решение?

Зависть ли тайная? злоба ль открытая?

Или на вас тяготит преступление?

Или друзей клевета ядовитая?

Лирический герой тоскует, он вынужден покинуть родной край и отправиться «в сторону южную». Поэтому он обращается к тучкам, которые, так же, как и он, мчатся «с милого севера»:

Нет, вам наскучили нивы бесплодные…

Чужды вам страсти и чужды страдания;

Вечно холодные, вечно свободные,

Нет у вас родины, нет вам изгнания.

В последней строфе стихотворения лирический герой противопоставляет себя тучкам. Им «чужды… страсти и чужды страдания», они не могут испытать то чувство тоски по Родине, которое хорошо знакомо ему. И хотя теперь лирический герой воспринимает свое изгнание, свое одиночество еще сильнее, он в то же время гордится им: «вечно холодные, вечно свободные».

Тема одиночества и тоски у М.Ю. Лермонтова тесно перекликается с темой любви к Родине. Если нет этой любви, то не может быть и тоски при расставании. И как самое страшное проклятие звучит последняя фраза стихотворения: «Нет вам изгнания»!

После анализа текста студент, который рассказывал об истории создания стихотворения «Тучи», заканчивает свое сообщение: «Предчувствия поэта сбылись. Он так и не вернулся «на родину милую».

В июле 1841 г. в Пятигорске Михаил Юрьевич Лермонтов был убит на дуэли. Бабушка перевезла тело внука в Тарханы, где прошли недолгие счастливые годы детства поэта». (Жарикова 2011: 15)

В конце беседы иностранным студентам-филологам предлагается выразительно прочитать стихотворение «Тучи» и еще раз ответить на обобщающие вопросы:

– о чем это стихотворение?

– или о ком?

– какой главный мотив в стихотворении?

– какая главная идея этого стихотворения?

– почему стихотворение называется «Тучи»?

Перед анализом другого текста М.Ю. Лермонтова «На севере диком стоит одиноко...» преподаватель также дает заранее индивидуальное задание студенту подготовить сообщение об истории создания этого стихотворения: «Оно было написано в 1841 году. Это стихотворение – перевод стихотворения великого немецкого поэта Гейне «Сосна стоит одиноко». Лирический герой скучает по далекой возлюбленной и вместе с ним скучает весь мир, вся природа. Грустная, печальная и тихая интонация стихотворения Гейне передает чувство одиночества и тоски по далекой возлюбленной через аллегорический образ сосны. Одинокая сосна мечтает и ощущает грусть, бесприютность, заброшенность в далекой северной стране. Стихотворение Гейне «Сосна стоит одиноко» переводили также русские поэты Ф.И. Тютчев и А.А. Фет. Их переводы близки к стихотворению Гейне по характеру лирического переживания. Однако в переводе Лермонтова главной стала мысль об одиночестве человека в мире». (Жарикова 2011: 16)

На севере диком стоит одиноко

На голой вершине сосна.

И дремлет, качаясь, и снегом сыпучим

Одета, как ризой, она.

И снится ей все, что в пустыне далекой –

В том крае, где солнца восход,

Одна и грустна на утесе горючем

Прекрасная пальма растет.

После выразительного чтения стихотворения преподаватель задает вопросы:

– понравилось ли вам стихотворение?

– какое настроение возникает у вас в связи с этим текстом?

– какой образ в стихотворении главный?

– что символизируют «сосна» и «пальма»?

– какие чувства главные в душе лирического героя?

Затем преподаватель проводит словарную работу, объясняет значение новых слов («сосна», «пальма», «риза», «утес», «пустыня», «дремать», «горючий»).

В стихотворении «На севере диком стоит одиноко...» М.Ю. Лермонтов использует много выразительных средств: *сравнение*(«...и снегом сыпучим одета, как ризой она»), *эпитеты* («на севере диком...», «на утесе горючем», «снегом сыпучим»), *аллитерацию* (повторяющийся звук «с»: «на **с**евере... **с**тоит...**с**осна...**с**негом **с**ыпучим...»). Однако главное художественное средство в стихотворении – это *антитеза*. Юг и Север – это понятия не столько географические, сколько психологические. Лирический герой внутренне сливается с душой северной сосны, а юг и пальма кажутся ему несбыточной мечтой. Образы сосны и пальмы передают трагизм человеческой разобщенности и одиночества.Таким образом, эти художественные средства помогают понять образность, эмоциональность, проникновенность стихотворения Лермонтова.

В конце занятия преподаватель показывает студентам репродукцию картины И.И. Шишкина «На севере диком». Этот известный русский художник с помощью живописи передал чувства немецкого и русского поэтов. Эти три шедевра искусства, которые имеют мировое значение, взаимно обогатили друг друга и выразили мечту о возвышенном и прекрасном, но только разными средствами.

Преподаватель предлагает студентам несколько видов домашнего задания:

– подобрать музыку к стихотворениям «Тучи», «Не севере диком стоит одиноко…» и объяснить свой выбор;

– нарисовать картину;

– написать ответ на вопрос: «Каким вы представляете лирического героя М.Ю. Лермонтова»?

Таким образом, изучение разных периодов творчества М.Ю. Лермонтова (на примере стихотворений «Парус», «Тучи», «На севере диком стоит одиноко…») позволяет китайским студентам-филологам узнать, что романтизм породил целостную художественную систему и утвердил совершенно новый взгляд на мир и человека. Русский романтизм, начавшись с В.А. Жуковского, расцвел в творчестве целого ряда писателей и поэтов: А.С. Пушкина, М.Ю. Лермонтова, Ф.И. Тютчева, А. Грина, К. Паустовского и многих других великих художников слова. В лирике М.Ю. Лермонтова последних лет жизни раздумья лирического героя отмечены редкой по его возрасту зрелостью.

Литература

[1] Государственный образовательный стандарт высшего профессионального образования по направлению 540300 Филологическое образование[Z]. М.: 2005. https://rudocs.exdat.com/docs/index-400960.html.

[2] Жарикова Е.Е. Русская литература XVIII-XX вв.: курс лекций для студентов-иностранцев[M]. Комсомольск-на-Амуре: Изд-во АмГПГУ, 2011.

Стихотворения на занятиях русского языка как иностранного
(на примере «Большой элегии Джону Донну» Иосифа Бродского)

Сахалинский государственный университет, Россия

Е.А. Иконникова

Как известно, ритмическая и рифмическая природа стихотворной речи способствует наилучшему запоминанию различных текстов не только родного языка, но и иностранного. Вместе с механическим запоминанием, а потом и воспроизведением по памяти стихотворных рядов в активном и пассивном запасах выстраивается определенный перечень слов. За каждым таким словом (в более широком плане – словосочетанием, а иногда и цельной, но не осложненной синтаксической конструкцией) закрепляются используемое в заученном тексте смысловое значение, звуковое воспроизведение, особые признаки, совместимость с разными частями речи и другое.

При этом следует помнить, что не все стихотворные тексты по своему лексическому составу, акцентологическим вариантам и грамматическим показателям отвечают потребностям современного языка. В этом случае выбор стихотворных текстов, на материале которых происходит обучение (первичное знакомство, закрепление и отработка уже известных слов и конструкций), должен быть тщательным. Не следует использовать тексты с обилием архаичной или малоиспользуемой лексики, с допускаемым в поэтической речи смещением ударения от нормированного в сторону соответствия ритмической модели стихотворной строки. В таких текстах количество инверсий (неправильный порядок слов) должно быть невелико.

Продемонстрируем использование на занятиях русского языка как иностранного одного из стихотворений Иосифа Александровича Бродского

(1940–1996) – поэта, драматурга, литературного критика, переводчика, лауреата Нобелевской премии (1987). В качестве примера взята «Большая элегия Джону Донну» (1963), написанная Иосифом Бродским в период увлечения творчеством английских «метафизиков» и во время работы над переводом нескольких стихотворений Джона Донна (1572–1631) на русский язык для издания в серии «Всемирной литературы».

«Большая элегия Джону Донну» Иосифа Бродского включает в себя 208 стихов, однако приведем только 26 строк, с которых начинается все стихотворение:

Джон Донн уснул, уснуло все вокруг.

Уснули стены, пол, постель, картины,

уснули стол, ковры, засовы, крюк,

весь гардероб, буфет, свеча, гардины.

Уснуло все. Бутыль, стакан, тазы,

хлеб, хлебный нож, фарфор, хрусталь, посуда,

ночник, белье, шкафы, стекло, часы,

ступеньки лестниц, двери. Ночь повсюду.

Повсюду ночь: в углах, в глазах, в белье,

среди бумаг, в столе, в готовой речи,

в ее словах, в дровах, в щипцах, в угле

остывшего камина, в каждой вещи.

В камзоле, башмаках, в чулках, в тенях,

за зеркалом, в кровати, в спинке стула,

опять в тазу, в распятьях, в простынях,

в метле у входа, в туфлях. Все уснуло.

Уснуло все. Окно. И снег в окне.

Соседней крыши белый скат. Как скатерть

ее конек. И весь квартал во сне,

разрезанный оконной рамой насмерть.

Уснули арки, стены, окна, все.

Булыжники, торцы, решетки, клумбы.

Не вспыхнет свет, не скрипнет колесо...

Ограды, украшенья, цепи, тумбы.

Уснули двери, кольца, ручки, крюк,

замки, засовы, их ключи, запоры...

На первый взгляд, этот эпизод кажется непростым, таким же непростым, как и вся «элегия», отличающаяся завораживающей монотонностью и включающая в свое смысловое пространство множество деталей вещного и метафизического миров.

В самом начале стихотворения перечисляются десятки слов, некоторые из которых не относятся к общеупотребительным и не используются в ежедневной речевой практике (например, «засовы», «крюк», «гардины», «бутыль», «щипцы», «камзол», «чулки», «распятье», «конек» и др.). При этом в первой части этого фрагмента звучит большое количество слов, обозначающих бытовые предметы. Такие слова составляют весомый пласт общеупотребительной лексики, необходимой для понимания и ведения диалога иностранцами с носителями русского языка.

Знакомя обучающихся русскому языку с этим фрагментом стихотворения, необходимо вначале обратить внимание на ритмическую структуру всего поэтического текста. Под руководством преподавателя важно точно определить места ударений в каждой стихотворной строке. И если в первых 4-8 строках обучающиеся проставляют ударение с помощью педагога, то в последующих стихах, поняв основы ямбической модели (когда ударение, как правило, падает на каждый второй, четвертый, шестой, восьмой и т.д. слоги) обучающиеся могут попытаться расставить ударение самостоятельно.

Далее преподавателю необходимо объяснить грамматические признаки тех или иных слов, используемых Иосифом Бродским в стихотворении. Так, на материале первой строчки закрепляется прошедшее время глагола «уснуть»: «Джон Донн уснул» и «Уснуло все вокруг». Обе речевые модели активны в русском языке. Для подтверждения этого можно предложить обучающимся составить любые синтаксические конструкции с этим глаголом в прошедшем времени: от таких примеров, как «ребенок уснул» или «дети уснули» к вариантам использования этого слова в такой форме, как «чувства уснули», «день уснул», «осень уснула» и др.

Работая над глаголом «уснуть» в прошедшем времени, учащимся можно задать вопрос, изменится ли глагол, если местоимение «все» в первой строке стихотворения прочитать как «все» (да, безусловно, в это случае фраза будет звучать, как «уснули все вокруг»). Ответом на этот вопрос могут стать поиски формы глагола «уснули» во множественном числе в последующих строках стихотворения. Детально работая с материалом стихотворения, обучающиеся, конечно, приведут в качестве примера слова из второй строки: «Уснули стены, пол, постель...» и далее: «Уснули арки», «Уснули двери». Фраза «уснуло все» и «все уснуло» демонстрирует не только инверсию в самом стихотворении, но и такую же инверсию, которая допустима в обыденной речи.

На первых восьми стихах «Большой элегии Джону Донну» демонстрируются различные слова в именительном падеже единственного и множественного числа. Во второй части восьмой строки и в начале девятой вновь используется допустимая инверсия («ночь повсюду», «повсюду ночь»). Вместе с этим у преподавателя появляется возможность продемонстрировать предложный падеж в форме единственного и множественного числа. В этом же фрагменте, знакомя учащихся с новыми словами и закрепляя уже известные, можно дать задание восстановить словарную форму слов (поставить слова из предложного падежа в именительный).

Не исключено, что восстановление именительного падежа собирательного существительного «белье» с его малораспространенным окончанием для существительных русского языка вызовет определенные трудности у учащихся, но при такой работе есть возможность объяснения исключений, существующих в любых правилах (здесь же можно познакомить учащихся и с другими, аналогичными по своему образованию словами русского языка – зверье, питье и др.). Это же касается и слова «сон» в предложном падеже – «во сне» (и группы слов, которые имеют идентичный предлог в соответствующем падеже – мгла, тьма, двор и др.).

На материале стихотворения можно отработать и правильность постановки ударения в слове «в туфлях» (с ударением на первый слог). Ритмическая структура стихотворения подсказывает верное ударение вопреки распространенной акцентологической ошибке с ударением на последнем слоге.

Образ разрезанного «оконной рамой насмерть квартала», безусловно, может вызвать у учащихся некоторое непонимание. Но в зависимости от уровня знания языка преподаватель может либо сконцентрировать внимание на этой метафоре, либо попытаться перевести ее фактически, приблизив к пониманию содержания через аналогичные метафоры родного для обучающихся языка.

Детальная, подробная концентрация внимания на стихотворном фрагменте «Большой элегии Джону Донну» позволяет не только запомнить и закрепить те или иные слова, но и отработать знание некоторых грамматических признаков имен существительных и согласования глагола с другими частями речи. Для этого преподавателем может быть предложена следующая работа. В анализируемом стихотворном фрагменте следует намерено удалить некоторые буквы, чтобы обучающиеся смогли их восстановить (в отдельных случаях такое восстановление может произойти по памяти, но одновременно с этим будет включена и работа, фиксирующая знания учащимися грамматических признаков тех или иных слов в определенных формах)①.

Джон Донн уснул, уснул? вс? вокруг.

Уснул? стены, пол, постель, картин?.

Уснул? стол, ковр?, засовы, крюк,

весь гардероб, буфет, свеч?, гардин?.

Уснул? все. Бутыль, стакан, таз?,

хлеб, хлебный нож, фарфор, хрусталь, посуда,

ночник, белье, шкафы, стекло, час?,

ступеньки лестниц, двери. Ночь повсюду.

Повсюд? ночь: в углах, в глазах, в белье,

среди бумаг, в столе, в готовой речи,

в ее словах, в дров??, в щипц??, в угле

остывшего камина, в каждой вещи.

В камзоле, башмаках, в чулках, в тенях,

за зеркалом, в кровати, в спинке стула,

опять в тазу, в распятьях, в простынях,

в метле у входа, в туфлях. Все уснул?.

Уснуло все. Окно. И снег в окне.

Соседней крыши белый скат. Как скатерть

ее конек. И весь квартал во сн?,

разрезанный оконной рамой насмерть.

Уснул? арки, стены, окна, вс?.

Булыжники, торцы, решетки, клумбы.

Не вспыхнет свет, не скрипнет колесо...

Ограды, украшенья, цепи, тумбы.

Уснул? двери, кольца, ручки, крюк,

замки, засовы, их ключи, запоры...

---

① На месте пропущенной буквы стоит знак вопроса. Этот знак нужно заменить
   правильной буквой.

После проверки работы по восстановлению нужных букв педагог может столкнуться со случайно возникшими несоответствиями с оригинальным текстом Иосифа Бродского. Так, например, первые четыре строки стихотворения после поиска нужных букв могут выглядеть следующим образом:

Джон Донн уснул, уснуло все вокруг.

Уснули стены, пол, постель, **картина**[①],

уснули стол, ковры, засовы, крюк,

весь гардероб, буфет, свеча, **гардина**.

В восстановленном силами обучающихся фрагменте множественное число рифмующихся слов «картина» и «гардина» может измениться на единственное число. При этом ритмическая мелодия стихотворных строк останется неизменной. И в этом случае уместны вопросы преподавателя: «А мог ли поэт написать именно так? Может ли в стихотворении при перечислении разных предметов быть использовано только единственное число именно этих двух слов». И, действительно, ведь в этих четырех строках в форме единственного числа называются и другие слова? Эти вопросы определяют готовность и способность учащихся к восприятию поэзии на чужом для них языке. Как известно, Иосиф Бродский максимально внимательно относился к слову, но и полагал, что словам присуща некая таинственность нанизывания друг на друга, особое притяжение, иногда независимое от поэта, инициирующего написания стихов.

При восстановлении окончаний в слове «дрова» и «щипцы» обучающиеся не должны ошибиться в том, что эти слова используются только в форме множественного числа и что в предложном падеже у этих слов возможно только окончание «-ах». При поиске нужной буквы в

---

① Выделено нами. – Е.И.

конце слова «ковры» учащиеся должны помнить о начальной форме слова «ковер» и выпадении гласной «е» при постановке слова во множественное число («ковры»), а также о переносе ударения на букву «ы» (аналогичная работа предстоит и с восстановлением окончания у слова «свеча»). В других местах такой проверки знаний при поиске нужной буквы обучающиеся могут справиться с намеренно созданными для них трудностями.

Работа над восстановлением пропущенных букв, знакомство с новыми словами и закрепление ранее изученного материала не должны быть механическими и бездушными. Педагог должен неоднократно обращать внимание на то, что это не обычный учебный текст, а именно стихи. Вполне вероятно, что именно этот фрагмент подтолкнет обучающихся и к дальнейшему знакомству с поэзией Иосифа Бродского, и к интересу к личности англичанина Джона Донна, и к истории создания такого описательного, но обладающего высокой лиричностью обращения.

Подводя итоги занятия, логично будет, если преподаватель предложит еще и профессиональный перевод этой «элегии» Иосифа Бродского на родной для обучающихся язык. Так, в аудитории с китайскими учащимися может быть дан перевод «Большой элегии Джону Донну» (献给约翰·邓恩的大哀歌) русиста, автора книги «Бродский» (2003), профессора Лю Вэньфэя:

> 睡了，周围的一切睡了。
> 睡了，墙壁，地板，画像，床铺，
> 睡了，桌子，地毯，门闩，门钩，
> 整个衣柜，碗橱，窗帘，蜡烛。
> 一切都睡了。水罐，茶杯，脸盆，
> 面包，面包刀，瓷器，水晶器皿，餐具，
> 壁灯，床单，立柜，玻璃，时钟，
> 楼梯的台阶，门。夜无处不在。
> 无处不在的夜：在角落，在眼睛，在床铺，

在纸张间，在桌上，在欲吐的话语，

在话语的措辞，在木柴，在火钳，

在冰冷壁炉的煤块，在每一件东西里。

在上衣，在皮鞋，在棉袜，在暗影，

在镜子后面，在床上，在椅背，

又是在脸盆，在十字架，在被褥，

在门口的扫帚，在拖鞋。一切在熟睡。

熟睡着一切。窗户。窗户上的落雪。

邻居屋顶白色的斜面。屋脊

像台布。被窗框致命地切割，

整个街区都睡在梦里。睡了，

拱顶，墙壁，窗户，一切

铺路的卵石和木块，栅栏，花坛。

没有光的闪亮，没有车轮在响动……

围墙，雕饰，铁链，石墩。

睡了，房门，门环，门把手，门钩，

门锁，门闩，门钥匙，锁栓。

При наличии времени на учебном занятии преподаватель может рассказать о Лю Вэньфэе, при участии которого в Китае вышло множество переводов русской литературы от авторов пушкинской поры до писателей и поэтов рубежа XX–XXI века. Вместе с этим работа со строками «элегии» может быть продолжена в сопоставительном ракурсе. Педагог может поставить вопрос, насколько точно удалось переводчику воспроизвести звучание стихов Иосифа Бродского на китайском языке. При ответах учащихся на этот вопрос преподаватель может увидеть насколько хорошо запомнились строки «элегии» на русском языке, как глубоко или, напротив, поверхностно воспринимается иностранная поэзия. В качестве домашнего задания (или самостоятельной работы, рассчитанной на определенный временной промежуток) учащимся предлагается завершить чтение «Большой элегии Джону Донну» либо на родном языке, либо на русском. Знакомство со всей «элегией» целиком позволяет учащимся понять авторский замысел и пути его решения. Выбор предпочтительного для чтения «элегии» языка будет связан с уровнем знаний русского языка обучающимися.

Таким образом, на материале фрагмента стихотворения «Большая элегия Джону Донну» Иосифа Бродского отрабатываются фонетические, грамматические и лексические модели современного русского литературного языка. Мелодика стихотворного текста позволяет запоминать значительное количество слов. Это свойство поэзии способствует расширению словарного запаса как на ранней стадии изучения языка, так и на более поздней. Вместе с этим учащиеся знакомятся с различными словами русского языка не только в его прямом, но и переносном значении. Приведенный опыт работы подготавливает обучающихся к глубокому восприятию и пониманию русской поэзии и, следовательно, к постепенному овладению русским языком на высоком уровне.

Русский Харбин – Культуроведческий подход на занятиях РКИ В китайской аудитории

Северо-Восточный федеральный университет им. М.К. Аммосова, Росиия,

С.Н. Александрова

Глобализационные процессы, происходящие в современном мире, обусловили существенные сдвиги в традиционной системе образования. Современное образование становится не только инструментом взаимопроникновения дисциплин, но и решением геополитических задач. В этих условиях возникает необходимость использования новых форм обучения. Большое значение уделяется доктрине образования Российской Федерации, стратегические цели которой тесно увязаны с задачами экономического развития страны и удержанием ее статуса как мировой державы в сфере науки и новых технологий.

Русский язык занимает четвертое место в мире по популярности и становится средством межкультурной коммуникации в глобальном масштабе. Все больше людей во всем мире стремятся изучить русский язык, чтобы познать феномен России, ее культуру, традиции, обычаи. В связи с этим все очевидней становится проблема актуализации обучения русскому языку иностранцев. РКИ как филологическая наука имеет славную историю, глубинные традиции, однако на современном этапе развития мирового сообщества требуются новые подходы к обучению иностранцев русскому языку. Все более очевидной становится необходимость обновления методики преподавания русского языка как иностранного, что связано с усилением ее культуроведческой парадигмы, использованием новых технологий обучения, основным принципом которых является междисциплинарный принцип обучения языку.

Северо-Восточный федеральный университет имени М.К. Аммосова – один из крупных центров международного сотрудничества на северо-востоке Российской Федерации, он имеет достаточный опыт обучения иностранных студентов русскому языку. (Петрова 2014: 122) При филологическом факультете СВФУ функционирует кафедра РКИ, преподаватели которой разрабатывают новые подходы к обучению русскому языку иностранцев. При кафедре РКИ прошли обучение представители из многих стран мира, в частности, Финляндии, Эстонии, Польши, Франции, Вьетнама, Монголии, Южной Кореи, Индонезии и, конечно, Китая. Как показала практика обучения русскому языку иностранцев важную роль в развитии устной связной речи, логического мышления играет художественная литература, которая является составной частью культуры и несет в себе важную социокультурную информацию. При знакомстве с произведениями русской литературы иностранцы учатся лучше понимать русскую действительность, ее национальную специфику и уникальность. (Петрова 2009: 22)

Одной из интереснейших областей русской литературы является литература русского зарубежья. Вот как характеризует русское зарубежье известный историк русской эмиграции П.Е. Ковалевский: «В мировой истории нет подобного по своему объему, численности и культурному значению явления, которое могло бы сравниться с русским зарубежьем». (Ковалевский 1971: 180)

Крупным центром русского рассеяния на Дальнем Востоке стал г. Харбин. Харбин в силу своего географического, экономического и политического положения стал центром русской диаспоры на Востоке, дал возможность сохранить русскую культуру для интеллигенции, не принявшей Октябрьскую революцию. Здесь сконцентрировалась культурная и литературная жизнь выходцев из России. В Харбинских издательствах печатались «Избранные произведения А.С. Пушкина» (1938 г.), «История Российского государства в стихах» (1941 г.). Русская литература и поэзия в условиях харбинской диаспоры развивалась в специфических условиях, отличных от западных центров русской эмиграции. В первую очередь, этому способствовали исторически установившиеся культурные и экономические связи Харбина с городами восточной части России.

Среди множества русских писателей, которые продолжали творить и на чужбине, особое место занимает творчество Валерия Перелешина. В. Перелешин провел первую половину своей жизни в Китае, он получил великолепное образование. Огромное влияние на его творчество оказала религиозно-философская мысль. В свое время он защитил в Харбине диссертацию на степень кандидата богословия, служил в духовной миссии в Шанхае. Прекрасно владея китайским языком, хорошо зная жизнь Востока, он перевел с оригинала знаменитый памятник «Дао де цзин».

Основной чертой лирики В. Перелешина является «автопсихологичность», зеркальная отраженность жизненных переживаний в поэзию. Поэт всю свою жизнь стремился к гармонии, которую видел в связях человека с Богом:

И с Господом замкнусь наедине

В подпольи ли, в холодной ли пещере,

Но только бы не отворялись двери

Назад, к людской возне и болтовне!

Китайская тема органично входит в творчество поэта. Он переводит китайскую классическую поэзию на русский язык и получается удивительное сочетание поэтических традиций обеих культур. Китайская тематика в творчестве В. Перелешина обогащена мотивами китайской музыки и культуры. Тысячи раз дальневосточные реалии, мотивы, пейзажи входили в стихи русских поэтов Китая. Сопки Маньчжурии, желтая Сунгари, уличные сценки, китайские виньетки, национальная музыка и праздники, драконы, храмы — все это впервые густо пропитало ткань русского стиха. В. Перелешин вдохновляется пением китайской скрипки хуцинь, воспевая ее «безутешную» игру:

Я выхожу в ночную синь,

Вдали заслыша неискусную

И безутешную хуцинь...

В данном отрывке мы можем проследить, как органично соединяются традиции русской (истома, синь) и китайской(хуцинь) культуры в стихотворную ритмику русского поэта. Поэт прославляет храм Лазурных Облаков. В его же изображении встает перед нами тенистая пекинская улица, где вязы над головой срослись в сплошной навес:

Ночь, весна. От земли тепло.

Эта улица – «чжи жу фа»:

Выпевается набело

Поэтическая строфа.

Здесь мы можем проследить влияние на творчество В. Перелешина поэзии символизма. В данной строфе в первой строчке представлены односоставные назывные предложения, идущие друг за другом, - они создают особый ритм в стихотворении. А многочисленные гласные ударные звуки придают стихотворению музыкальность и вокализм. Этому, как мы видим, способствует прием ассонанса, так часто используемый поэтом.

Поэт всегда с любовью отзывался о своей первой родине – России и ставшей второй родиной – Китае:

...плененный речью односложной

(не так ли ангелы в раю?..),

любовью полюбил неложной

вторую родину мою...

Поэтическое творчество В. Перелешина – это удачная попытка синтеза китайской и русской культур. Он попытался развить общегуманистические ценности, опирался на свое осознание мира как гармонии человека с Космосом, человека с Богом.

Рассмотрение литературы Русского Харбина можно включить в программу по русской литературе, так как она сможет стать тем самым культурным мостом между китайскими студентами и российскими преподавателями в процессе обучения РКИ.

Литература

[1] Ковалевский П.Е. Зарубежная Россия. История и культурно-просветительская работа русского зарубежья за полвека (1920–1970) [M]. Paris: Libraire des cinq continens, 1971.

[2] Петрова С.М. Графико-символический анализ художественного произведения в системе профессиональной подготовки будущего учителя- словесника: Учеб. пос.[Z]. Якутск: Изд-во ЯГУ, 2009.

[3] Петрова С.М. Кафедра РКИ и международная деятельность федерального университета[J]. Высшее образование в России, 2014, № 5.

Региональный компонент страноведения в преподавании РКИ китайским студентам в условиях языковой среды

Иркутский государственный университет, Россия

Е.С. Кудлик

Современная методика преподавания русского как иностранного в условиях языковой среды является коммуникативной, т.е. главной целью ставится формирование коммуникативной компетенции учащихся (умения свободно общаться с носителями языка, решая поставленные коммуникативные задачи). Напротив, в условиях отсутствия языковой среды преобладают методы и технологии традиционного грамматико-переводного подхода. В результате, находясь в среде, китайские студенты по обмену, показывая высокий уровень лингвистической компетенции, испытывают потребность в развитии коммуникативных умений.

Однако не всегда китайские студенты могут в полной мере воспользоваться возможностями, предоставляемыми культурно богатой средой Прибайкалья, в силу разного рода факторов. К этим факторам относятся и такая особенность китайского национального характера, как коллективизм, выражающийся в стремлении общаться с представителями своей национальности, и психологический барьер, и развитие мобильных технологий, и представленность Байкальского региона в китайском информационном пространстве в силу сго особой туристической привлекательности.

В этой связи перед преподавателем русского языка как иностранного стоит очень интересная методическая задача, состоящая в поиске сюжетов и тем уроков, которые, с одной стороны, могли бы активизировать знания, полученные студентами в Китае, развивая коммуникативную компетенцию, с другой стороны, вдохновить студентов на изучение культурной среды региона.

Для решения этой сложной задачи, учитывая особенности современного поколения китайских студентов, необходимо предъявлять особые требования как к отбору материалов, так и к методам обучения.

При отборе материалов для развития коммуникативной компетенции китайских студентов необходимо привлекать страноведческие материалы, потому что страноведение позволяет организовать учебный процесс так, чтобы формирование коммуникативной компетенции и освоение лексико-грамматического материала проходило параллельно с познавательными, воспитательными и развивающими целями. Кроме того, страноведческая компетенция наряду с лингвистической компетенцией входит в состав коммуникативной компетенции. (Верещагин 1990)

Очевидно, что страноведческая компетенция имеет большое значение в овладении языком на разных этапах обучения. Знания о стране, удовлетворяющие коммуникативным, познавательным, эстетическим потребностям студентов, стимулируют их речевую деятельность, способствуют формированию и развитию коммуникативной компетенции.

Несмотря на то что тема страноведения и лингвострановедения развивается в методике РКИ с 70-ых годов, невозможно сказать, что тема эта является освоенной до конца. (Верещагин 1990) По нашему мнению, в этой сфере остается несколько проблем. Первая проблема заключается в дефиците регионального компонента страноведения в учебных пособиях по русскому как иностранному, разрабатываемых и издаваемых в специализированных издательствах Москвы и Санкт-Петербурга. В большинстве пособий уделяется внимание общенациональному страноведению. Вторая проблема заключается в том, что региональный компонент часто теряет свою актуальность для студентов, как только они покидают регион.

В этой связи идеальным является привлечение такого регионального материала, который был бы тесно связан с общенациональным страноведческим материалом, что является закономерной особенностью единого и неделимого культурно-исторического пространства России. Понимание связей внутри российского культурно-исторического пространства актуализирует уже имеющиеся знания, создает атмосферу реального общения на занятии, через региональный материал позволяет понять общероссийский, и, наоборот, через общероссийский лучше адаптироваться в языковой и культурной среде региона.

Что касается регионального компонента страноведения по региону Прибайкалья, стоит отметить, что в учебниках и учебных пособиях, реализующих федеральный компонент, представлена тематика Байкала («Дорога в Россию» (Антонова В.Е., Нахабина М.М.), «Вперед» (Головко О.В.), «Живем и учимся в России» (коллектив авторов) и др.). Также существуют учебные пособия, изданные в высших учебных заведениях Иркутска («Прогулки по Иркутску»).

Между тем, несмотря на свою информативность, данные материалы не всегда эффективны с точки зрения развития коммуникативных навыков. Работа с данными материалами строится по традиционной схеме работы с текстом – выполнение предтекстовых, текстовых и послетекстовых заданий. Вместе с тем, как правило, такие тексты, являются учебными по своей сути: составлены преподавателем в информативном регистре, и даже в материалах для студентов среднего и продвинутого уровня обладают низкой степенью аутентичности.

Обсуждение этой проблемы с преподавателями показывает, что фрагментарность применения регионального страноведческого материала в федеральных учебных пособиях и чрезмерный акцент на региональном материале, часто в ущерб национальному страноведению в региональных пособиях, не способствуют включению студентов в общий российский культурный контекст и не повышают мотивацию студентов.

По нашему мнению, для повышения эффективности обучения русскому как иностранному в условиях языковой среды региональный компонент страноведения должен быть предложен студентам, во-первых, во взаимосвязи с общенациональным страноведением, во-вторых, с использованием методов активного обучения.

Теоретической основой для создания нового типа учебных материалов служит педагогический дизайн, относительно новое направление в современной системе образования. Педагогический дизайн – это системный подход к построению учебного процесса, согласно которому содержание, методика и организация учебного процесса подчинены цели обучения, т.е. формированию коммуникативной компетенции в случае языкового обучения. (Абызова 2010: 12–16) Развитие данного направления в современном образовании связано с работой с новым поколением студентов, особенности которых сформированы цифровой революцией.

Цифровая революция является глобальным процессом, повлиявшим на формирование особенностей цифрового поколения студентов. В результате этого процесса преподаватели во всем мире сталкиваются с проблемой пересмотра традиционного инструментов преподавателя. (Prensky 2001: 1–6)

Наш опыт работы показывает, что цифровое поколение китайских студентов стало более отзывчивым, чем их предшественники, привыкшие к авторитарному стилю взаимодействия преподавателя и студентов, к внедрению в учебный процесс активных методов обучения: использованию мультимедийных средств, максимальной визуализации материала, внедрению принципа интерактивности на занятии, игровым методам и ролевым играм. Имея постоянный доступ к информации (на все вопросы может ответить интернет) китайским студентам сегодня важно не просто получить информацию, но и уметь практически ее применить. (Кудлик 2017: 80–86)

Кроме того, представители цифрового поколения китайцев предпочитают менее формализованную учебную среду, в которой они смогли бы пообщаться с преподавателем и своими одногруппниками, особенно это актуально для студентов по обмену. Для них являются важными отношения с преподавателем на эмоциональном уровне, важна положительная эмоциональная связь с ним, как с человеком, который находится на их стороне и помогает им достигать поставленных целей в процессе образования. (Кудлик 2017: 80–86)

Таким образом, суммирующий эффект описанных факторов (культурно богатая языковая среда Прибайкалья, проблема работы с региональным компонентом, особенности цифрового поколения китайских студентов, а также их потребности в развитии коммуникативной компетенции) подводит нас к необходимости создания нового типа учебных материалов, совмещающих региональный и общенациональный компонент страноведения и поданный с помощью активных методов обучения.

Принимая во внимание все вышесказанное, предлагаем методическую разработку «История одной картины». Данный урок посвящен творчеству знаменитого художника Ильи Репина, в частности, шедевру его портретной живописи, картине «Нищая. Вель», которая находится в постоянной экспозиции Иркутского областного художественного музей им. В.П. Сукачева. Данный урок выполнен как casestudy и подходит для студентов продвинутого этапа обучения. Под casestudy понимается «методика ситуативного обучения, основанная на реальной действительности и реальных проблемах, требующая от учащегося целесообразного решения в предложенной ситуации. Включает в себя описание конкретной практической ситуации с постановкой проблемы, справочную и дополнительную информацию о ситуации, методические материалы и указания. Развивает умения определять проблему, рассматривать ее со всех точек зрения, осуществлять поиск недостающей информации, аргументировать свою точку зрения». (Азимов, Щукин 2009: 93)

В качестве введения в тему урока студентам показывается фотография, на которой изображен Иркутский областной художественный музей им. В.П. Сукачева, ставятся вопросы *Видели ли вы раньше это здание?/Знаете ли вы, что там находится?/ Заходили ли вы туда?».*

Стоит отметить, что студенты отвечают на эти вопросы, потому что здание музея, как и университет, находится в центре Иркутска, каждый день студенты проезжают на общественном транспорте одноименную остановку. Дальше беседа переходит в область живописи: *«Вам нравится живопись? А русская живопись? Каких русских художников вы знаете? О каких русских картинах вы слышали?».* Студенты всегда называют Илью Ефимовича Репина и реагируют на показ самых известных его картин «Иван Грозный и сын его Иван», «Бурлаки на Волге», «Запорожцы пишут письмо турецкому султану». Нужно задать дополнительные вопросы: *«Откуда вы узнали об этом художнике?», «Вы знаете, где находятся его картины?» «Кто изображен на этих картинах?».*

Таким образом, актуализируя знания, полученные студентами ранее в китайском вузе, мы одновременно создаем ситуацию живого общения. В ситуации живого общения преподаватель может поделится дополнительной информацией об этих картинах. Дальше демонстрируется еще одна картина Ильи Репина, сопровождаемая следующими вопросами: *А вы знаете эту картину? Как вы думаете, кто ее создал? Кто на ней изображен? Какая эта девочка? Какие чувства она испытывает? Как вам кажется, какое время, какое место изображено на этой картине?*

Смысловая правильность ответов на данном этапе является не важной, важно создание интриги и атмосферы, т.е. снятие барьера.

На следующем этапе студентам предлагается прочитать первый фрагмент текста об этой картине:

Картина «Нищая» была написана Ильей Ефимовичем Репиным в 1874 году во французском городе Вель. Небольшая по размерам картина (74 × 50) признается лучшим творением молодого художника. Когда Репин нарисовал эту картину, ему было 20 лет.

Портрет был написан с натуры. Тогда молодой художник уделял большое внимание работе на открытом воздухе. Бедные французские девочки часто позировали художникам, чтобы заработать деньги, позволяющие им хоть как-то прожить. Позже в переписке с другом художник упоминал натурщицу. Он писал, что девочка плохо позировала, постоянно дергалась и безобразничала.

Однако художнику удалось разглядеть тонкую душу девочки, портрет получился глубоким и сложным, хотя художник нарисовал его очень быстро.

На картине изображена девочка, стоящая в поле, позади нее простираются пожелтевшие поля с васильками, маками и густой неяркой травой. Девочка изображена с рыбацкой сетью в руках. Загорелая с выгоревшими бровями, обветренной кожей и растрепанными белокурыми волосами, девочка наполнена целым спектром эмоций. У девочки грустное и в тоже время сосредоточенное выражение глаз.

Пейзаж позади девочки не вызывает желание всматриваться в него, но тем не менее он способствует ощущению, что девочка живет в атмосфере прекрасного светлого, летнего дня.

Хотя краски выбраны темные, картина очень живая. Многие специалисты говорят, что именно эта картина позволила состояться Репину как гениальному портретисту.

Картина «Нищая» попала в Иркутский музей из частной коллекции мецената Владимира Платоновича Сукачева, жившего в Иркутске до 1898 года. Сукачев мечтал создать в провинциальном музее коллекцию картин известных русских художников.

На данном этапе работа с текстом может быть построена по традиционной модели (предтекстовые, текстовые, послетекстовые задания). Стоит обратить внимание на то, что в тексте употребляются причастия и пассивные конструкции. Студенты должны быть знакомы с этим грамматическим материалом.

Затем студентам предлагается ответить на вопросы по тексту:

Где и когда была создана картина?

Кто изображен на картине? Где находится героиня? Как она

выглядит? Что она делает? О чем она думает? Какое у нее настроение?

Что вам известно о натурщице?

Как картина оказалась в Иркутске?

Почему картина считается шедевром?

После студентам предлагается вторая часть текста, содержание которого будет представлено в кейсе:

В 1948 году картина была вновь открыта ценителями искусства, когда директор Иркутского художественного музея Алексей Дмитриевич Фатьянов привез «Нищую» на выставку в Третьяковскую галерею. Руководство Третьяковки написало в министерство культуры претензию о том, что такой шедевр должен выставляться в Москве. Директор Третьяковки предложил за нее портрет Л.Н. Толстого, выполненный Репиным, а также два этюда Сурикова. После долгих переговоров Фатьянов дошел до заместителя министра культуры с просьбой помочь вернуть шедевр «Нищая из Веля» в музей города Иркутска. В результате ... .

Как видно, мы не рассказываем студентам конец истории, потому что найти решение этой проблемной ситуации они должны сами согласно установкам и ролям, прописанным в кейсе:

А. Вы директор Иркутского художественного музея, вы привезли картину «Нищая» И.Е. Репина на выставку в Третьяковскую галерею. Сейчас директор Третьяковки хочет, чтобы картина осталась в Третьяковской галерее. Вы не можете с этим согласиться. Приведите свои аргументы, почему картина должна вернуться в Иркутск.

Б. Вы директор Третьяковской галереи. Недавно к вам в музей привезли картину «Нищая» И.Е. Репина из провинциального музея. Вы считаете, что картина должна остаться в Третьяковке. Приведите свои аргументы, почему картина должна остаться в Москве.

В. Вы заместитель министра культуры. Вы должны принять решение, картина должна остаться в Москве или вернуться в Иркутск? Слушайте аргументы двух сторон, примите решение, аргументируйте свое решение. Чьи аргументы вас убедили?

Студентам дается время на подготовку, поиск аргументов и представление аргументированного решения, после чего студенты представляют свои дискуссии. Опыт показывает, что финальные решения в группах отличаются. В финале урока спрашиваем у студентов, хотели бы они узнать, чем закончилась эта история, и предлагаем им третью часть текста:

В результате замминистра написал записку в фонд Третьяковской галереи, который обязывал вернуть картину Иркутскому национальному музею искусств. Картину отдали Фатьянову, и он вернул ее в Иркутский художественный музей. Сегодня шедевр И.Е. Репина является жемчужиной коллекции Иркутского областного художественного музея им. В.П.Сукачева.

В качестве домашнего задания можно предложить студентам посетить этот музей, чтобы увидеть эту картину И.Е.Репина своими глазами, а также написать текст (статью, письмо, блог) об этой истории.

Апробация данного материала показывает, что подобные занятия повышают мотивацию студентов, активизируют полученные знания, создают ситуацию живого общения, вызывают эмоциональный отклик, транслируют гуманные и общечеловеческие ценности, а также повышают эффективность и результативность обучения.

Литература

[1] Абызова Е.В. Педагогический дизайн: понятие, предмет, основные категории[J]. Теоретические основы педагогики: Вестник Вятского государственного университета, 2010, № 3.

[2] Азимов Э.Г. , Щукин А.Н. Новый словарь методических терминов (теория и практика преподавания языков)[Z]. М.: Издательство ИКАР, 2009.

[3] Верещагин Е.М. Язык и культура: Лингвострановедение в

преподавании русского как иностранного[M]. М.: Рус. яз., 1990.

[4] Кудлик Е.С.Стратегии успешного взаимодействия с представителями поколения Y китайских студентов на уроке РКИ[J]. Российско-китайские исследования, 2017, Т.1.№ 1.

[5] Prensky M.Digital natives, Digital immigrants[J]. *On the Horizon*, 2001, № 5.

Литература русского зарубежья
как составная часть обучения РКИ в китайской аудитории

Северо-Восточный федеральный университет им. М.К. Аммосова, Росиия,

К.П. Толстякова

Процесс приобретения знаний иностранными студентами неотделим от особенностей личностного развития и потенциала, создающего важнейшую основу для дальнейшего формирования личности. Вслед за формированием, важнейший отпечаток оставляет ментальная предопределенность студентов, которая становится необходимым звеном для перехода на следующий уровень ее обогащения.

Усовершенствование методической системы в преподавании русского языка иностранным студентам затрагивает не только актуальнейшие вопросы современной лингвистики и языкознания, но и активно присоединяет проблемы этнолингвистики, социолингвистики и лингвокультурологии. Эта взаимообусловленность предопределена антропологической парадигмой (человек – языковое сознание – язык – культура – менталитет), которая в истории лингвистических учений научно обоснована в исследованиях Вильгельма фон Гумбольдта, Л. Вайсгербера, Ф. Шеллинга, Г. Гегеля и в трудах отечественных лингвистов XX века.

Китайский контингент учащихся предусматривает способности восприятия большого письменного материала, их изучение. Через письмо, запоминая тексты при помощи знаков-символов, мы можем подойти с ними к исследованию глубокого содержания отрывков литературных произведений и аннотированных текстов, что позволит расширить программу обучения русскому языку как иностранному и выявить ментальные различия народов, их частные и общие стороны. Поскольку в практических, лекционных, аудиторных занятиях чувствуется ограниченность во времени для введения экспериментальных материалов, направленных на письменную работу, кроме плановых устных (практических) и письменных (грамматических) моментов.

В данном случае, мы можем говорить о том, что, обучаясь русскому языку, иностранные студенты смогут научиться думать на двух языках, поскольку грамотный синтез двух культур может сыграть свою положительную роль в овладении иностранным языком. Для этого необходимо все чаще обращаться к литературе изучаемого языка: литература – это «душа» народа.

Поскольку переход от языка к обучению литературы требует тщательной подготовки преподавателя и студентов: следует поэтапно вводить простейшую терминологию, знакомить с величайшими именами русской литературы, учитывать особенности менталитета иностранного студента, находить точки соприкосновения с их родной литературой. Убедившись в готовности студентов к позитивному восприятию русской литературы, мы можем переходить к непосредственной работе над системой. Подготовлена поэтапная система занятий, в которую вошли три основных направления исследования по теме литературы русского зарубежья и изучения творчества Зинаиды Гиппиус в системе обучения РКИ.

Причиной выбора темы остается изменение интересов иностранных студентов, взаимодействующих с их способностями, отражающими их естественный внутренний мир. Мы опираемся на способность молодежи к самообразованию и выносим на обсуждение такую важную фигуру русского зарубежья, как Зинаида Николаевна Гиппиус. Этот феномен русского зарубежья будет особенно интересен современному студенту, интересующемуся историческими событиями прошлых веков, культурными отношениями современных государств, понятиями «менталитет, ментальность, культура стран».

Рассмотрим в этой связи роль литературы русского зарубежья.

Литература русского зарубежья ориентирована как на элементарный уровень владения русским языком, так и на аудиторию, свободно владеющую русским языком как иностранным. В последнее десятилетие XX века в России началось интенсивное изучение творчества Зинаиды Гиппиус. До этого ее рассматривали только как воинствующую «антикоммунистку» , врага советской власти. По сей день Зинаида Гиппиус остается одной из главных представителей, притягивающих и притягивавших особый интерес у ученых XX и XI вв., среди них: Темира Пахмусс, Джованна Спендель, Р. Томсон и другие. Отрадно, что находятся исследователи, которые «как зеницу ока» хранят рукописи З.Н. Гиппиус в собственных коллекциях книг, часть из них дарят литературным музеям, российским библиотекам. Основываясь на их трудах, мы выделили главные события, произошедшие в жизни З. Гиппиус, которые отразились на дальнейшем развитии литературы за рубежом.(Петрова С.М. 2009)

Несмотря на различные запреты, санкции, имевшие отражение в многовековой истории нашей страны, вышли издания главных произведений Зинаиды Гиппиус: собрания ее стихотворений, рассказы и повести, мемуарные очерки, дневники. Вместе с тем, неопубликованная часть творческого наследия Гиппиус чрезвычайно велика. (Селевко 1998: 45–48)

Культурный и нравственный кругозор З.Н. Гиппиус и тех людей, которые противостояли ей, как будто отличается от культурного кругозора современного человека: иная эпоха, среда обитания. Но это – на первый взгляд. На самом же деле на «языке» нашего времени – те же слова «в воздухе» – те же идеи, в голове – те же мысли и ожидания. И читатель, безусловно, замечает это действие: «что человечество не начинает новой работы, а сознательно осуществляет старую работу». (Современное русское зарубежье 2005)

Многие выдающиеся мыслители-представители «Серебряного века» русской литературы не по своей воле оказались за рубежом. Литература русского зарубежья возникла после большевистского переворота 1917 года.

Для вводного занятия «Литература русского зарубежья» для студентов представлена презентация с важнейшими особенностями литературы русского зарубежья, история возникновения трех периодов (волн) эмиграции, в том числе и «Харбинский» период, в котором необходимо отметить имя Валерия Перелешина-мемуариста «первой волны» русской эмиграции, творившего в Китае в г. Харбин. Эта деталь может вызвать живой интерес у студентов из Китая. Причина массовой эмиграции писателей объясняется многими факторами, включающими события, происходившие в 1917 гг. Особенностью периода является распространение нескольких миграционных центров по всему миру. Основное внимание, заинтересовавшее нас, уделяется «русскому Парижу». Занятие представляет собой полную картину с охватом культуры, истории и личности. Познавательную историю с фактами, поэтическими отступлениями, парижскими зарисовками уверенно заинтересуют иностранных студентов и сподвигнут на зарождение вопросов.

Дальнейшая работа представляется в форме поиска опорных, ключевых и знаковых слов-образов, использующихся для прояснения понимания студентом того или иного героя, поступков, в финале общей идеи, объединившей время, место и героев. Основной упор, несомненно, акцентируется на расширении словарного запаса иностранного студента, для упрочения знакомых слов, названий, ситуаций.

Подводя итоги, необходимо отметить, что своеобразие жизни и творчества З. Гиппиус рассматривалось в круге идей символизма, в рамках «серебряного века» русской литературы. В настоящей статье предпринята попытка дать целостное представление литературы русского зарубежья и творчества некогда забытой поэтессы для студентов, которые имеют цель познакомиться с русской культурой и выучить русский язык, расширить поле интересов в литературе и обогатить представления о стране и ее богатой истории. Критик, писатель, мемуарист – Зинаида Николаевна

Гиппиус отразила на себе события революции и многоликие, незнакомые современному человеку, переживания эпохи русского зарубежья, эмиграции. На вводном занятии каждая отдельно взятая грань жизни и творчества Зинаиды Гиппиус будет по-разному воспринята студентами, но оставит глубокое представление об эпохе русского зарубежья.

Таким образом, человечество живет, пока имеет способность открывать для себя все новые неисследованные страницы духовной, моральной, философской, литературной сферы, пока ценит искусство и поэзию, боготворит и стремится к идеалу личности.

Литература

[1] Бахтин М.М. Эстетика словесного творчества[M]. М.: Искусство, 1979.

[2] Петрова С.М. Графико-символический анализ художественного произведения в системе профессиональной подготовки будущего учителя- словесника: уч. пос.[Z]. Якутск: Изд-во ЯГУ, 2009.

[3] Селевко Г. К. Современные образовательные технологии: Учебное пособие[Z]. М.: Народное образование, 1998.

[4] Современное русское зарубежье. Анталогия[Z]. М.: Высшая школа, 2005.